中国宏观经济与财政政策分析

(2014—2015)

THE ANALYSIS OF CHINA'S MACRO ECONOMIC SITUATION AND FISCAL POLICY

闫 坤 等著

中国社会科学出版社

图书在版编目(CIP)数据

中国宏观经济与财政政策分析 . 2014 ~ 2015/闫坤等著 . —北京：中国社会科学出版社，2016. 5

ISBN 978 - 7 - 5161 - 8098 - 3

Ⅰ. ①中… Ⅱ. ①闫… Ⅲ. ①中国经济—宏观经济分析—2014 ~ 2015②财政政策—研究—中国—2014 ~ 2015 Ⅳ. ①F123. 16②F812. 0

中国版本图书馆 CIP 数据核字(2016)第 099799 号

出 版 人 赵剑英
选题策划 田 文
责任编辑 金 泓
责任校对 张爱华
责任印制 王 超

出 版 中国社会科学出版社
社 址 北京鼓楼西大街甲 158 号
邮 编 100720
网 址 http://www.csspw.cn
发 行 部 010 - 84083685
门 市 部 010 - 84029450
经 销 新华书店及其他书店

印 刷 北京君升印刷有限公司
装 订 廊坊市广阳区广增装订厂
版 次 2016 年 5 月第 1 版
印 次 2016 年 5 月第 1 次印刷

开 本 710 × 1000 1/16
印 张 14. 75
插 页 2
字 数 219 千字
定 价 56. 00 元

前　言

自2008年以来，国际金融危机不断蔓延变化，债务危机不断发酵，世界经济形势瞬息万变，并深刻影响着我国的经济运行。对此，中国宏观经济研究课题组，以季度为单元，对我国宏观经济的运行、世界经济的发展、财政收支及风险情况、各国宏观调控的搭配框架以及财政政策的运行和调整方案等都作了深入的分析，相继出版了《中国宏观经济与财政政策分析（2008—2009）》、《中国宏观经济与财政政策分析（2010—2011）》以及《中国宏观经济与财政政策分析（2012—2013）》。

在书中，课题组坚持紧扣宏观经济的发展轨迹，正确捕捉复杂经济现象背后的客观规律，对我国宏观经济发展作出了较具预备性、趋势性和前瞻性的思考。2014年，全球经济运行出现明显分化：美国经济一枝独秀，在经济的基本面和政策面都将取得21世纪以来的最好成绩；欧日经济仍处于低速复苏阶段，实体经济压力较大，宏观政策风险也仍在积累；新兴工业化国家的发展环境在总体上变得复杂，但经济复苏的趋势未变，国际分工的地位面临调整。在国别经济特征之外，国际大宗商品市场的价格波动也日趋复杂，国际原油、铁矿石和其他非农大宗商品的价格急速走低，而农产品仍处于微弱的紧平衡阶段，稍有异常，则可能带来农产品市场的大幅波动。但在总体上，世界迎来了20年来最为难得的初级产品价格走低，而国际产业链成本下降的重大机遇，我们将其称为“正向供应冲击”。随着经济结构调整的不断深入和各项改革的有序起步，中国经济也进入了深度调整期，并为迎接经济运行新常态在国家治理和市场建设等方面作好准备。作为“正向供应冲击”的主要受益国，我国应加速推进改革，敢于向市场让渡空间，敢于放手让企业有序竞争和壮大，从而利用好这一重大机遇时点，战略性地促进新常态的形成和完善。

2015 年，世界经济虽然实现了复苏，但复苏基础较为脆弱，只能维持低速增长状态，对此，货币政策和财政政策颇显无力。经济增长乏力的状态已经从发达国家蔓延至新兴和发展中国家，在全球范围内，经济政策的效果越来越小，甚至在某些国家已经接近失效。从目前的情况看，全球的经济增长动力不可能来自外部的经济政策，而只能来自内部，即经济结构调整和战略布局的驱动，运用排除法发现，制造业是目前各国可选取的唯一引擎。我国国民经济总体运行平稳，虽然一些数据表现不佳，但反映的问题并不严重，结构优化体现在所有宏观经济领域，经济发展方式转变在有序地推进，经济发展质量在稳步提升。同时，财政收入形势有所回暖，税收收入结构继续改善，财政支出进度明显加快且增长加速，财政金融深度合作得到加强。我国经济进入新常态，财政发展也进入新常态，但在运行中也表现出一定的体制机制弊端和深层次的结构性矛盾。加速推进创新驱动战略，支持“大众创业、万众创新”是我们迎接新常态的机遇与挑战。

这两年，我国面临着国内经济增速放缓、结构性矛盾增多和体制机制改革正在深入推进的挑战，同时也受到美国主导的世界经济再全球化和再失衡的压力。解决压力和挑战的路径主要有三个方面：一是建立高效率的市场；二是形成差异化的竞争；三是开展智能化的生产。这三个方面的共同基础就是创新，是创新与生产的对接与结合，即创新驱动。因此，财政应统筹各项资源，加大支持力量，以加强知识产权保护和推进低成本创新为主要着力点，实现创新驱动战略的目标与使命。与此同时，我国正处于难得的“正向供给冲击”的历史机遇期。尽管正向冲击给我国能源战略、资源战略和环境保护战略带来了一定的压力和挑战，但对于经济发展的影响是正向的，对中国的经济结构优化和国际分工地位改善形成了重要契机。我们要抓住国际“正向供给冲击”的机遇，大胆创新、审慎推行，全力做好新常态的开局。

受制于课题组研究力量、分析工具和资料上的缺陷，对准确把握制造业需要怎样的财税支持研究尚不充足，没能为其量身打造成系统的财税支持方案。相关报告对债务危机的化解研究尚存在一些欠缺。在今后的研究中，我们将着力补充、加强和完善这些方面的研究，实现从防风险到抗风险的转变；从治标到治本的转变，进一步强调政策的稳定性和时效性。

在课题组的研究工作和出版过程中，得到了财政部、中国社会科学院科研局、中国社会科学出版社领导和专家们的重要指导和大力支持。在此，谨向各位领导和专家们表示我们真诚的谢意。并请各位同仁和读者对我们的研究提出宝贵的批评和建议，我们将吸收借鉴，进一步深化和完善研究工作。

目　　录

2014 年

2015 年

2014 年

美国量化宽松货币政策退出与中国深化财税体制改革

——2014 年第一季度我国宏观经济与财政政策分析报告

2014 年第一季度，世界经济呈现“三明治”式的复苏格局。美国经济凭借其强大的市场修复能力和创新能力，在逆工业化、泛信息化和新能源革命的推动下，成为世界经济新一轮经济增长的重要引擎；中国经济则凭借自身的强大竞争力、“世界工厂”的产出能力、新型城镇化的扩张潜力等，与全面深化改革和产业转型升级的动力相结合，成为世界经济稳定发展的关键支撑力量；欧盟、日本和新兴工业化国家则多数处于经济复苏期的起步阶段和发展方式的转型时期，结构性矛盾突出，利益格局复杂，经济增长的动力不足，属于世界经济增长的“夹心层”，既需要获得外部良好的支撑力，也需要分享效率提升和产业升级的牵引力。预期世界经济的“三明治”式的复苏格局将持续一年左右的时间，进而再分化、调整、整合。我们必须要应对好当前复杂的经济形势和发展机遇，既坚持稳中求进，突破“爬坡过坎”的紧要关口，又坚持稳中有为，在后危机时期的世界经济新框架中取得有利的地位。

一　世界经济正处于全面复苏的起步阶段

一季度，美国经济继续保持良性复苏势头，并在克服去年冬天的严寒影响后，经济增速有望进入到潜在增长区间的下限，从而开始全面复苏的进程。欧元区的经济形势进一步趋稳，一季度的经济增速有望全面进入正增长状态，主权债务风险基本消散，金融市场却仍处于恢复期，并导致欧洲央行的货币政策也处于是否启动量化宽松的选择期。日本安倍政府的“两支箭”取得了初步效果，但“第三支箭”的政策重点仍在游离，市场反应相对冷淡，面对高企的政府负债率，日本政府大幅度提升了消费税的税率，从而加剧经济的复杂性。本报告以美国量化宽松货币政策全面退出的历史节点为契机，对其进行系统而全面的总结。此外，还将对日本消费税的改革及风险进行分析与预测。

（一）美国经济的全面复苏与量化宽松货币政策周期完结

美国经济已经完全摆脱危机的困扰和陡然下行的风险，进入到经济的初步繁荣期。尽管运行中还有一些不确定的因素出现，以及非常规性宏观经济政策退出所带来的新问题会导致经济波动，但总体增长态势已经平稳，并将开启约50个月的繁荣期。自2009年第三季度开始，到预测的2017年年末，预期本轮经济周期的复苏与繁荣期将达到102个月，仅次于20世纪90年代的美国新经济革命时期的123个月的增长期，与60年代“战后黄金期”的106个月的增长周期基本持平。我们要学会与上升周期的美国打交道，在沟通与共赢中取得话语权，并实现更深层次的经济交流与合作。

1．2014年第一季度的美国经济情况及全年预期

根据美国经济分析局（BEA）的最新数据，2013年第四季度的实际GDP增速由1.9%上调到2.6%；而一季度，美国经济克服了严寒等极端天气的影响后，实际增速预计将达到2.7%以上，进入到2.5%—3.2%的潜在增长区间（见图1）。

在经济持续增长的同时，失业率状况出现了小幅波动，前3个月的失业率分别为6.6%、6.7%和6.7%，非常接近于美联储预定的6.5%的充分就业边界。值得注意的是二、三月份失业率的小幅上升，属于接近充分就业失业率时正常的波动表现：随着失业率的不断下降，劳动报酬率开始稳步上升，如3月份劳动报酬上升0.3%，从而导致意愿就业的人口数量上升，尽管新增就业达到了19.2万人，但新增的意愿就业

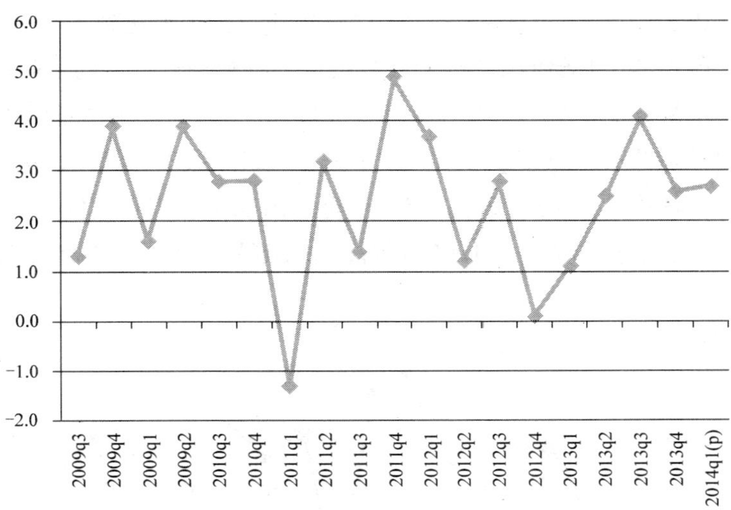

图 1　美国经济复苏以来的季度增速图（19 个季度，不变价 GDP）

注：2014 年一季度的数据为预测数据。

资料来源：美国经济分析局数据库。

人员超过 25 万人，导致其失业率不降反升。图 2 展示了美国经济复苏以来的失业率变动情况。

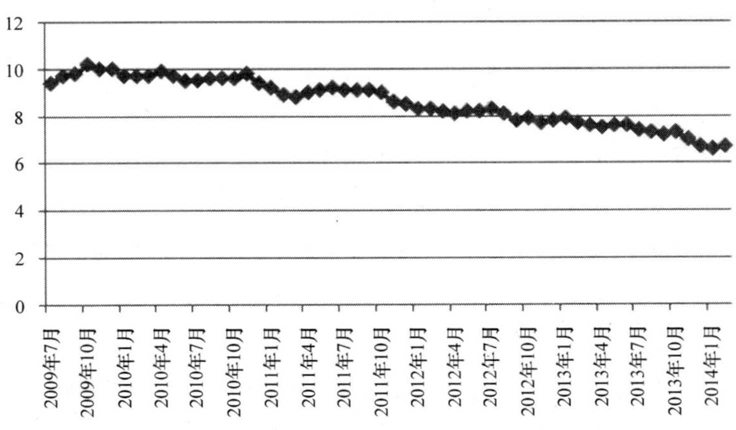

图 2　美国经济复苏以来的失业率变动情况（57 个月）

资料来源：美国经济分析局数据库。

通货膨胀率则一直保持低位。尽管近期通胀水平达到1.5%左右的水平，但距离美联储的2%的货币政策控制目标仍有较大的空间。本轮美国经济复苏属于成本节约式复苏，页岩气革命、物联网革命和分布式革命则分别针对能源成本、物流成本和生产组织成本，因此，随着经济的复苏，物价形势始终保持稳定，甚至还出现了一定程度的明显下降。第一季度的通胀率预期为1.6%左右，季度通胀率的运行曲线见图3。

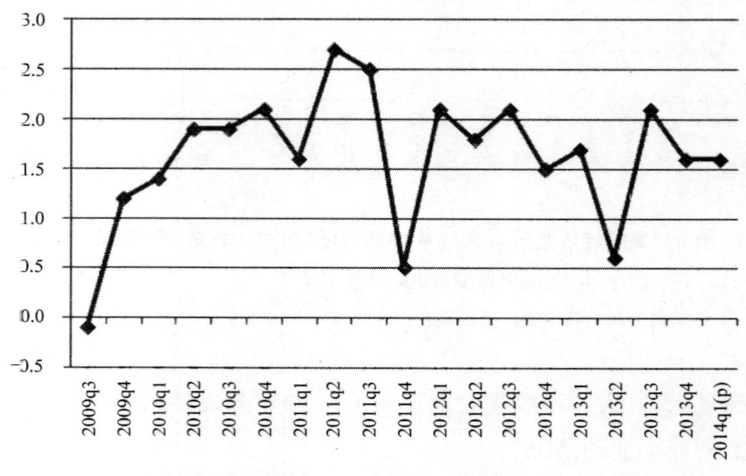

图3　美国经济复苏以来的季度通胀率水平（19个季度）

注：2014年第一季度为预测值。

资料来源：美国经济分析局数据库。

随着美国制造业复兴进程的不断加速，制造业对经济的贡献也在不断加大。根据美国商务部和美国经济分析局的最新数据，制造业已成为美国经济增长的第一大动力来源。与制造业复兴相对应的是美国政府扩张性政策的退出步伐，从图4中可以看出，2012年第四季度以来，美国经济增长都是在政策贡献率为负的情况下所取得的。美国政府扩张性政策的退出对经济增长的影响逐步消退，目前，已经临界全面退出政策的边缘。

2. 美国量化宽松货币政策的框架、进程与政策目标

在美国即将实现非常规财政政策和货币政策的全面退出之际，我们对美国的扩张性货币政策进行全过程的回顾和全方位的总结分析是非常重要

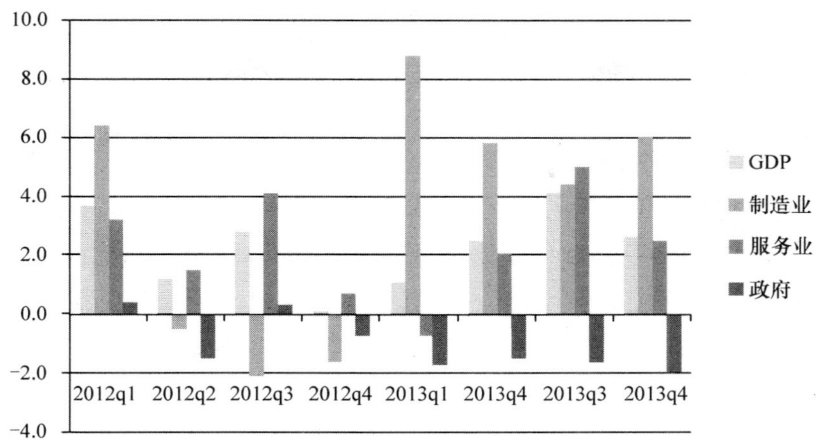

图4 2012年以来美国经济增长的构成因素情况

资料来源：美国经济分析局数据库。

的。正如2012年第四季度报告所指出的，美国的量化宽松货币政策是全球货币政策调控的新高度，其综合考虑了经济增长、市场稳定、减少扭曲和政策效率等多个方面的要求，并在经济复苏进程稳定后，平稳启动退出程序。总体上看，美国量化宽松货币政策包括三个阶段，其逻辑框架如图5。

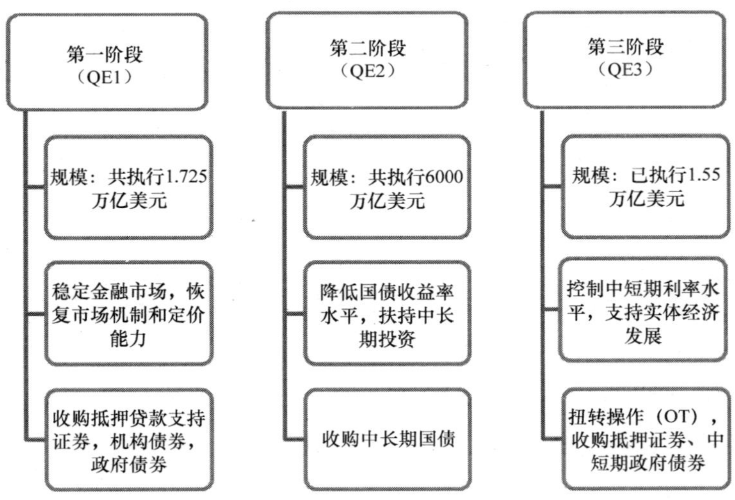

图5 美国量化宽松货币政策框架

美国量化宽松的第一阶段是自 2008 年 11 月开始，到 2010 年 4 月结束，历时 18 个月。本轮量化宽松是在美国经济形势极端严峻的情况下，为防止金融市场的进一步崩溃和持续大规模衰退而采取的一种紧急的反危机政策。政策需保持力度大、目标明确和重点突出，共实施了 1.725 万亿美元的量化宽松操作。本轮量化宽松的政策目标是稳定金融市场，并有效恢复金融市场的定价能力和风险分散机制，因此稳定市场金融资产，特别是住房抵押贷款及其衍生证券的合理价格就成为政策的首要目标。为此，美联储先通过减少美国国债的持有量和推动美国财政部实施补充融资账户的方式分别融入资金约 3000 亿美元和 5600 亿美元，然后开展反向回购操作①，购入约 7000 亿美元的抵押贷款支持证券和部分联邦机构债券。然后大幅度减少美联储的贷款，从 8700 余亿美元下降到 4200 亿美元，增持抵押贷款支持证券约 10600 亿美元，国债约 2800 亿美元。第一阶段量化宽松货币政策结束时，美国新增流动性达到 17250 亿美元，但新增美元货币数量仅为 1600 亿美元，实现了稳定金融市场和恢复市场机制的功能与作用。

量化宽松政策的第二阶段是自 2010 年 11 月起步，到 2011 年 6 月底结束，历时 8 个月。美国经济自 2009 年第三季度起恢复增长态势，到 2010 年经济复苏形势出现小幅波动，美国需要稳定国内经济信心，刺激投资特别是基础设施领域、机器设备领域和房地产领域的投资。通过投资，形成新一轮经济增长所需要的技术创新、能源条件和产业基础，并通过对房地产市场的支撑减轻国内金融机构的风险压力，以及支持家庭负债表的改善。量化宽松货币政策在第二阶段目标复杂，但手段相对单一，即通过每个月 750 亿美元美国中长期国债的购入，支持美国政府获得资金融通、保持无风险资产收益率处于历史低位，并向市场上投放新增流动性。第二阶段量化宽松货币政策结束时，美联储新购入约 8000 亿美元的中长期国债，减持约 2000 亿美元的抵押贷款支持证券，资产负债表净扩张达到 6000 亿美元，新增美元货币数量约 2800 亿美元。

量化宽松货币政策的第三阶段自 2012 年 6 月开始，持续至今，已

① 与中国央行的“逆回购”方向相反，故用反向回购操作称谓，以利区分。

执行了22个月。美国经济至2012年第二季度复苏态势基本稳定，支持政策的重点转向美国新兴产业的培育、制造业复兴和新技术在生产中应用等实体经济发展，同时保持房地产、股票等资产市场的稳定，为金融市场的繁荣创造良好的外部环境。为达到这一目标，美国需要调整市场无风险资产的结构，以缓解美国债务上限约束。2012年6月，美联储先进行了4000亿美元国债的扭曲操作（OT），将部分距离到期长达6年至30年的国债购回，并同时出售等量的3年期以下国债。这一操作一方面进一步压低了中长期资产的收益率，鼓励固定资产投资；另一方面为接下来的新一轮量化宽松政策提供可供操作的政策工具。2012年9月，美联储启动了每月400亿美元的抵押贷款支持证券安排，进一步稳定资产市场，恢复金融市场的效率和资本安全。2012年12月，正式进入支持实体经济融资的阶段，通过每个月450亿美元的国债购买安排降低中短期国债的收益率水平，并随着债务到期逐步启动债务退出和借新还旧的安排，降低财政风险。第三阶段的量化宽松货币政策共导致美联储资产负债表扩张14045亿美元，购入6755亿美元的联邦政府债券和7513亿美元的抵押支持证券，新增美元货币数量约1421亿美元。

自2013年12月起，美国的量化宽松货币政策启动了退出进程。在这历史节点，我们对自2008年11月至2014年3月末的美国量化宽松货币政策进行总结：第一，美国量化宽松货币政策共导致美联储资产负债表扩张23478亿美元，较三个阶段的最高值38750亿美元低了15272亿美元，说明美联储已经进入资产负债表的紧缩阶段，美国货币政策将逐步恢复常态；第二，量化宽松货币政策共购入美国国债达18325亿美元，有效地支持了政府的经济刺激和社会管理活动；第三，量化宽松政策共支持美联储购入抵押贷款支持证券达19700亿美元，目前余额为16073亿美元，有效地稳定了长期资本市场，并为家庭资产负债表的修复和金融机构的风险管理提供了重要支持；第四，量化宽松政策共为美国创造基础货币27611亿美元，有效改善了金融市场的流动性不足的局面，但不可逆的流通美元发行量只有4098亿美元，大部分基础货币的增加都是通过如同商业银行创造派生货币的操作方式来实现，并且有财政部、美联储、存款机构之间精密配合，在此期间完成了约5万亿美元的贷款救助和资产购买计划，资本运营的水平令人叹服。这些成绩的取得既与美联储高超的市场操控能力有关，也与美国金融市场良好的机制和基础设施相关，此外，美国在国际金融市场中的特殊地位也支持了美联储大胆而精细的政策操作活动。

3. 美国量化宽松货币政策退出策略

2013 年 12 月，美联储宣布逐步启动量化宽松货币政策的退出进程。这一退出，并未达到美联储预定的 6.5% 的失业率和 2% 的通货膨胀率的预定线，出于对美国经济形势基本稳定和资产市场价格快速恢复的判断，为避免新一轮的资产泡沫和通货膨胀压力，美联储决定提前启动退出安排。我们预计，量化宽松货币政策的退出将会包括四个阶段来逐步推进，主要有：

一是购买资产规模削减阶段。当前正处于这一阶段之中。2014 年 1 月，美联储将每月购买资产的计划削减 100 亿美元，而在 3 月和 4 月，又再度各削减 100 亿美元。当前每月执行的资产购买规模只有 550 亿美元，其中国债 300 亿美元，抵押贷款支持证券 250 亿美元。预计上述退出进程将持续直线进行，至 2014 年第三季度完成资产购买计划的全面退出，美国无风险资产收益率将有所提高，抵押贷款资产价格将有所回落，从而对美国的投资活动和资产价格的恢复产生紧缩性影响。

二是持有资产的减持和结构调整阶段。一季度末，美联储共持有联邦政府债务 23090 亿美元，抵押贷款支持证券 16073 亿美元，总量接近 4 万亿美元。如此庞大规模的资产导致美联储的资产负债表较 2008 年 8 月膨胀五倍以上。随着美国经济形势的逐步好转，美联储也将启动资产负债表的瘦身计划，但这一进程将结合宏观经济形势和美国金融市场的稳定，在动态结构调整的基础上实现。大致上可能会形成如下退出安排：总体退出计划可能会长达三年左右的时间，在资产市场形势稳定的情况下，美联储将采取抵押贷款支持证券优先退出的方案，对于持有的联邦政府债券将采取期限转换的方法，保持持有规模的稳步缓慢调整，以对冲利率上升压力和投资风险。

三是释放存款准备金，有序紧缩资产负债表。当前，美联储持有的存款准备金规模达到 26122 亿美元，其中大部分是超额存款准备金。庞大超额存款准备金的存在，为美联储实施量化宽松货币政策提供了重要条件，但同时，也导致了金融机构与美联储公开市场操作之间的联系过于密切。随着金融风险的日益平复和美联储对抵押贷款支持证券的退出，美联储与商业金融机构之间“资产—货币”纽带应进入到调整期，美联储一方面主动减少持有的商业金融机构的资产凭证或证券；另一方面鼓励商业金融机构“回购”美联储持有的有价证券，从而启动有序紧缩资产负债表的进程。

四是全面减持联邦债券和机构债券，适度推高市场利率和推进政府削减预算赤字，防止资产泡沫累积和经济过热压力。这一进程预计在2016年下半年启动，伴随着美国经济持续快速增长，美国的通胀率和资产泡沫的压力开始加大，市场投资的自主性和需求也显著增强。美联储有必要出售持有的政府或机构债券，以提升市场利率水平，抑制投资需求过热和推动联邦政府削减支出。但可以预期的是，即使美联储全面减持美国联邦债务，受到金融市场和财政压力的共同影响，最终保持下来的常态余额也将明显高于危机之前的8000亿美元的水平，预计将保持在1.2万亿美元左右，占当期美国国债余额的10%左右。

上述政策退出进程及要点可以形成如图6所示的框架。

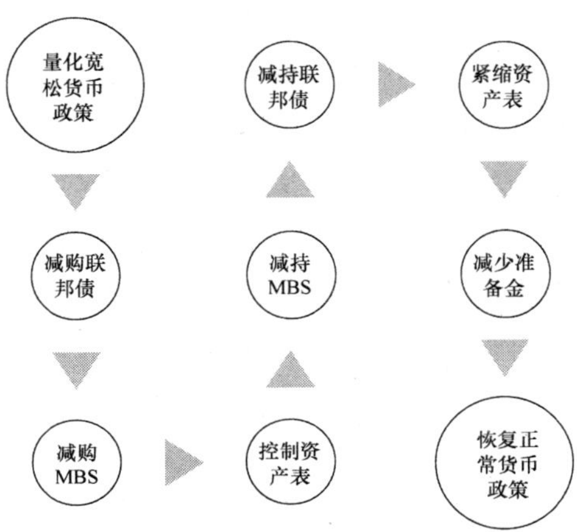

图6　量化宽松货币政策退出进程安排与要点

美国量化宽松货币政策的退出将给世界金融市场的流动性带来紧缩性的影响，并带来投资方向的调整。大量的资金回流美国或其他高收益地区，导致新兴经济体的流动性紧张，汇率水平急剧下降和资产价格的快速贬值，从而影响上述国家的金融和资本安全；而美元收益率上升的前景也将导致国际大宗商品价格继续走低的压力，加剧资源性国家的经济风险，以及欧元区国家的通货紧缩压力。作为世界第二大经济体的中国，则受到三个方面的综合影响：一是人民币汇率贬值的压力，从而影响国内资本市场的安全；二是主要贸易伙伴的经济波动和贸易环境恶化的压力，导致出口潜力难以有效发挥；三是人民币国际化的风险，易导致不断开放的外汇市场和人民币国际化进程成为风险的传递渠道。

（二）日本的经济形势与消费税调整的影响

一季度，在急剧扩张的宏观经济政策的支撑下，日本经济将延续2013年的经济增长态势，增速预计保持在2%左右，其中投资成为推动日本经济增长最重要的因素，出口贸易形势未能与日元贬值同步取得预期的改观，消费增速出现较快提高，但未来受到消费税率大幅上调的影响而不可预期。

1. 日本当前的经济形势

一季度，日本经济增速预计将达到2%左右，延续安倍经济刺激所带来的增长效果。2014年，日本政府将启动安倍的“第三支箭”，产业复兴战略与产业结构调整，以期在日本扩张性的财政和货币政策的支持下，强力启动日本的基础设施投资、企业固定资产改造和新产业的投资与培育。从日经指数等先行指标看，今年以来产业形势良好，有望成为推动日本经济复苏的关键支撑力量（见图7）。

2014年3月，日本CPI的值取得1.6%的增速，通胀预期向2%的目标靠拢。失业率保持在3.6%的低位，劳动报酬呈现持续小幅上升的局面。

日本进出口的情况值得关注，出现了连续长达15个月的贸易逆差。3月，日本出口增速仅为1.8%，大大低于2月份的9.8%和市场预期的6.3%；而进口增速则达到18.1%，明显高于2月的9%和市场预计的 16%。日本在 3 月为止的会计年度内出现了巨额的贸易逆差，总规模达到 13.75 万亿日元，约合 1344.5 亿美元。日本对华贸易增速仅为 4.5%，相较于 2 月份的 27.6% 下降明显。

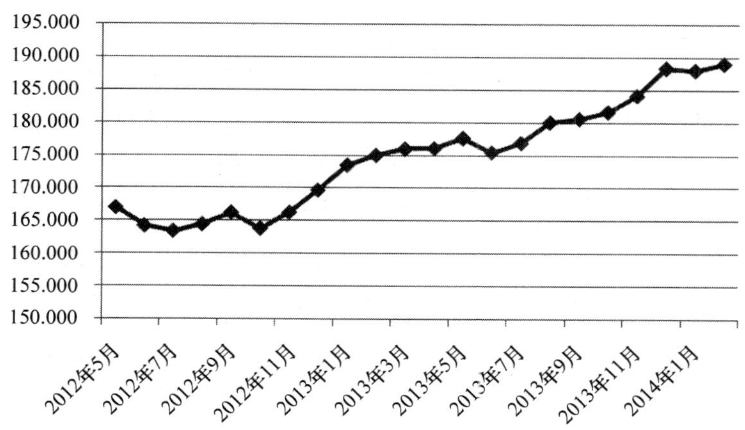

图 7 2012 年 5 月以来日本产经指数的变化情况（先行指标）

资料来源：日本总务省统计局。

日本的研究与发展经费投入的状况基本稳定，一季度增速较去年同期下降 0.25% 左右。研发费用占 GDP 的比重达到 3.67%，超过美国的 3%、欧盟的 1.8% 和中国的 2.1%，位居世界前列。

至 3 月末，日本国债及借入资金余额达到 1018 万亿日元，其中普通内债规模为 849 万亿日元，政府短期证券规模为 114 万亿日元，而外债借入规模仅为 55 万亿日元。以 2013 年的 GDP 作为衡量基数，日本国债的债务率水平高达 213%，位居世界发达国家的前列。

2. 日本的消费税改革

日本的消费税与我国的增值税相类似，属于典型意义的间接税，并对销售（营业）收入的增加额部分征收。随着消费税税率的不断提高，消费税越来越成为日本财政收入的主体税种之一。

4 月，日本将启动消费税的改革，消费税税率由当前的 4% 提高到 6.4%，相应地加上日本地方 25% 的附加税额，综合税负由 5% 提高到 8%，名义税率上升 60%。由于日本消费税税基广泛，税率的提升将获得税收收入的明显上升，预计日本财政收入将增加 4.7 万亿日元，占 GDP 的比重约为 1%，占 2014—2015 财年的预算收入的 5%，占本财政年度 18 万亿预算赤字的 26%。消费税的税率提升，在不改变宏观经济运行态势和日本消费状态的情况下，将对财政状况的改善起到明显的支撑。

而在 2015 年 10 月，消费税进一步上调到 8%，综合税负上升到 10% 的时候，消费税收入将再增加约 3.4 万亿日元，从而形成高达 17 万亿税种收入，约占 GDP 的 3.5%，占日本财政收入的 17%。从而使消费税成为日本税制结构中举足轻重的力量。

消费税对日本经济的影响是一把双刃剑。在为日本财政改善提供动力和路径的同时，还将给日本的消费带来明显的冲击和影响。3 月日本出口形势的急转直下和进口量的大幅度增长都与消费税率的提高有着直接的关系。同时，日本国内的消费高涨给经济带来的拉动作用也将在 4 月全面消失，甚至透支了新财政年度一半时期的消费增长潜力，考虑到日本消费结构中耐用消费品占比较大的情况，消费税改革将给经济运行带来明显的扰动。

二　中国经济正处于爬坡过坎的紧要关口

当前，中国正处于增长速度的换挡期、增长方式的转型期和前期刺激性政策的消化期相叠加的关键时期。经济增长的动力不足、运行中的深层次矛盾凸显、部分资产泡沫的风险加剧都对我国经济的稳定运行带来影响和冲击，中国经济正处于爬坡过坎的紧要关口。

（一）中国经济增长的区间稳定与积极因素积累

一季度，我国经济增速达到了 7.4%，尽管低于 7.5% 的政府预期线，但仍处于稳定增长区间之中。中国仍需保持宏观经济政策的稳定，在关键节点和关键领域实施一定程度的微刺激政策，以提振市场信心，获得市场跟进，以及促进有利因素的不断转化。房地产市场的发展增速明显放缓，风险有所抬头，总体表现出一定的拐点期的特征。

1. 经济增速进一步放缓，但仍在预定的区间内运行

一季度国内生产总值128213亿元，按可比价格计算，同比增长7.4%。我国经济增速已经连续放缓和保持在8%以下的增速达到17个季度，从运行数据上看，我国经济正处于增长速度的换挡期。

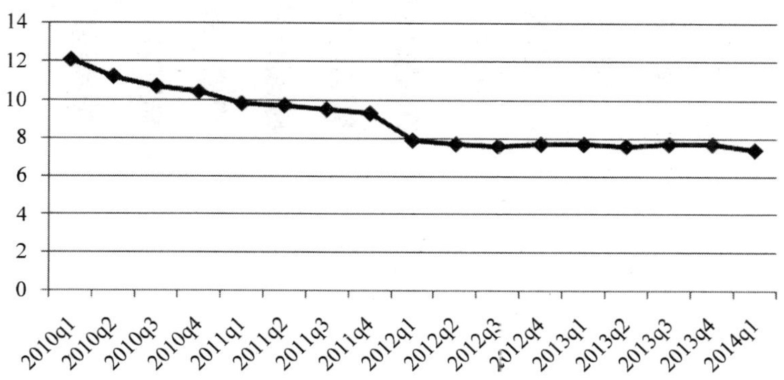

图8　2010年以来我国经济增速情况

资料来源：国家统计局数据库。

在经济增速不断放缓的同时，就业状况基本保持稳定。一季度，城镇新增就业达344万人，季末登记失业率为4.08%；农村外出务工劳动力16933万人，同比增加288万人，增长1.7%。就业状况并未由于经济减速而出现恶化，反而形成小幅度的改善。根据边际测算，一季度，每亿元GDP形成的新增边际就业量为389人，经济增长对就业的容纳能力进一步提高。与2009年相类似，当前单位GDP的就业容量上升的主要原因是货币估值因素对GDP增长的影响显著下降。

通货膨胀水平保持稳定，PPI仍呈负增长态势。一季度，居民消费价格（CPI）同比上涨2.3%。其中，城市上涨2.4%，农村上涨2.0%。食品价格同比上涨3.5%，居住上涨2.7%。在食品价格中，粮食价格上涨2.9%，油脂价格下降5.1%，猪肉价格下降6.6%，鲜菜价格上涨5.8%。工业生产者出厂价格（PPI）同比下降2.0%，3月份同比下降2.3%；工业生产者购进价格同比下降2.1%，3月份同比下降2.5%。

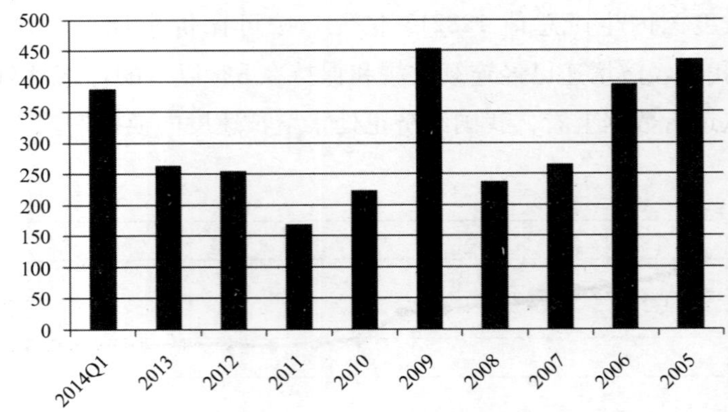

图9　2005 年以来单位 GDP 的边际就业情况分析

资料来源：根据国家统计局、人社部相关数据测算。

2. 增长动力良性调整，经济结构不断改善

第一产业增加值 7776 亿元，同比增长 3. 5%；第二产业增加值 57587 亿元，增长 7. 3%；第三产业增加值 62850 亿元，增长 7. 8%。第三产业增加值占国内生产总值的比重为 49. 0%，比上年同期提高 1. 1 个百分点，高于第二产业 4. 1 个百分点，产业结构呈不断优化的局面。

增长动力上也呈现出良性调整的局面，内需的贡献率继续提高，其中最终消费支出占国内生产总值比重为 64. 9%，比上年同期提高 1. 1 个百分点。具体为：

一季度，固定资产投资（不含农户）为 68322 亿元，同比名义增长 17. 6%（扣除价格因素实际增长 16. 3%），增幅比上年同期回落 3. 3 个百分点。从到位资金情况看，一季度到位资金 95744 亿元，同比增长 12. 8%。其中，国家预算资金增长 18. 2%，国内贷款增长 15. 3%，自筹资金增长 15. 6%，利用外资下降 6. 2%。

社会消费品零售总额 62081 亿元，同比名义增长 12. 0%（扣除价格因素实际增长 10. 9%）。其中，限额以上单位消费品零售额 30275 亿元，增长 9. 7%，限额以上单位网上零售额 815 亿元，增长 51. 7%。按消费形态分，餐饮收入 6465 亿元，同比增长 9. 8%，商品零售 55616 亿

元，增长12.2%。

进出口总额为9659亿美元，同比下降1.0%。其中，出口为4913亿美元，下降3.4%；进口为4746亿美元，增长1.6%；进出口相抵，顺差为167.4亿美元。其中3月的形势尤其严峻，进出口总额为3325亿美元，同比下降9.0%。其中，出口为1701亿美元，下降6.6%；进口为1624亿美元，下降11.3%。

3. 收入分配结构小幅优化，居民收入保持稳步增长

1—2月，全国规模以上工业企业实现利润7793亿元，同比增长9.4%，增速超过GDP的7.4%的增速水平，企业在收入分配中的占比有所提高。其中，主营活动利润7396亿元，增长8.4%。规模以上工业企业每百元主营业务收入中的成本为85.18元，简单测算的增加值率水平为14.82%。

一季度，全国农村居民人均现金收入3224元，同比名义增长12.3%，扣除价格因素实际增长10.1%；全国城镇居民人均可支配收入8155元，同比名义增长9.8%，扣除价格因素实际增长7.2%；全国居民人均可支配收入5562元，同比名义增长11.1%，扣除价格因素实际增长8.6%，超过GDP的增速水平，居民收入在国民收入中的比重有所提高。全国居民人均可支配收入中位数4694元，同比名义增长14.0%。外出务工劳动力月均收入2681元，增长10.1%。城乡居民人均收入倍差2.53，比上年同期缩小0.06。

4. 社会融资总额出现明显下降，广义货币增速控制在年度约束线以内

一季度，社会融资规模达到56042亿元，比去年同期减少5612亿元。其中人民币贷款达到30139亿元，占比为53.8%；外币贷款合人民币为4254亿元，占比为7.6%；委托贷款规模达到7153亿元，占比为12.8%；信托贷款规模达到2801亿元，占比为5%；未贴现银行承兑汇票为5592亿元，占比为10%；企业债券规模达到3846亿元，占比为6.9%；非金融企业境内股票融资规模达到975亿元，占比仅为1.7%。

3月末，广义货币（M2）余额116.07万亿元，同比增长12.1%；

狭义货币（M1）余额 32.77 万亿元，增长 5.4%；流通中货币（M0）余额 5.83 万亿元，增长 5.2%。3 月末，人民币贷款余额 74.91 万亿元，人民币存款余额 109.10 万亿元。一季度，新增人民币贷款 3.01 万亿元，同比多增 2592 亿元；新增人民币存款 4.72 万亿元，同比少增 1.39 万亿元。

（二）房地产投资增速放缓，市场“拐点”渐趋明显

一季度，房地产市场的形势陡然恶化。主要表现为：投资增速大幅度放缓，销售额明显减少，房地产价格出现一定程度的下降，且需求不足形成市场隐忧。具体有：

1. 房地产投资增速明显放缓

一季度，全国房地产开发投资 15339 亿元，同比名义增长 16.8%（扣除价格因素实际增长 15.5%），增速比 1—2 月回落 2.5 个百分点，较去年同期下降 3.4 个百分点（见图 10）。其中，住宅投资 10530 亿元，增长 16.8%，增速回落 1.6 个百分点，占房地产开发投资的比重为 68.7%，住宅投资增速放缓成为房地产投资增速下降的主要原因。

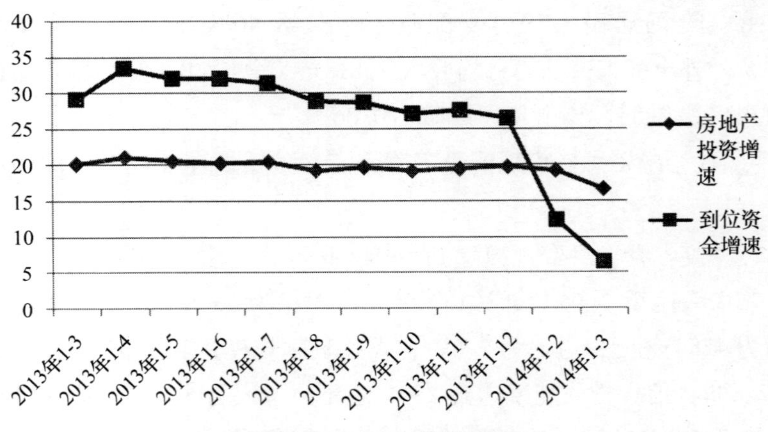

图 10　房地产投资增速情况

资料来源：国家统计局数据库。

房地产开发企业到位资金 28731 亿元，同比增长 6.6%，增速比

1—2 月回落 5.8 个百分点。到位资金规模远超过投资实施规模，说明投资增速放缓并未受到资金的硬约束，而是房地产企业对当前市场环境的自动调整和风险规避行为所导致。此外，房地产到位资金增速慢于投资增速，也说明今年房地产企业的投资能力有所下降。

2. 商品房销售面积明显下降，房价涨幅出现负增长

1—3 月，商品房销售面积 20111 万平方米，同比下降 3.8%；降幅比 1—2 月扩大 3.7 个百分点。商品房销售额 13263 亿元，下降 5.2%，降幅比 1—2 月扩大 1.5 个百分点。房价水平出现了负增长的局面，一季度的降幅达到 -1.5%，房地产“拐点”期的特征逐步显现。

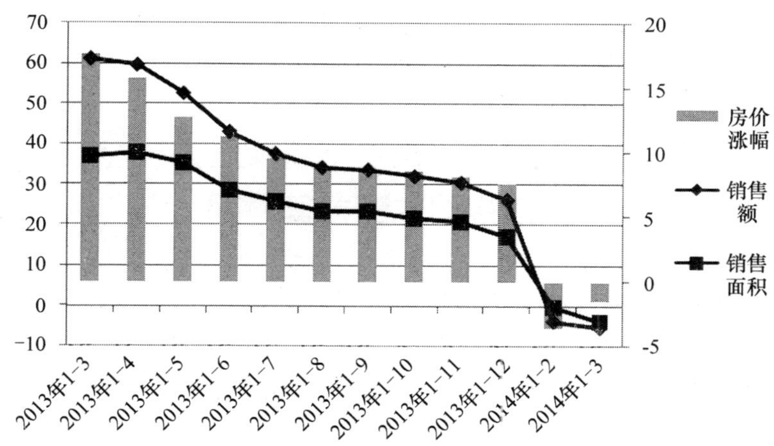

图 11 一季度商品销售和房价变动情况

资料来源：根据国家统计局的相关资料计算而得。

3. 商品房库存压力上升，房地产市场总体处于风险可控的拐点期

3 月末，商品房待售面积 52163 万平方米，比 2 月末增加 766 万平方米。其中，住宅待售面积增加 492 万平方米，办公楼待售面积减少 2 万平方米，商业营业用房待售面积增加 222 万平方米。商品房库存相当于 2013 年 5 个月的销售量，这一水平与美国当前的商品房库存水平基本相当。

在库存上升的压力下，房地产企业仍保持对土地购置的积极性，表

明房地产企业的信心仍在。一季度，房地产开发企业土地购置面积5990万平方米，同比下降2.3%，1—2月为增长6.5%。但土地成交价款1556亿元，增长11.4%，增速提高2.5个百分点。尽管土地购置面积下降，但土地平均价格仍上升14%，市场机制仍处在有效区间。

房地产的需求状况虽不容乐观，但仍保持稳定，市场机制仍在正常地发挥作用，尚未达到危机的边缘。在房地产市场的到位资金中，来自投资和居住的需求资金规模都有所下降，说明房地产市场的需求有所萎缩。如利用外资仅84亿元，下降33.9%；定金及预收款6837亿元，下降3.6%；个人按揭贷款3161亿元，几乎没有增长。此外，从办公楼的销售情况看，价格下降了约16%，但销售面积上升了6.7%，说明价格规律仍在有效地发挥作用，在市场价格适度回落的情况下，可以相应地增加需求，市场具有避免崩盘的自动调节机制。

三　财政环境处于收支压力持续加大的关键时期

一季度，财政运行环境总体平稳。随着财政改革的推进和现代财政制度建设的启动，财政的压力也出现了显著上升，尤其表现在财政收入与支出需求之间的平衡上，对财政政策的宏观调控能力和现代治理能力都提出了新的要求。

（一）全国财政收入情况

一季度，全国公共财政收入35026亿元，比去年同期增加2992亿元，增长9.3%。其中，中央财政收入15545亿元，同比增长6.4%；地方财政收入（本级）19481亿元，同比增长11.8%。全国政府性基金收入13063亿元，比去年同期增加3382亿元，增长34.9%。

1. 公共财政收入情况

第一，国内增值税7594亿元，同比增长9.4%，考虑“营改增”因素，同口径增长4.8%。其中，中央增值税5218亿元，增长4.8%，主要是受工业增加值增速放缓，工业生产者出厂价格下降以及扩大“营改增”

试点范围增加进项税抵扣等影响；地方增值税2376亿元，增长21%，主要是由营业税改征的增值税666亿元全部属地方收入，增长1.1倍。

第二，国内消费税2563亿元，同比增长4.8%。

第三，营业税4765亿元，同比增长4.2%，考虑“营改增”因素，同口径增长10.9%。其中，房地产营业税1525亿元，增长10.3%；建筑业营业税1237亿元，增长12.2%；金融业营业税982亿元，增长14.6%。

第四，企业所得税5663亿元，同比增长8.9%。分行业看，金融业企业所得税1160亿元，增长15.6%；房地产企业所得税663亿元，增长11.7%；工业企业所得税1906亿元，增长0.2%，主要受企业效益下滑、企业利润增长放缓的影响。

第五，个人所得税2364亿元，同比增长13.4%。

第六，进口货物增值税、消费税3328亿元，同比增长12.2%；关税665亿元，同比增长17.5%。增幅较高主要受去年同期进口环节税收大幅下降28.5%、基数较低等因素影响。

第七，出口退税2779亿元，同比增退242亿元，增长9.5%。

第八，非税收入4838亿元，同比增长4.4%。

一季度全国财政收入增幅逐月回落，各月增幅分别为13%、8.2%、5.2%。其中，中央财政收入增长6.4%，比预算的7%的增速水平低0.6个百分点；地方财政收入增长11.8%，扣除与房地产交易直接相关的房地产营业税和企业所得税、契税、土地增值税的增收后增长约8%。财政收入增速放缓的主要原因：一是工业生产、消费、投资、企业利润等与财政收入增长密切相关的指标增幅均有不同程度回落，增值税、营业税、企业所得税等主体税种增幅相应放缓；二是工业生产者出厂价格（PPI）降幅扩大，影响以现价计算的财政收入增长；三是扩大“营改增”试点范围，减轻企业税负，增值税、营业税等相应减收，且减收主要体现在中央；四是近期商品房销售额增幅回落，使地方房地产相关税收增幅回落。从财政收入走势看，受经济下行压力较大以及去年下半年收入基数逐步提高等因素影响，后几个月全国财政收入增长可能将继续呈放缓态势。

2. 政府性基金收入情况

一季度，全国政府性基金收入13063亿元之中，中央政府性基金收入850亿元，同比增长8.6%；地方政府性基金收入（本级）12213亿元，同比增长37.3%，主要是受土地成交额增加拉动，国有土地使用权出让收入10802亿元，同比增长40.3%。

（二）全国财政支出情况

一季度，全国财政支出30432亿元，比去年同期增加3396亿元，增长12.6%。其中，中央财政本级支出4385亿元，同比增长8.4%；地方财政支出26047亿元，同比增长13.3%。全国政府性基金支出10018亿元，比去年同期增加2563亿元，增长34.4%。

1. 公共财政支出情况

一季度，主要支出项目情况如下：农林水支出2753亿元，同比增长12%；社会保障和就业支出4823亿元，同比增长14.2%；医疗卫生与计划生育支出2172亿元，同比增长26.4%；教育支出4356亿元，同比增长14%；科学技术支出663亿元，同比增长3.4%；文化体育与传媒支出377亿元，同比增长5.8%；住房保障支出611亿元，同比增长3.7%；交通运输支出1497亿元，同比增长3.8%；城乡社区支出2542亿元，同比增长17.7%。

2. 政府性基金支出情况

一季度，在政府性基金支出10018亿元中，中央本级政府性基金支出478亿元，同比增长42.1%；地方政府性基金支出9540亿元，同比增长34%，主要是用国有土地使用权出让收入安排的支出8701亿元，同比增长37.7%。

四　财政政策处于现代化建设和深化改革的叠加期

十八届三中全会的《决定》明确指出，财政是全面深化改革的基础和重要支柱。因此，2014年的财政政策处于三项改革和制度建设的叠加期：一是落实全国“两会”要求，完善积极财政政策框架；二是做好全面深化改革的基础，率先破局，在财政的动态改革中，改善和优化经济社会环境；三是发挥全面深化改革的支撑作用，突破既得利益的藩篱，增强改革的信心和动力，既发挥引导牵引作用，又做好支撑平台。2014 年的财政政策要围绕着上述三个方面做好建构和完善工作。

（一）完善财政政策运行机制，继续推进积极财政政策

2014 年的积极财政政策要坚持以下原则：既适当扩大财政赤字，保持一定的刺激力度，同时赤字率保持不变，体现宏观政策的稳定性和连续性，促进经济持续健康发展和财政平稳运行。围绕使市场在资源配置中起决定性作用，加强和改善财政宏观调控，发挥财政政策促进结构调整的优势。在实施积极的财政政策的过程中，重点把握好三个方面的内容。

1．提升财政支出效率，完善财政政策运行机制

第一，要减少不必要的支出，厉行勤俭节约，严控“三公”经费等一般性支出。第二，要减少财政资金的分割和固化，激活财政存量资金。清理规范重点支出同财政收支增幅或生产总值挂钩事项，一般不采取挂钩方式，腾出资金重点用于农业、教育、社会保障、卫生、大气污染治理和生态环境保护等领域的支出。第三，进一步优化财政支出的结构安排，重点增加对革命老区、民族地区、边疆地区、贫困地区的转移支付。创新扶贫开发方式，推进精准扶贫，大力支持集中连片特殊困难地区区域发展和扶贫攻坚。第四，清理、整合、规范专项转移支付，严格控制新增项目和资金规模，建立健全定期评估和退出机制。

2．优化税收政策结构重点，促进经济转型升级增效

以发挥市场在资源配置中的决定性作用为导向来优化税收政策。政策的重点包括三个方面：一是维护公平；二是推进创新；三是拓展市场。维护公平即要进一步扩展小型微利企业税收优惠政策。完善促进养老、健康、信息、文化等服务消费发展的财税政策。完善促进企业创新的税收政策，即要研究完善加速设备折旧政策，落实好扩大企业研发费用加计扣除范围的政策。拓展市场的重点是对先进技术设备、关键零部

件、能源原材料等商品实施优惠或约束性的进出口关税。

3．加强地方政府性债务管理，防控和化解财政风险

一是要防控财政风险。要建立债务风险预警及化解机制，列入风险预警范围的高风险地区不得新增债务余额，强化金融机构等债权人约束，推进建立考核问责机制和地方政府信用评级制度。二是要化解财政风险。要进一步加强地方融资平台公司举债管理，规范融资平台公司融资行为。抓紧剥离融资平台公司承担的政府融资职能，剥离后地方政府新发生或有债务，要严格限定在依法担保形成的债务范围内。三是要在科学规范管理的基础上，支持符合市场要求的政府举债机制。要研究赋予地方政府依法适度举债融资权限，建立以政府债券为主体的地方政府举债融资机制。除严格授权举借的短期债务外，地方政府举借债务只能用于城市建设等公益性资本支出或置换存量债务，不得用于经常性支出。研究制定地方政府债券自发自还改革方案，推动部分地方开展改革试点。对地方政府性债务实行分类管理和限额控制，对没有收益的公益性事业发展举借的一般债务，由地方政府发行一般债券融资，主要以公共财政收入和举借新债偿还；对有一定收益的公益性事业发展举借的专项债务，主要由地方政府通过发行市政债券等专项债券融资，以对应的政府性基金或专项收入偿还。四是扩大市场准入，实现利益共享。推广运用政府与社会资本合作模式（PPP），鼓励社会资本通过特许经营等方式参与城市基础设施等的投资和运营。

（二）全力推进财政改革，担当全面深化改革的突破口

财政改革的全局性作用和影响要依赖现有财政职能及其作用的发挥。财政对市场运行的影响的重心在于税收制度和政策，对企业的竞争地位、收益获取和战略决策都发挥着重要的作用；财政对公共机构和预算单位的影响的重心在于预算管理制度和政策，对财政资金的使用、财政收支的关系和政府预算体系的优化和发展都具有重要的作用。

1．深化预算管理制度改革，构建现代财政制度基础

一是深入推进政府和部门预决算公开。细化政府预决算公开内容，扩大部门预决算公开范围，研究将部门决算按经济分类公开。二是实行

中期财政规划管理。根据国家中长期发展规划和宏观调控需要，确定中期财政政策，研究编制三年财政规划，对规划期内一些重大改革、重要政策和重大项目，研究政策目标、运行机制、评价办法，并强化其对年度预算的约束，提高财政政策的综合性、前瞻性和可持续性。三是改进年度预算控制方式。审核预算重点由平衡状态、赤字规模向支出预算和政策拓展，硬化支出预算约束，收入预算从约束性转向预期性。四是建立跨年度预算平衡机制。中央财政预算因政策需要可编列赤字，在政策调整后分年弥补。五是全面清理规范财税优惠政策，维护法律的严肃性和公平竞争环境。清理范围应包括：各级政府出台的对各类区域的税收优惠、收入全留或增量返还政策；对企业的税费减免、先征后返和财政补贴，低价出让转让土地和国有资产政策；对个人的税费减免、先征后返和财政补贴等政策。税收优惠政策统一由专门税收法律法规规定。六是建立定位清晰、分工明确的政府预算体系。明确公共财政预算、政府性基金预算、国有资本经营预算、社会保险基金预算的支出范围和重点，加强统筹协调，避免交叉重复。建立将政府性基金中应统筹使用的资金调入公共财政预算的机制。进一步加大国有资本经营预算资金调入公共财政预算的力度。加强社会保险基金预算管理，做好基金结余的保值增值。七是加快建立权责发生制政府综合财务报告制度。研究制定政府综合财务报告制度改革方案、制度规范和操作指南，对部分事项采用权责发生制，为编制政府综合财务报告提供基础数据信息。

2. 以市场配置资源的效率性和效益性为目标，推进税收制度改革

一是继续推进“营改增”改革，在全国范围内实施铁路运输和邮政服务业“营改增”试点，抓紧研究将电信业纳入“营改增”范围的政策，启动对建筑业和金融服务业的“营改增”改革政策设计和运行管理层面的研究工作；二是实施鼓励企业年金和职业年金发展的个人所得税递延纳税优惠政策；三是实施煤炭资源税从价计征改革；四是进一步扩展小型微利企业税收优惠政策；五是改革完善消费税制度，调整消费税征收范围、环节和税率；六是加快房地产税立法进程；七是加快推动环境保护税立法工作。

（三）积极发挥支撑作用，全面推进经济社会的改革发展

1. 推进城乡一体发展，在农业现代化和新型城镇化建设中同步发力

切实贯彻落实国家粮食安全战略，继续支持提高农业综合生产能力，确保谷物基本自给、口粮绝对安全，支持建立农业可持续发展长效机制。重点有：一是支持生态友好型农业发展；二是推进农业走出去，积极利用国外资源；三是支持耕地修复保护，启动重金属污染耕地修复试点；四是推进粮棉收储补贴制度改革。取消部分地区大豆和棉花临时收储政策，开展目标价格补贴试点。

积极推动城镇化进程。发挥财政资金的引导作用，推广运用 PPP 模式，支持建立多元可持续的城镇化建设资金保障机制。研究建立财政转移支付同农业转移人口市民化挂钩机制。支持开展新型城镇化试点示范工作。

2. 以保障供给和调控需求为两个基准，完善医药卫生和社会保障制度

一是推进医药卫生体制改革。将新型农村合作医疗和城镇居民基本医疗保险财政补助标准由年人均 280 元提高到 320 元；加快推进城乡居民大病保险工作，进一步减轻群众的大病医药费用负担；加大城乡医疗救助投入，扩大救助范围，支持对重性精神病患者给予救助；加大公共卫生资金投入，继续实施基本公共卫生服务和重大公共卫生服务项目，基本公共卫生服务经费标准提高到每人每年 35 元；继续推进县级公立医院综合改革试点，研究调整基层医疗卫生机构补助政策，调动基层医疗卫生机构和人员增加服务数量和提高服务质量的积极性。二是完善养老保险制度。建立统一的城乡居民基本养老保险制度，制定城乡养老保险制度衔接办法。坚持社会统筹和个人账户相结合的基本养老保险制度，完善个人账户制度，健全多缴多得激励机制，坚持精算平衡原则，堵塞制度漏洞。按 10% 的标准提高企业退休人员基本养老金水平。同时，积极推进机关事业单位养老保险改革。三是健全对低收入群体补助政策。完善社会救助和保障标准与物价上涨挂钩的联动机制，对中央财

政补助地区按城乡低保对象月人均分别提高 15 元和 12 元的标准安排补助资金，全面实施临时救助制度，进一步提高优抚对象等人员抚恤和生活补助标准。四是继续实施更加积极的就业政策，强化政策落实力度，重点支持高校毕业生就业创业和农村劳动力转移就业。

3．坚持分类管理、完善市场，推进教育、科技、文化改革发展

第一，区分教育的公共性层次，完善针对不同教育类型的财政支持政策。支持解决教育改革发展关键领域和薄弱环节问题，进一步加强财政教育经费使用管理。适当提高农村义务教育学校生均公用经费补助标准，改善贫困地区义务教育薄弱学校基本办学条件，着力推进城乡义务教育均衡发展。加快发展现代职业教育，建立和完善以改革和绩效为导向的高职院校生均拨款制度，同时引导企业、个人和社会多渠道投资职业教育。落实体现内涵式发展的高校预算拨款制度改革各项措施。在教育管理信息化的基础上，根据进城务工农民工随迁子女跨区域流动情况，完善相关测算办法，增加接收地区的转移支付。

第二，深化科技管理体制改革，支持落实创新驱动发展战略。改进和加强中央财政科研项目和资金管理，加大对基础研究的投入力度，完善政府对基础性、战略性、前沿性科学研究和共性技术研究的支持机制，健全技术创新市场导向机制。推动国家科技重大专项组织实施管理机制改革，进一步加强对专项资金的绩效管理。深入推进中央财政科技专项优化整合，建立各类科技计划（专项、基金等）的绩效评估、动态调整和中止机制。加快制定科研成果处置与收益分配政策。启动国家科技成果转化引导基金，完善科技型中小企业创业投资引导基金政策。

第三，支持完善公共文化服务体系，促过文化产业健康发展。推动公共文化资源整合和统筹利用，以农村和中西部贫困地区为重点，推进基本公共文化服务标准化、均等化。促进全民体育健身活动开展，支持大型体育场馆免费或低收费开放。有效发挥文化产业发展专项资金的作用，大力推进文化创意和设计服务与相关产业融合发展。

（执笔人：闫坤　张鹏）

稳增长与新常态下经济合理增速测算
——2014年上半年我国宏观经济与财政政策分析报告

2014年第二季度，发达经济体总体上企稳回升，比较重要的两点为：（1）美国在就业市场、房地产市场和消费零售市场进一步回升，美联储退出量化宽松（QE3）政策可能在2014年10月正式退出，并可能于2015年二季度前后首次加息；（2）日本与欧洲正在积极采取宽松的政策或措施，稳定经济和国内金融市场。总体上来讲，发达经济体中的美国与日欧出现政策上的分化，一方美国在收紧货币政策，另两方（日本和欧洲）在实施宽松的货币政策。值得注意的是，由于下半年美国经济可能从一季度的GDP环比折年率-2.9%上升逐步至潜在产出3%以上（我们预计三、四季度美国季度GDP环比折年率均为3.3%），美国正式退出量化宽松的货币政策，我国在下半年可能会面临一定程度的热钱流出压力，国内货币政策应该对此提早做好政策储备。

一　美国曲折中复苏，量化宽松正式退出

面对近期基于持续好转的美国就业市场数据和消费数据，美联储在6月联邦公开市场委员会（FOMC）会议纪要中表达了对经济较为乐观的看法，并详细讨论了量化宽松货币政策正常化的路径。与此同时，日本消费税上调的负面影响减弱，我们注意到日本首相安倍晋三近期又披露了新的一揽子经济改革方案，包括逐步下调企业税率、让更多女性参

与职场、吸引移民，等等，用以振兴日本经济。欧洲央行6月会议推出“价”和“量”双管齐下的货币宽松组合拳，稳定区域经济和金融环境。虽然近期葡萄牙一家银行债务违约引起了市场的担忧，但我们认为新一轮欧债危机的概率并不高。总体而言，美国等发达经济体正在曲折中逐渐复苏，而且美国已经开始实质性的退出量化宽松政策，欧洲和日本还在为经济复苏而努力，推出了一系列的稳定经济和金融市场的政策措施。展望下半年，逐步回升的美国经济与量化宽松政策正式退出（美国国债利率上升和美元汇率的预期走强）可能使得热钱开始回流美国等发达经济体。按照我们构建的月度热钱监测体系和预测模型，我们预计下半年我国存在热钱流出的风险，货币政策需要提前对此做好防范措施。

（一）美联储量化宽松政策（QE）十月散场

相对于低迷的一季度，美国二季度经济复苏态势较为明显，资本市场和实体经济的关键指标逐步好转。目前美国就业市场、消费零售以及房地产市场均出现持续的企稳回暖迹象，美国经济也可能在下半年走上持续复苏的道路。库存投资和净出口显著下降、消费者健康服务支出大幅下修、伴随异常寒冬天气的扩散影响，拖累美国一季度GDP环比折年率终值向下修正至-2.9%。我们预计拖累一季度GDP的因素将出现反转，支撑二季度GDP环比折年率上升至3.2%，三、四季度的GDP环比折年率均为3.3%。与此同时，我们预计美国量化宽松政策（QE）可能于2014年10月正式退出历史舞台，并于2015年二季度前后首次加息。

1. 美国下半年宏观经济将稳步复苏至潜在产出水平

2014年第一季度，由于库存累计、消费者健康服务支出大幅下修、恶劣天气等原因，拖累美国经济下降至近几年最差的环比折年率-2.9%（分析美国季度经济，我们一般选用季度环比折年率这一指标）（见图1）。根据我们的预测，导致一季度美国经济下滑的这些因素在二季度以后都可能出现反转，美国经济增速将在2014年3—4季度开始真正走向复苏道路，2—4季度环比折年率可能分别为3.2%、3.3%和3.3%。美国经济在国内消费、企业资本性支出和房地产市场的带动下，进入中长期潜在经济增速3%的附近。

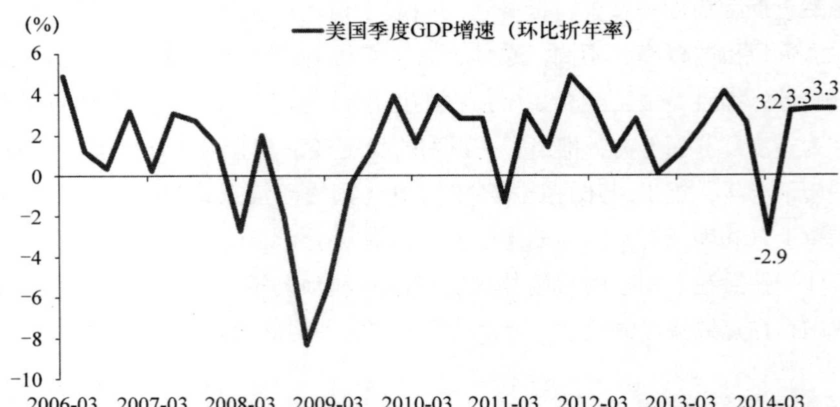

图1　2014年下半年美国GDP的季度环比折年率预测

资料来源：CEIC数据库，作者估计。

2. 美国近期数据显示经济已然企稳，但通胀有回升迹象

美国一季度GDP终值较前值出现了大幅向下修正，终值 -2.9%，而前值为 -1.0%，下滑幅度超出了市场预期的 -1.8%，其中个人消费支出从3.1%大幅向下修正至1.0%，成为主要的拖累因素。奥巴马医改的实施也对医疗消费支出形成“一次性”的大幅拖累，医疗支出的大幅向下修正拖累GDP超过1%。从美国近期公布数据来看，制造业方面，6月制造业采购经理人指数（PMI）为57.5，市场预期为56，创四年新高，分项指数中的产出和订单都出现了回升；房地产市场方面，受就业市场改善和抵押贷款利率的下降刺激，5月新屋销售环比激增18.6%，市场预期为1.4%，成屋销售环比4.9%，市场预期为1.9%，均出现大幅反弹；居民消费方面，虽然5月个人支出环比0.2%不及预期，但仍高于前值，且6月的密歇根消费者信心指数也上升1.3至82.5，高于预期82。但同时需要关注的是，5月美国个人清费支出（PCE）通胀同比回升至1.8%，为2010年10月以来新高，随着失业率的下行，通胀压力可能会逐渐显现，我们认为美联储的货币政策目标可

能会转向“就业+通胀”。

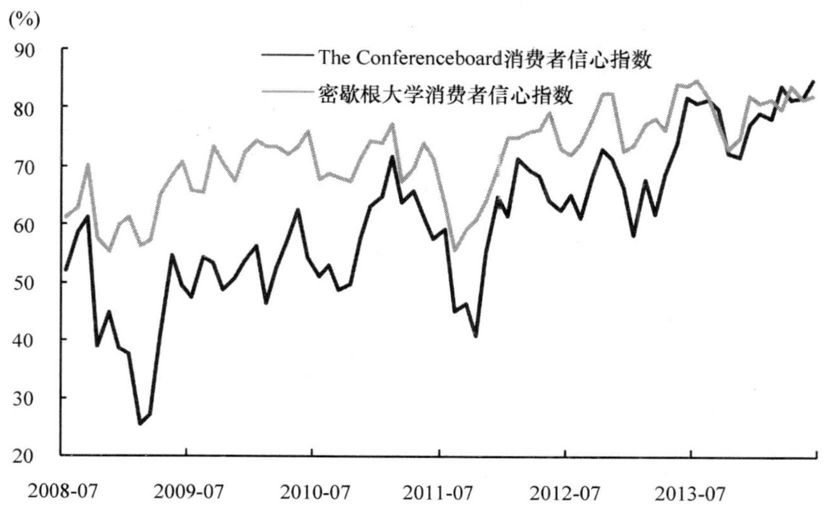

图2　密歇根大学消费者信心指数与 Conference Board 消费者信心指数

资料来源：彭博数据库。

3. 美国就业市场超预期好转，为量化宽松政策实质性退出创造条件

美国6月非农就业人数增加28.8万人，远好于市场预期，同时6月失业率也进一步降至6.1%。6月自动数据处理（ADP）私营就业人数劲增28.1万人，为2012年11月以来的新高。6月挑战者企业裁员人数减少至3.1万，今年1月以来的低位；7月初申请失业人数维持增加0.2万至31.5万人，企业裁员维持低位。

美国6月失业率超出预期进一步下降，就业的增长比市场之前的预期有所加速。劳动参与率没有再次出现我们预期中的反弹。6月失业率跌至6.1%（为2008年9月以来新低），这使得二季度失业率比上个月低0.1%。我们预计今年四季度失业率平均为5.9%，为美国正式退出量化宽松政策创造条件。

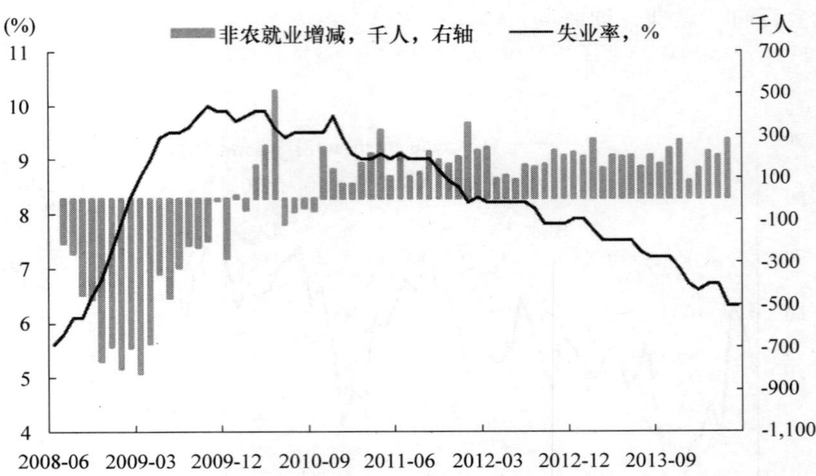

图 3　美国失业率和非农就业情况

资料来源：彭博数据库。

4. 美联储可能在今年 10 月正式退出量化宽松政策（QE）

面对近期基于持续好转的美国就业市场数据和消费数据，美联储在 6 月联邦公开市场委员会会议纪要中表达了对经济较为乐观的看法，并详细讨论了量化宽松货币政策正常化的路径。

（1）构建短期利率走廊：美联储通过隔夜回购利率和超额准备金利率构建利率走廊，两者利差可能以 20bp 为宜。

（2）计划 10 月结束 QE3：明确讨论了美联储结束购买债券的时间点，如果经济前景能够维持，将于 2014 年 10 月结束购债。

（3）美联储货币政策从价格管理向数量管理的转变：债券本金滚动投资的停止（即缩表，紧缩美联储资产负债表）将在加息时或加息之后执行，这意味着美联储量化宽松政策退出节奏可能是先加息，再缩减美联储资产负债表。在美联储存在大量“超储”（超额准备金）的背景下，政策利率向超额准备金利率和隔夜回购利率倾斜，货币政策从价格管理向数量管理的转变可能是美联储货币政策未来发展的方向。

（二）2014 年下半年热钱可能流出中国

美国经济下半年企稳回升至潜在产出水平附近、正式退出量化宽松政策（QE3）等因素可能使得我国在2014年下半年有热钱流出的风险。

正如我们在《2013年上半年我国宏观经济与财政政策分析报告》中构建的中国月度热钱监测体系与预测模型，我们这里测算月度的热钱规模，按照数据的可得性和频率，采用的是世界银行（1985）的间接法，即按照：

$$热钱 = 外汇占款变动 - 贸易顺差 - 净FDI$$

间接法测算热钱，没有考虑到隐藏在经常账户贸易中的虚假贸易（出口商高报或进口商低报），但是目前学术界尚未有可靠的办法估计虚假贸易部分的热钱规模，这里我们还是采用间接法来估计月度热钱。

预测热钱流动的三因素模型——人民币升值预期（相对于美元）、中美利差和经济增长差异影响热钱流动。我们构建了影响中国热钱流动的驱动因素模型（协整模型，残差平稳），发现人民币升值预期、中美利差和经济增长差异是影响热钱流动的关键的三个因素。其中，人民币升值预期可以解释一部分进入中国的短期资本行为；中美利差可以部分解释短期资本收益差异的影响；中美经济增长差异解释两国基本面相对变化对热钱流动的因素。

热钱流动的三因素模型

(2004年1月-2013年5月)	系数	标准差	t-统计量	P值
常数	-89.5	43.9	-2.0	0.0438
人民币升值预期	25.1	3.4	7.4	0.0000
利差	15.1	10.4	2.4	0.0501
GDP增速差	9.0	4.9	1.8	0.0701
R方	0.58			
调整后的R方	0.56			

图4　热钱流动的三因素模型

资料来源：CEIC数据库，作者估计。

2014年下半年热钱可能流出中国。根据我们的预测，美元汇率可能伴随着量化宽松政策的退出而走强；同时，我们预计中美利差可能缓慢收窄（主要是由于我们下半年正致力于降低实体经济融资成本，而美国国债收益率可能伴随着宽松货币政策退出而走高）；2014年下半年美国GDP增长逐步回暖，而中国2014年下半年可能基本持平。按照我们的三因素模型，综合汇率趋势/中美利差/基本面差异在2014年下半年的变化趋势，我们认为热钱可能在2014年下半年流出中国。货币政策应该在热钱流出之前，做好应对预案，保证基础货币的适度充足。

（三）日欧继续宽松，试图重归复苏

我们密切关注安倍近期一系列的改革方案以及日本经济近期的变化。首先，日本消费税上调的负面效应正在逐步减弱。近期公布数据显示，日本6月的制造业采购经理人指数（PMI）初值为51.1，重返荣枯分水岭50上方，并且结束了4月初消费税上调导致的连续两个月收缩，实现二季度首次扩张。日本消费者信心指数近期出现回升。具体的从分项数据来看，虽然新出口订单指数继续下降，但是新订单指数却恢复至扩张，显示国内需求在快速复苏，消费税上调负面影响逐渐减弱。同时，近期公布的5月日本核心CPI增长3.4%，创下了1982年以来最大涨幅，与市场预期持平，反映了消费税上调对抵抗通缩的积极影响。其次，日本就业市场也延续好转，5月失业率跌至3.5%，为1997年12月以来最低水平。

随着前期刺激政策实施效果的逐渐显现，近期日本首相安倍晋三又正式披露了新的一揽子经济改革方案，包括逐步下调企业税率、让更多女性参与职场、吸引移民，等等。由于现在还没有公布具体的实施细节，改革方案后续动向及其会对日本经济产生的影响还有待观察。

总体而言，安倍经济学这三支“箭”（量化宽松货币政策、财政刺激和经济改革），关键在于量化宽松的货币政策，但能否成功还取决于第三支“箭”的措施，即经济改革措施能否切实增强日本经济的产业竞争力，从根本上提高日本潜在增长率。只有解决了深层次问题，日本

经济才能形成良性循环，实现可持续增长。

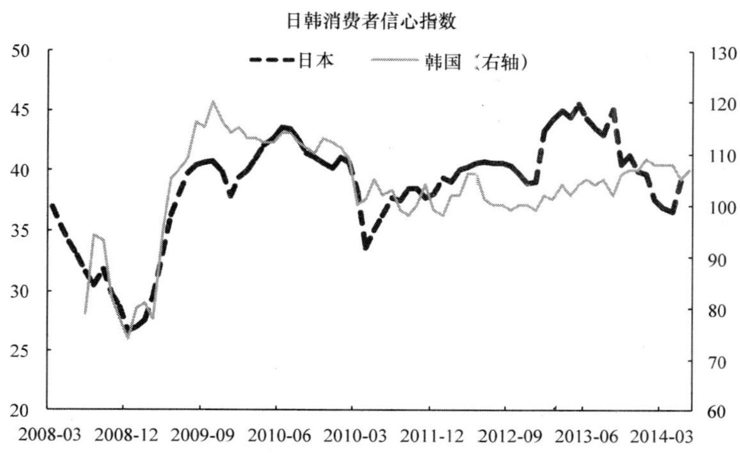

图 5　日本、韩国消费者信心指数

资料来源：彭博数据库。

欧洲央行 6 月会议计划推出“价”和“量”双管齐下的货币宽松组合拳，来稳定区域经济和金融市场。

价格工具方面包括主要再融资利率、隔夜存款利率和隔夜再贷款利率的降低；数量工具则包括：（1）4000 亿欧元的定向长期再融资操作（TLTROs）；（2）无限制流动性的承诺延期至少到 2016 年 12 月；（3）结束证券市场计划（SMP）的冲销；（4）积极准备进行资产担保债务（ABS）的购买。

欧洲央行的定向宽松细则近期出台，最大规模可达 1 万亿。6 月欧元区制造业采购经理人指数终值为 51.8，创 7 个月新低，5 月为 51.9。在分项数据中，制造业产出指数以及新订单指数都较前期有所下降。分国家来看，受到工厂订单较 5 月大幅萎缩的拖累，德国 6 月制造业采购经理人指数终值 52.0，低于 5 月的 52.4，为 8 个月来新低；意大利 6 月制造业采购经理人指数回落至 52.6，创 3 个月新低；法国 6 月制造业采购经理人指数终值 48.2，虽然相比 5 月有所改善，但仍低于 50 的荣枯线。通胀方面：欧元区 6 月消费者价格指数（CPI）初值年率与 5

月持平，继续保持在0.5%。

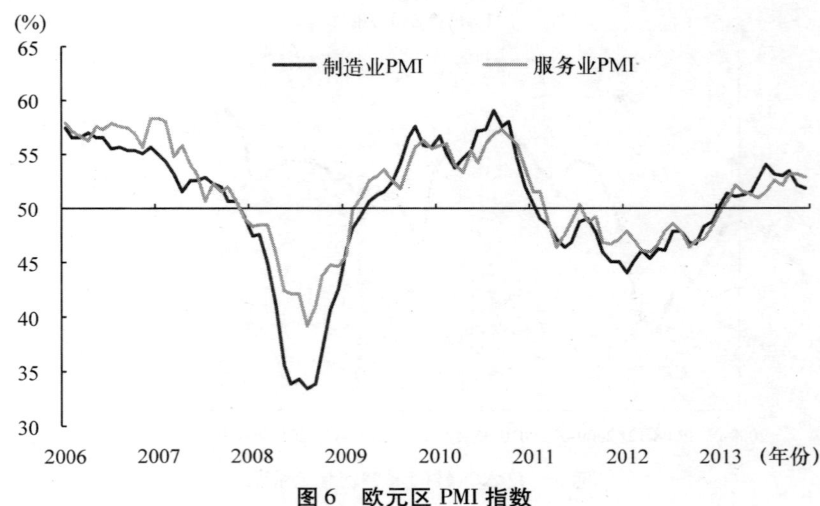

图6 欧元区PMI指数

资料来源：彭博数据库。

7月初的欧洲央行会议对一些宽松政策细节进行了阐述：(1) 利率水平维持不变；(2) 公布定向长期再回购操作贷款(TLTRO)细则，在2015年3月至2016年6月间将针对增加实体经济贷款的银行实施6次定向长期再回购操作贷款，明确定向长期再回购操作贷款最大规模可达1万亿；(3) 从2015年开始，提高议息会议的频率至6周一次，并开始公布会议纪要。

值得注意的是，葡萄牙一家银行近期出现债务违约，使得市场重新开始担心新一轮欧债危机的爆发。我们认为，目前来看，葡萄牙银行债务违约的风险基本可控，发生一系列债务危机的可能性较低，主要是因为：(1) 葡萄牙政府和央行已经积极介入；(2) 葡萄牙股市已经表现积极，显示市场预期葡萄牙政府能顺利解决单一的债务违约事件，而预期的作用对稳定金融市场非常重要；(3) 葡萄牙银行体系的抗风险能力在欧债危机后已经显著上升。

整体而言，日本和欧洲均为稳定经济增长和金融市场，积极推出一系列宽松措施，与美国的货币政策出现分化。日本和欧洲经济体均带有一定的出口导向型色彩，如果下半年美国经济稳定复苏，日本和欧洲经济形势也将逐渐改善。

二 中国经济：二季度改善，有信心完成全年目标

根据国家统计局公布的数据显示，初步核算，上半年国内生产总值269044亿元，按可比价格计算，同比增长7.4%。分季度看，一季度同比增长7.4%，二季度增长7.5%。环比看，二季度国内生产总值增长2.0%。总体来说，二季度中国经济温和改善，全年完成7.5%左右的增长目标虽然具有一定的压力，但有信心完成。我们预测我国2014年三、四季度GDP同比增速分别为7.5%和7.6%，全年GDP同比增速为7.5%。核心基准假设为：下半年房地产增速逐渐回落至10%，消费增速稳定在12%，出口名义增速为7.5%，基建投资增速为28%。

从1978年改革开放到金融危机前，我国的平均GDP增速为9.6%，尽管期间经历经济周期的波折，但之后经济又迅速回到接近10%的潜在增速上下波动。2008年国际金融危机之后，随着人口结构、劳动力成本等要素禀赋的变化，我国经济潜在增速正在经历一个系统性下降的过程，应该逐渐适应经济增长新常态，积极改善经济增长结构，实现有质量增长和可持续增长。

（一）二季度宏观经济运行改善，完成全年目标有信心

2014年二季度GDP同比增速为7.5%，较2014年第一季度上升了0.1个百分点，与2014年全年GDP增速目标一致。宏观经济总体上在平稳改善，但是面对全年经济增长目标，下半年仍有压力。随着一系列稳增长措施的加强落实、海外经济复苏对出口的拉动，我们对全年完成7.5%左右的GDP增长目标依然充满信心。我们预测2014年三、四季度GDP同比增速分别为7.5%和7.6%，全年GDP同比增速为7.5%。

分产业看，第一产业增加值19812亿元，同比增长3.9%；第二产业增加值123871亿元，增长7.4%；第三产业增加值125361亿元，增长8.0%。关于三大需求对GDP增长的贡献率，上半年最终消费对GDP增长的贡献率是54.4%，拉动GDP增长4个百分点，资本形成总额对GDP增长的贡献率是48.5%，拉动GDP增长3.6个百分点。货物及服务净出口对GDP增长的贡献率是-2.9%，负拉动GDP增长0.2个百分点。从分项的数据来看，上半年中国经济的增长仍然是靠内需拉动，特别是第三产业，经济增长方式略有改善。面对全年GDP增长7.5%左右的目标，我们认为目前实现起来仍有一定的困难，但考虑前期稳增长措施的进一步落实、海外经济的稳定复苏、房地产市场的调整温和等多方面因素，我们认为有信心完成全年经济增长目标。

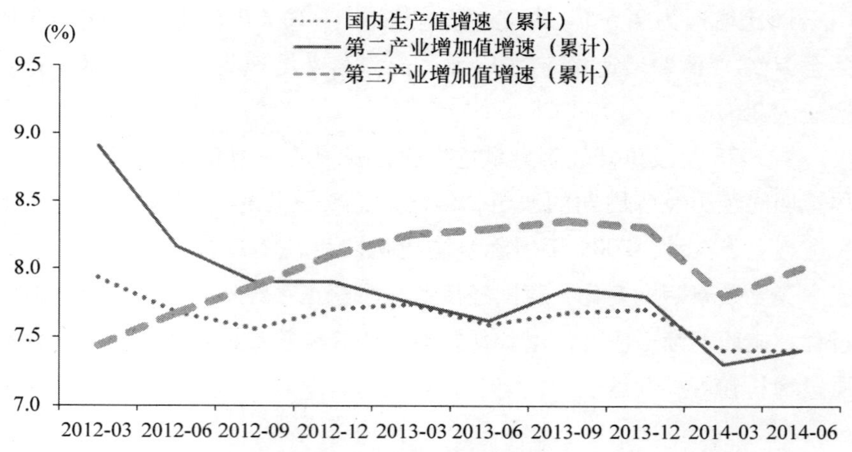

图7　中国季度GDP增速

资料来源：国家统计局。

表1　　**2014年上半年我国GDP初步核算数据**

	绝对额（亿元）	比上年同期增长（%）
GDP	269044	7.4
第一产业	19812	3.9
农林牧渔业	19812	3.9

续表

	绝对额（亿元）	比上年同期增长（%）
第二产业	123871	7.4
工业	106814	7.2
建筑业	17057	9.2
第三产业	125361	8.0
交通运输、仓储和邮政业	14114	6.8
批发和零售业	25422	9.8
住宿和餐饮业	5318	6.2
金融业	18463	9.7
房地产业	17453	2.5
其他服务业	44591	8.9

注：绝对额按现价计算，增长速度按不变价计算。

资料来源：国家统计局。

（二）二季度固定资产投资高位放缓

上半年，固定资产投资（不含农户）212770 亿元，同比名义增长 17.3%（扣除价格因素实际增长 16.3%），增幅比一季度回落 0.3 个百分点。其中，国有及国有控股投资 65667 亿元，增长 14.8%；民间投资 138607 亿元，增长 20.1%，占全部投资的比重为 65.1%。分地区看，东部地区投资同比增长 16.3%，中部地区增长 19.2%，西部地区增长 18.6%。分产业看，第一产业投资 4820 亿元，同比增长 24.1%；第二产业投资 89186 亿元，同比增长 14.3%；第三产业投资 118764 亿元，同比增长 19.5%。从到位资金情况看，上半年到位资金 246051 亿元，同比增长 13.2%。其中，国家预算资金增长 15.5%，国内贷款增长 12.9%，自筹资金增长 16.7%，利用外资下降 8.3%。上半年新开工项目计划总投资 196843 亿元，同比增长 13.6%。环比看，6 月固定资产投资（不含农户）增长 1.45%。

1—6 月房地产投资累计同比 14.1%，较前期下降 0.6%。1—6 月基建投资累计同比回落0.17%至22.85%，制造业投资累计同比上升0.6%至14.8%。从6月单月的投资情况来看，铁路运输业、道路运输业和水利环境投资增速依然较高，分别增长31.94%、21.32%和24.63%。虽然基建投资的增速有所回落，但下半年政府将通过基建投资来维稳经济。从结构上来看，房地产投资仍旧拖累整体增速，但制造业投资增速回升，基建投资继续发力。

房屋新开工面积80126万平方米，同比下降16.4%。全国商品房销售面积48365万平方米，同比下降6.0%。房地产开发企业土地购置面积14807万平方米，同比下降5.8%。6月末，全国商品房待售面积54428万平方米，同比增长24.5%。

目前中国房地产市场持续走软，但我们仍认为短期内房地产市场放缓对经济的影响有限，我们估算这将令今年的GDP增速下降0.4—0.5个百分点，但这在很大程度上会被稳增长措施（基建投资和稳定外贸等措施）所抵消。根据我们构建的房地产需求决定因素模型，我国货币状况放松、地方房地产政策逐步放松、经济基本面企稳将会令未来数月住房成交量企稳，房地产市场并不会出现崩溃。

综上所述，目前来看下半年固定资产投资增速总体将依然稳定。主要是由于基建投资项目进一步落实：中央之前推出的一系列政策措施，包括棚户区改造，西部铁路投资，加快信息建设，加大环保及保民生增长等。这些措施从长远的需求着手，兼顾了保增长和调结构的功能，经过6月底国务院督导组的加强落实，有望在2014年下半年进一步推动基建投资增速。同时，房地产投资可能逐步回落到10%以上，制造业投资则将会被出口和基建投资带动小幅回升。我们预计，下半年固定资产投资增速约为15%左右，略低于上半年的水平，但不会有太大的下滑空间。

（三）居民收入稳定增长，居民消费依然稳健

上半年，全国农村居民人均现金收入5396元，同比名义增长12.0%，扣除价格因素实际增长9.8%。全国城镇居民人均可支配收入14959元，同比名义增长9.6%，扣除价格因素实际增长7.1%。根据

城乡一体化住户调查，2014 年上半年全国居民人均可支配收入 10025 元，同比名义增长 10.8%，扣除价格因素实际增长 8.3%。全国居民人均可支配收入中位数 8780 元，同比名义增长 13.7%。6 月末，农村外出务工劳动力 17418 万人，同比增加 307 万人，增长 1.8%。外出务工劳动力月均收入 2733 元，增长 10.3%。

相对于一季度，二季度城镇居民收入增速小幅回落主要是两方面的原因：一是因为工资性收入增长的速度在回落，工业企业的效益较为低迷，所以居民工资性收入的增速在回落。从结构来看，城镇居民的经营性收入增速也有所回落，主要也是由于企业的利润有所下降造成的。

上半年，社会消费品零售总额 124199 亿元，同比名义增长 12.1%（扣除价格因素实际增长 10.8%），增速比一季度加快 0.1 个百分点。其中，限额以上单位消费品零售额 62102 亿元，增长 9.8%。按经营单位所在地分，城镇消费品零售额 107253 亿元，同比增长 12.0%，乡村消费品零售额 16946 亿元，增长 13.2%。按消费形态分，餐饮收入 12989 亿元，同比增长 10.1%，商品零售额 111210 亿元，增长 12.4%，其中限额以上单位商品零售额 58329 亿元，增长 10.2%。6 月，社会消费品零售总额同比名义增长 12.4%（扣除价格因素实际增长 10.7%），环比增长 0.96%。

上半年，全国网上零售额 11375 亿元，同比增长 48.3%。其中，限额以上单位网上零售额 1819 亿元，增长 56.3%。

（四）居民消费价格基本稳定，工业生产者价格温和上升

上半年，居民消费价格同比上涨 2.3%，涨幅与一季度持平。其中，城市上涨 2.3%，农村上涨 2.0%。分类别看，食品价格同比上涨 3.4%，烟酒及用品下降 0.6%，衣着上涨 2.3%，家庭设备用品及维修服务上涨 1.3%，医疗保健和个人用品上涨 1.2%，交通和通信上涨 0.1%，娱乐教育文化用品及服务上涨 2.3%，居住上涨 2.5%。在食品价格中，粮食价格上涨 2.9%，油脂价格下降 5.3%，猪肉价格下降 5.1%，鲜菜价格上涨 1.0%。6 月，居民消费价格同比上涨 2.3%，环比下降 0.1%。上半年，工业生产者出厂价格同比下降 1.8%，6 月同比下降1.1%，环比下降0.2%。上半年工业生产者购进价格同比下降2.0%，6月同比下降1.5%，环比下降0.1%。

随着5月猪肉收储政策带来的一次性冲击效应减弱，6月猪价涨幅大幅下降，带动6月CPI如期下行（同比增速2.3%）。一方面，猪价已经回落到正常涨幅区间，猪粮比稳定在盈亏平衡点以上；另一方面，我们预计下半年经济增长将降为平稳，非食品价格上涨压力不大，预计未来几个月通胀将继续处于低位。受近期稳增长政策对经济拉动影响，工业生产者出厂价格（PPI）同比增速较5月提升，预计未来工业生产者出厂价格温和上升趋势将延续。低通胀为政策放松留下空间，工业生产者出厂价格回升也减轻了对通缩压力的担忧。

总体而言，在总体经济形势平稳的背景下，通胀很难有突出的表现，三季度通胀总体而言可能和二季度相比基本持平，通胀风险不大。

（五）货币供应增长较快，下半年可能保持适度宽松

6月末，广义货币（M2）余额120.96万亿元，同比增长14.7%；狭义货币（M1）余额34.15万亿元，增长8.9%；流通中货币（M0）余额5.70万亿元，增长5.3%；人民币贷款余额77.63万亿元，人民币存款余额113.61万亿元。上半年，新增人民币贷款5.74万亿元，同比多增6590亿元；新增人民币存款9.23万亿元，同比多增1354亿元；社会融资规模为10.57万亿元，比上年同期增加4146亿元。

6月单月来看社会融资规模为1.97万亿元，比上月多5678亿元，比去年同期多9370亿元。上半年社会融资规模为10.57万亿元，比去年同期多4146亿元，6月人民币贷款增加1.08万亿元，同比多增2172万元。

货币政策支持稳增长措施效果显现。6月广义货币增速14.7%，远超年度目标13%。当月社融总量1.97万亿，同比增速89.9%，创下2013年2月以来新高，与2013年4月83%的增速水平接近。银行表外业务部分也有回升，新增信托贷款再次回升至千亿元之上，委托贷款也较上月继续上升。货币数据超出预期较多，除了基数原因以外，也反映出货币政策积极支持稳增长措施效果显现。

值得注意的是，中长期贷款占比依然不高。6月中长期贷款占比从之前连续两个月60%以上的水平，骤降至43%，短期贷款占比则从上月的34.5%升至54.7%。其中企业的短期贷款增长明显，票据融资明显回升，说明整体中长期融资需求仍然偏弱。

我们预计三季度货币政策将继续维持中性偏松的基调。为了继续支持一系列稳增长措施的落实，应对热钱的可能流出情况，三季度货币政策将维持适度宽松的政策基调。当然，三季度全面降息和降准的可能性依然不高，但是央行定向降准或再贷款支持依然可能发生。

（六）二季度工业生产企稳回升，企业利润较为平稳

上半年，全国规模以上工业增加值按可比价格计算同比增长8.8%，增幅比一季度加快0.1个百分点。分经济类型看，国有及国有控股企业增加值同比增长5.5%，集体企业增长3.2%，股份制企业增长10.2%，外商及港澳台商投资企业增长7.4%。分三大门类看，采矿业增加值同比增长4.6%，制造业同比增长9.9%，电力、热力、燃气及水生产和供应业同比增长4.4%。分地区看，东部地区增加值同比增长8.4%，中部地区同比增长8.8%，西部地区同比增长10.8%。分产品看，464种产品中有346种产品产量同比增长。上半年规模以上工业企业产销率达到97.5%，与上年同期持平。规模以上工业企业实现出口交货值56143亿元，同比增长5.3%。6月，规模以上工业增加值同比增长9.2%，增幅比前两个月提高，环比增长0.77%。

1—5月，全国规模以上工业企业实现利润22764亿元，同比增长9.8%，其中，主营活动利润21388亿元，同比增长9.1%。规模以上工业企业每百元主营业务收入中的成本为85.9元，主营业务收入利润率为5.47%。1—6月，国有企业累计实现利润总额12211.1亿元，同比增长8.9%。中央企业8942.1亿元，同比增长9.9%。地方国有企业3269亿元，同比增长6.2%。

（七）海外经济复苏带动外贸回暖

上半年，进出口总额123919亿元人民币，以美元计价为20209亿

美元，同比增长1.2%（一季度为同比下降1.0%）。其中，出口65113亿元人民币，以美元计价为10619亿美元，增长0.9%；进口58807亿元人民币，以美元计价为9590亿美元，增长1.5%。进出口相抵，顺差6306亿元人民币，以美元计价为1029亿美元。6月，进出口总额21086亿元人民币，以美元计价为3420亿美元，同比增长6.4%。其中，出口11513亿元人民币，以美元计价为1868亿美元，增长7.2%；进口9573亿元人民币，以美元计价为1552亿美元，增长5.5%。

进出口呈现逐步回暖态势。一季度，我国进出口值为5.9万亿元人民币，下降3.8%。二季度进出口值为6.5万亿元人民币，增长1.8%。其中，5月我国外贸进出口同比增速由4月份下降1.4%逆转为增长1.5%，并在6月进一步扩大至5.6%。

从贸易分类来看，一般贸易平稳增长，加工贸易小幅下降。我国一般贸易进出口6.8万亿元，增长5.1%，占我国进出口总值的55%。同期，加工贸易进出口3.9万亿元，下降3.7%，占31.6%。

从出口贸易伙伴来看，我国与欧盟双边贸易总值为1.79万亿元，增长9.6%，占我国进出口总值的14.4%。与美国双边贸易总值为1.57万亿元，增长2.8%，占进出口总值12.7%。与东盟双边贸易总值为1.35万亿元，增长2.6%，占进出口总值10.9%。与日本双边贸易总值为0.93万亿元，增长1.3%，占进出口总值7.5%。

从出口地区来看，广东、江苏等7个省市对外贸易所占比重回落，中西部地区外贸出口保持较强势头。广东进出口总值2.9万亿元，继续位列全国第一。同期，江苏和上海进出口总值分别为1.68万亿和1.37万亿元；北京（含中央在京单位）进出口1.3万亿元。此外，浙江、山东和福建进出口总值分别为1.04万亿、8460.5亿和5089.9亿元。上述7省市进出口总值合计占我国进出口总值的77.8%，较去年同期回落2.2个百分点。

从出口结构来看，机电产品出口下降，传统劳动密集型产品出口略有增长。我国出口机电产品3.67万亿元，下降3.6%，占我国外贸出口总值的56.4%。同期，服装、纺织品、鞋类、家具、塑料制品、箱包和玩具等七大类劳动密集型产品合计出口1.33万亿元，增长1.3%，占进出口总值20.4%。

能源资源性产品进口量增价下跌。我国进口铁矿石4.6亿吨，增长19.1%；进口煤1.6亿吨，增长0.9%；进口原油1.5亿吨，增长10.2%；进口大豆3420.7万吨，增长24.4%；进口铜252.2万吨，增长25.9%。

总体来看，我国外贸形势在二季度出现了改善的迹象。展望未来，随着美国经济在2014年下半年企稳回升、促进对外贸易政策措施的落实，我国出口将出现回暖，预计下半年出口名义同比增速可能达到7.5%。

中国经济现在正处在转型升级、结构调整的关键阶段，“三期叠加”（增长速度换挡期、结构调整阵痛期和前期刺激政策消化期）的影响仍将持续，结构调整的阵痛在传统行业、传统领域还比较大，包括房地产调整，短期来讲也有一些影响，但是综合来看，我国经济发展的基本面没有变，支撑经济增长的动力要远大于下行的压力，所以中国经济有能力、有潜力、有回旋余地，有条件保持经济持续较快发展。从有利条件来讲，新兴工业化、信息化、农业现代化和城镇化，这“四化”仍是推动中国经济长期发展的基本动力。十八届三中全会以后改革的力度不断加大，今年政府出台了很多改革政策措施，改革开放和创新会继续增加经济发展的动力和活力。同时今年以来，出台的一系列稳增长政策措施，效果也正在显现。出口增速在最近几个月温和回升，房地产销售和投资增速降幅收窄。我们认为下半年经济保持平稳运行，有信心完成全年经济增长目标。

三　上半年财政收支形势良好，采取措施完成预算目标

2014年上半年，全国税收总收入64268.74亿元，完成预算53.5%，同比增长8.5%。6月，全国财政收入13461亿元，比去年同月增加1084亿元，增长8.8%。其中，中央财政收入5477亿元，同比增长5.8%；地方财政收入（本级）7984亿元，同比增长10.9%。全

国财政收入中税收收入 10805 亿元，同比增长 5.1%。6 月中央财政收入延续上月的低增长态势，主要受增值税下降以及出口退税增加等因素影响；地方本级收入增幅东部高于中部，中部高于西部。

（一）上半年财政收入增速平稳，下半年压力较大

1—6 月主要收入项目情况如下：

（1）国内增值税实现收入 15196.8 亿元，同比增长 6.1%，与上年同期增速基本持平。按照扣除营改增收入的可比口径，同比增长 1.4%，增速回落。国内增值税收入占税收总收入的比重为 23.6%。分行业看，在 19 个重点工业行业中，增值税收入普遍小幅增长，但个别行业出现大幅下降；其中，煤炭、钢坯钢材、酒、原油行业增值税收入同比下降分别为 27.8%、18%、12.3%、11.6%。商业增值税平稳增长，批发业、零售业同比分别增长 4.8% 和 1.5%。交通运输业和现代服务业增值税收入增长显著，同比分别增长 187% 和 88.9%。国内增值税低速增长，增速回落，主要原因：一是 2014 年 1—5 月工业增加值同比增长 8.7%，增速下降 0.7 个百分点。分行业看，1—5 月 41 大类工业企业产值中，28 大类增速放缓，其中开采辅助活动增速下降 20 个百分点，黑色金属矿采选业增速下降 7.9 个百分点，煤炭开采和洗选业增速下降 5.6 个百分点。少数行业增速上升较为明显，如金属制品、机械和设备修理业增长 18.7%，增速上升 9.6 个百分点，铁路、船舶、航空航天和其他运输设备制造业增长 9.9%，增速上升 7 个百分点，烟草制品业增长 7.1%，增速上升 2.7 个百分点。二是价格水平下降，拉低了增值税的增速。1—5 月工业生产者出厂价格同比下降 1.9%，导致增值税税基缩小，税收下降。三是政策性减收。“营改增”增加了工业及商业增值税纳税人的进项抵扣，减少了增值税收入。2013 年 8 月，国家对月收入小于 2 万元的小型微利企业免征增值税和消费税，也减少了增值税收入。

（2）国内消费税 4561.64 亿元，同比增长 4.8%，比上年同期增速加快 1.2 个百分点。国内消费税收入占税收总收入的比重为 7.1%。

（3）营业税 9199.75 亿元，同比增长 4%，比上年同期增速回落

8.9 个百分点，考虑营改增收入转移后同比增长 11%。营业税收入占税收总收入的比重为 14.3%。

（4）企业所得税实现收入 16253.01 亿元，同比增长 8.6%，比上年同期下降 5.6 个百分点。企业所得税收入占税收总收入的比重为 25.3%。

（5）个人所得税实现收入 4069.47 亿元，同比增长 12.1%，比上年同期增速上升了 1.1 个百分点。个人所得税收入占税收总收入的比重为 6.3%。

（6）进口货物增值税、消费税实现收入 6933.01 亿元，同比增长 8.6%，比上年同期增速加快 25.7 个百分点。进口货物增值税、消费税收入占税收总收入的比重为 10.8%。进口货物增值税、消费税增长的主要原因：一般贸易进口额增长加速，1—5 月一般贸易进口额同比增长 7.0%，比上年增速上升了 4.1 个百分点。

（7）出口货物退增值税、消费税 5847.37 亿元，同比增长 10.3%。出口货物退增值税、消费税在账务上冲减税收总收入。

（8）车辆购置税完成 1444.3 亿元，同比增长 16.8%，比去年同期增速上升了 3 个百分点。车辆购置税收入占税收总收入的比重为 2.2%。

（9）地方其他税种情况：房产税完成 959.01 亿元，同比增长 16.6%，比去年同期增速上升了 5.6 个百分点。房产税收入占税收总收入的比重为 1.5%。

（10）非税收入 10369 亿元，同比增长 11.1%。

上半年税收收入增长的主要特点：一是与去年同期相比，税收收入实现平稳增长。1—6 月税收总收入比上年同期增速加快 0.6 个百分点。二是主体税种收入增速分化。1—6 月国内增值税、营业税、企业所得税同比分别增长 6.1%、4.0%、8.6%，比去年同期增速分别回落 0.5、8.9、5.6 个百分点；国内消费税、个人所得税同比分别增长 4.8%、12.1%，比去年同期增速分别上升 1.2、1.1 个百分点。三是房地产交易环节税收增速普遍回落。1—6 月房地产营业税、契税同比分别增长 6.6%、11.7%，比去年同期增速分别回落 39.1、28.1 个百分点。四是进口税收恢复性增长。1—6 月进口货物增值税消费税和关税同比分别增长 8. 6% 和 15. 3%，比去年同期增速分别上升 25. 7 和 31. 3 个百分点。五是分月来看，税收收入呈现增幅回落的态势。二季度增速比一季度增速回落 3. 2 个百分点。六是分行业看，第三产业税收增幅高于第二产业。二、三产业税收增速分别为 4. 2% 和 11. 6%。

从财政收入走势看，下半年，受进一步扩大营改增试点加大减税力度、后期房地产相关税收增幅可能有较大回落等影响，全国财政收入增幅也不会太高，其中中央财政收入因去年第三季度基数较高，下半年增长压力可能大于上半年，但随着经济企稳，我们对完成全年收入预算任务依然有信心。

（二）坚持民生支出的持续增长，促进经济转型发展

1—6 月累计，全国财政支出 69154 亿元，比去年同期增加 9440 亿元，增长 15. 8%。其中，中央财政（本级）支出 10812 亿元，同比增长 13%；地方财政支出 58342 亿元，同比增长 16. 4%。

分项目情况看：农林水支出 6047 亿元，同比增长 17. 5%；社会保障和就业支出 8625 亿元，同比增长 13. 4%；医疗卫生与计划生育支出 4905 亿元，同比增长 18. 4%；教育支出 9920 亿元，同比增长 13. 4%；科学技术支出 2041 亿元，同比增长 1. 8%；文化体育与传媒支出 968 亿元，同比增长 14. 2%；住房保障支出 2019 亿元，同比增长 30. 2%；交通运输支出 4404 亿元，同比增长 22. 1%；城乡社区支出 6180 亿元，同比增长 23. 6%；粮油物资储备支出 1079 亿元，同比增长 20. 3%；资源勘探电力信息等支出 2284 亿元，同比增长 18. 3%。

6 月，全国财政支出 16522 亿元，比去年同月增加 3418 亿元，增长 26. 1%。其中，中央财政（本级）支出 2017 亿元，同比增长 12. 3%；地方财政支出 14505 亿元，同比增长 28. 3%。全国财政支出重点项目预算执行进度加快。

1—6 月累计，全国政府性基金支出 22126 亿元，比去年同期增加 4307 亿元，增长 24. 2%。其中，中央（本级）政府性基金支出 1258 亿元，同比增长 36. 9%；地方政府性基金支出 20869 亿元，同比增长

23.5%，主要是用国有土地使用权出让收入安排的支出18642亿元，同比增长24.8%。

建议相关财政部门：

一要密切跟踪国际国内经济形势变化，准确把握财政运行态势，保证国务院出台的一系列稳增长措施财政资金充足到位。

二要适度加强出口退税和消费税改革工作，促进出口稳定增长和消费回升，助力下半年经济增长，保证完成全年经济目标。

具体而言，财政政策应主要从以下三个方面来完成下半年保增长、调结构的总任务。

（1）继续扩大地方政府债券自发自还试点范围，保障基建投资财政资金来源。建议地方政府债券自发自还试点在下半年继续扩大，抓紧修改《预算法》。在继续扩大试点工作的过程中，需要做好两项基础性工作：一是推行权责发生制的地方政府综合财务报告制度，即地方政府的“资产负债表”，向社会公开政府家底。这是建立透明预算制度的应有之义，更是市场参与者对地方政府债券评级和定价的基础。二是建立健全考核问责机制，探索建立地方政府信用评级制度，倒逼地方政府珍惜自己的信誉，自觉规范举债行为。同时也能将地方政府的财政预算硬化，债务责任追溯机制和债务项目监督机制一并建立。目前我国政府性债务风险总体可控，但有的地方也存在一定风险隐患，全面规范地方政府债务管理是当前一项重要任务。地方债务体制和基建设施投融资体制改革总的要求应该是：疏堵结合，开明渠、堵暗道，加快建立规范合理的地方政府债务管理及风险预警机制。加快扩大地方政府债券自发自还试点范围，短期内可以增加地方基建项目的资金来源，形成有效的资金保障机制。中长期内，还将有助于建立完善的地方政府投融资体制，有利于建设地方财税体系，可谓既保增长又利于改革，既注重短期经济增长又兼顾长期发展的政策措施。

（2）加快建立跨年预算平衡机制，在不增加当年赤字的情况下，将一部分明年的预算资金在本年度使用。总体而言，跨年度预算平衡机制是对现行单一年度预算平衡机制的一种改进，指在财政预算编制、执行等环节，建立健全跨年度的、合理的平衡机制，实施依法征税，硬化支出预算约束，更好地发挥财政宏观调控作用。跨年度预算平衡机制的主要内容，一是预算编制要考虑跨年度平衡。财政收支预算因政策需要可编列赤字，但应在政策推出后分年弥补。二是规范超收的使用和短收的弥补。预算执行中如出现超收，超收收入当年原则上不安排支出，用于削减财政赤字、化解政府性债务，或补充预算稳定调节基金，纳入以后年度预算统筹安排使用；如果出现短收，则按程序通过调入预算稳定调节基金、削减支出或扩大赤字加以解决。三是弱化对收入预算的考核，收入预算从约束性转向预期性，促进依法征管。四是加强对支出政策和支出预算的审查，硬化支出预算约束。目前而言，要完成2014年GDP增长7.5%左右的全年目标，有必要将明年的部分预算支出提前支取，特别是一些有利于民生的大型基建项目。这样有利于财政资本金的到位，有利于及时推进工程进度，更有利于从经济周期和国民经济发展需要的角度考虑，摆脱单一年度预算赤字的限制，改进宏观调控的方式方法，进一步发挥财政政策的逆周期调节效应。

（3）实施消费税改革，降低一些必需消费品的高税率，适度鼓励必需品消费。党的十八届三中全会文件中提到调整消费税征收范围、环节、税率，把高耗能、高污染产品及部分高档消费品纳入征收范围。我们认为，有必要进一步发挥消费税调节功能，适当扩大并调整消费税征收范围，把高耗能、高污染产品及部分高档消费品纳入征收范围，放大消费税引导合理消费行为的作用。研究将消费税由目前主要在生产（进口）环节征收改为主要在零售或批发环节征收。随着经济社会的发展，我们认为有必要重新调节一些必需消费品的消费税率，比如说化妆品税目分类界定为高档化妆品和一般化妆品，一般化妆品或将不再征收消费税。消费税的调整方向应该为高耗能、高污染产品和奢侈消费品提高税率，日常必需消费品降低税率或不再征税。我们预计提高消费税率的产品主要是：烟、酒、高档化妆品、贵重首饰及珠宝玉石、鞭炮、焰火、成品油、大排量汽车、高尔夫球及球具、高档手表、名牌皮包、游艇、实木地板等。降低或者取消消费税税率的产品主要是：日常化妆品、小排量汽车和新能源汽车等。建议本轮消费税税率和征收范围调整的权限更多地给予地方，使得消费税逐渐成为地方的主要税种，这将有利于下一步财税体制改革。

四 测算中国经济增长的新常态

作为近年来重要的经济术语，“新常态”（New Normal）一词最先由美国太平洋投资管理公司（PIMCO）的总裁埃尔多安提出。尽管在不同领域有不同含义，但“新常态”在宏观经济领域被西方舆论普遍形容为危机之后经济恢复的缓慢而痛苦的过程。2014 年 5 月，习近平总书记在河南调研时强调，从当前我国经济发展的阶段性特征出发，适应新常态，保持战略上的平常心态。在战术上要高度重视和防范各种风险，早做谋划，未雨绸缪，及时采取应对措施，尽可能减少其负面影响。

正如我们在《2013 年上半年我国宏观经济与财政政策分析报告》中提出的，实现成功跨越“中等收入陷阱”的经济体，具有一个共同的特征，就是能够提供一个具有持续激励，但又具有公开透明的监督机制，从而促使社会纵向流动性加快，避免出现社会阶层的固化。因此，化解经济发展中的种种不平衡，促进社会纵向流动，并不在于一时的经济增长得失，而在于如何适应经济增长新常态，如何测算适度的新常态增速，以及在这一稳健增速下进行一系列的制度改革。

本部分主要有四个方面：（1）潜在增速测算；（2）全面建成小康社会的总体目标；（3）目前经济社会发展环境要求；（4）我国发展中面临的各种约束，测算我国未来经济增长面临的新常态增速。总体而言，我们认为 GDP 增速的新常态将从目前的 7.5% 左右，逐步下降到 2020 年的 6.0%—6.5%。

（一）潜在增速的角度

一般而言，经济体的潜在增速受到供给方面的因素影响，从增长核算方程来看，供给因素包括：劳动力、资本存量和全要素生产率。

在劳动参与率和自然失业率不变的前提下，劳动年龄人口数量减少将直接降低中国未来的潜在增长率。我们根据 15—59 岁劳动年龄人口的下降趋势[①]（2010 年即为其峰值），对投资增长率和全要素生产率作出合理假设之后，估计我国 GDP 在未来的潜在增长率。关于增长方程资本存量、劳动力和全要素生产率的主要判断为：

（1）投资平均增长率将趋于降低，主要因为经济再平衡的需要资本回报率也趋于下降。

（2）15—59 岁劳动年龄人口持续减少（根据人口方程的测算，2016—2020 年劳动年龄人口平均增长率为 -0.28%）。

（3）全要素生产率缓慢下降。2016—2020 年平均每年全要素生产率（TFP）增长率约为 2.9%，而 2011—2015 年中国平均每年的全要素生产率增长率约为 3.2%。

根据上述对中国增长方程各部分的要素变化判断［15—59 岁劳动年龄人口和全要素生产率增长率都是下降趋势；实际投资增速为 13.5%（通过资本回报率倒推）］，我们可以估算出在“十二五”时期（2011—2015 年），中国平均潜在 GDP 增长率约为 7.6%；“十三五”时期（2016—2020 年），中国平均潜在 GDP 增长率进一步下降到 6.7%，其中，2020 年我国 GDP 潜在增速将降至 6.2% 左右。

（二）从全面建成小康社会目标的要求看

党的十八大报告中明确提出，“确保到 2020 年实现全面建成小康社会宏伟目标”，“实现国内生产总值和城乡居民人均收入比 2010 年翻一番”。这里的翻番都是剔除通胀因素后的实际增长。

从全面建成小康社会目标对 GDP 的要求看，因为 2011 年、2012 年、2013 年的 GDP 实际增速分别为 9.3%、7.8%、7.7%，我们假设 2014 年、2015 年 GDP 增速分别为 7.5%、7.2%。那么，为了实现在 2020 年实际 GDP 翻一番的目标，2016—2020 年期间的 GDP 平均增速为

① 虽然我们通常采用 15—64 岁作为劳动年龄人口，但是中国的退休年龄，男性为 60 岁，女性大部分为 55 岁。而且中国最大的特点不仅仅在于受教育年限低，更是随着年龄的提高，其受教育程度迅速下降。即我们的退休年龄是官方规定的，而由于年龄偏大的劳动者受教育水平很低，超过 60 岁的退休人员继续就业的可能性是微乎其微的。因此，15—59 岁人口是中国特色劳动年龄人口。

6.5%即可。

从全面建成小康社会目标对城乡居民人均收入的要求看，因为2011年、2012年、2013年的城乡居民人均收入实际增速分别为9.9%、10.2%、8.1%，我们假设2014年、2015年城乡居民人均收入实际增速分别为7.5%、7.2%。那么，为了实现在2020年城乡居民人均实际收入翻一番的目标，2016—2020年期间的城乡居民人均收入平均实际增速为6.0%即可。随着收入分配制度改革和第三产业的发展，城乡人均收入实际增速一般要略高于当期GDP增速。

综合来看，为了实现十八大报告中提出的“到2020年实现全面建成小康社会宏伟目标”，2016—2020年期间，我国GDP平均增速达到6.5%就可以完成目标，那么我国GDP增速的新常态从目前的7.5%左右降至2020年的6.0%左右即可。

（三）从目前经济各方面的条件、环境看

从需求层面看，我国目前正处于全面建设新型工业化、信息化、城镇化、农业现代化的关键时期。2014年初，我国发布了《国家新型城镇化规划（2014—2020年）》。城镇化是伴随工业化发展，非农产业在城镇集聚、农村人口向城镇集中的自然历史过程。按照建设中国特色社会主义五位一体总体布局，积极稳妥扎实有序推进城镇化，对全面建成小康社会，加快社会主义现代化建设进程，实现中华民族伟大复兴的中国梦具有重大现实意义和深远历史意义。我们主要从新型城镇化的角度，将新型工业化、信息化、城镇化、农业现代化综合考虑，对“十三五”期间新型城镇化建设过程中的GDP增速目标作定量的测算。

我们沿用朱孔来（2011）和简新华（2010）的方法，通过运用面板数据的单位根检验和面板数据协整检验，得出我国城镇化进程与经济发展水平之间存在长期稳定的均衡关系。建立面板数据固定效应应变系数模型，从弹性角度分析，认为我国城镇化率每提高一个百分点，可以维持7.1%的GDP增长（2014—2020年期间，按照新型城镇化规划的目标，每年城镇化率大约提高一个百分点）。

因此，从目前经济各方面的条件、环境看，建设新型城镇化、工业

化、信息化、城镇化、农业现代化等各项需求将使得2016—2020年期间，我国GDP增速保持在7%左右。考虑到新型城镇化、工业化、信息化、城镇化、农业现代化建设随着时间推移对经济增速带动作用的减弱，预计我国GDP增速的新常态将可能从目前的7.5%左右逐步降至2020年的6.5%左右。

（四）从发展中的各项约束条件看

我国目前正在经历经济增速换挡期、经济结构调整期、前期刺激政策消化期的三期叠加阶段。经济增长面临各项约束条件，比如去杠杆化（目前包括居民、非金融企业和政府等的全口径债务占GDP的比重已经达到210%，企业负债率排在新兴市场经济体第一）、产能过剩、房地产泡沫、地方政府债务、金融市场风险等。我们认为制约经济增长的风险主要集中在三大领域：房地产、地方融资平台和部分产能过剩的周期性行业。

（1）房地产和土地是金融系统重要的抵押品标的，其资产价格的剧烈波动将引发巨大的金融风险。同时，“土地财政”的模式使得地方实际可用财力的相当一部分受到土地价格的影响。房地产领域可以认为是金融财政风险聚集的重点领域。由于2013年房地产新开工规模庞大，供应和库存压力可能会在今年下半年开始显著上升，部分二、三线城市由于库存累计的压力，可能面临房价下行风险。同时，房地产开发商目前较难获得正规渠道融资，很多地产公司通过信托产品或基金子公司的专项集合理财方式募集资金，容易引发连锁金融风险。

（2）地方融资平台的预算软约束和政府隐性担保使得其对融资成本不敏感，发债规模迅速膨胀，特别是县乡等基层政府的债务问题更加值得关注。随着经济增速逐渐回落，但财政支出的刚性增强，地方财政收支矛盾将日益增强，一些地方融资平台可能面临资金链断裂，局部爆发债务风险的可能性在增加，这将引发财政和金融领域的连锁反应。

（3）部分产能过剩的周期性行业里大多为国有企业，承担着解决就业的政策压力，但是由于经济结构的调整，目前经营较为困难。一方面，国家财政对国有企业还有千丝万缕的联系，如果企业经营面临较大问题，财政可能实施其“父爱主义”进行救助，增加财政风险；另一方面，这些产能过剩行业的企业，大量通过信托、理财等影子银行系统融资，环节短期现金流压力，使得债务违约风险加大，造成较大的金融风险。

总体而言，追赶型经济体从高速增长期过渡到中高速增长期，都将面临高企的融资成本与逐渐下降的资本回报率之间的矛盾。我们测算的2013年底中国名义资本回报率为9%，目前的综合融资成本在7%左右，已经日益接近。按照利率市场化的国际经验，我们预期无风险收益率（融资成本）在未来几年可能还将上升1—2个百分点。然而，中国名义资本回报率与经济潜在产出变化趋势一致，未来几年可能呈现出逐渐下降的趋势。因此，如果没有显著的技术进步发生，我们将在三四年后看到中国资本成本超越资本回报率，实际经济运行困难加剧，特别是部分低资本回报率和产能过剩行业所带来的财政金融风险将显著上升。

参考日韩等经济结构转型成功的经济体，其经济增速从高速增长阶段过渡到中高速增长阶段，GDP增速都下降了50%左右。其中，高污染、高耗能、低效率部门逐渐萎缩，新兴消费、高科技、节能环保行业取得长足的发展，并成为经济的主导产业。

考虑我国目前房地产、地方融资平台和部分产能过剩行业的压力约束，并为新兴产业提供更为广阔的发展空间，同时参考日韩成功转型经济体的经验，我们认为这一阶段的经济增速可能为高速增长期（10%）的50%—60%较为合适，即为5%—6%较为妥当。

综上所述，从潜在增速、全面建成小康社会的总体要求、目前经济各方面的环境和条件，以及发展中的各项约束条件来看，我国经济增长的新常态也将随着资源禀赋、环境要求、增长限制等因素的变化而变化。我们认为，我国经济增长新常态的合理经济增速将从2014年的7.5%左右，逐步降至2020年的6.0%—6.5%。

（执笔人：闫坤　刘陈杰）

世界经济的结构调整趋势与适应我国经济中速运行的财政政策

——2014 年第三季度我国宏观经济与财政政策分析报告

一　世界经济呈现结构调整趋势

第三季度，世界经济没能够延续上半年企稳回升的势头，表现为低增长、低通胀、低利率的“三低”特征，实际表现明显低于市场预期，说明经济复苏之路遥远坎坷，走出六年前国际金融危机的阴影仍需努力。各国已经逐渐形成共识：结构调整是实现经济稳定复苏的最佳方案。目前，世界范围的结构调整趋势已经逐渐清晰。

（一）结构调整的背景：世界经济低速增长

1. 世界范围的需求下滑

当前，国际大宗商品价格走势低迷，它所体现的需求下滑不是局部的，而是世界范围的，其背后的深层原因是结构约束下的世界经济增长乏力。

国际油价已经连续第三个月下跌，9 月英国北海布伦特原油和美国德克萨斯原油期货价格较今年 6 月价格下跌超过 25%。油价下跌趋势仍在继续，石油输出国组织（OPEC）10 月月均油价从 9 月的 95.98 美元/桶跌至 87.16 美元/桶，下跌了 8.82 美元。

油价的下跌源自需求的下滑，尤其是中国和欧洲的需求下滑影响较大。8 月沙特阿拉伯原油日出口量较 7 月减少 33 万桶，面对需求下滑，

OPEC削减石油产量的压力正日益增加。国际能源署（IEA）的月度原油市场报告显示，今年全球原油日需求增长量已经从70万桶大幅下调至20万桶。国际能源署将2014年和2015年全球石油增长预期连续第三个月下调至90万桶和120万桶。

此外，受到世界经济复苏乏力的影响，铜和铝的需求量也受到打击，表现在价格上是呈震荡走低的趋势。目前，世界经济复苏进程放缓的预期基本形成，黄金价格则在这种普遍预期下止降回升。

2. 机构对世界经济增长的判断消极

10月7日，国际货币基金组织（IMF）公布《世界经济展望报告》，作出经济下行风险加剧的判断，并将2014年和2015年全球经济增速预期下调至3.3%和3.8%，这是2014年国际货币基金组织第三次下调全球经济增长预期。同时，下调发达经济体今明两年的经济增速至1.8%和2.3%，下调新兴市场和发展中国家今明两年的经济增速至4.4%和5.0%。国际货币基金组织下调预期的根据是：世界经济面临潜在增长下降、地缘政治局势恶化、低利率环境下金融市场动荡加剧等风险。

9月，联合国贸易和发展会议（UNCTAD）发布《2014年贸易与发展报告》，预测2014年全球经济增速在2.5%至3.0%之间。作出这一预测的根据是：全球复苏依然乏力，支持复苏的政策不足且不相协调，至今未找到一条可持续增长的道路。

9月15日，经济合作与发展组织（OECD）预计2014年其34个成员国的总体经济增速约为3%，并下调了主要发达经济体2014年和2015年的经济增速预期，美国预期下调至2.1%和3.1%；欧元区预期下调至0.8%和1.1%，日本预期下调至0.9%和1.1%。此外，将2014年德国、法国、意大利的预期分别下调至1.5%、0.4%、0.4%。经合组织下调预期的依据是：金融危机后的全球复苏并不充分，经济疲软局面持续，增长潜力下降，不平等提高，外部失衡，全球贸易扩张低于预期，金融稳定的威胁依然存在。

3. 结构性改革：世界经济走出低谷的希望

为了应对国际金融危机，大多数国家实施了扩张的财政政策和货币政策。为了防止金融危机与扩张政策相互作用下的主权债务危机，很多国家转而实施紧缩的财政政策和宽松的货币政策。在长期宽松的货币政策驱动下，世界经济终于实现了复苏，但由于复苏基础较为脆弱，只能维持低速增长状态。

若要实现世界经济稳步提速，就需要夯实经济增长的基础，面向短期调控且已被用到极致的财政和货币政策已经无能为力，只能寄希望于全面的结构性改革。结构性改革一方面能够激发内生的增长潜力，有效增加需求和提升经济增长预期；另一方面能够拓展财政和货币政策的空间，加强其政策效果。

目前，结构性改革的必要性和紧迫性是世界范围的，对于发达国家主要体现在就业、教育、社会保障、主权债务等领域，对于新兴和发展中国家则主要体现在产业结构、地区结构、城乡结构以及收入分配、商业环境、地方政府债务等结构性瓶颈。

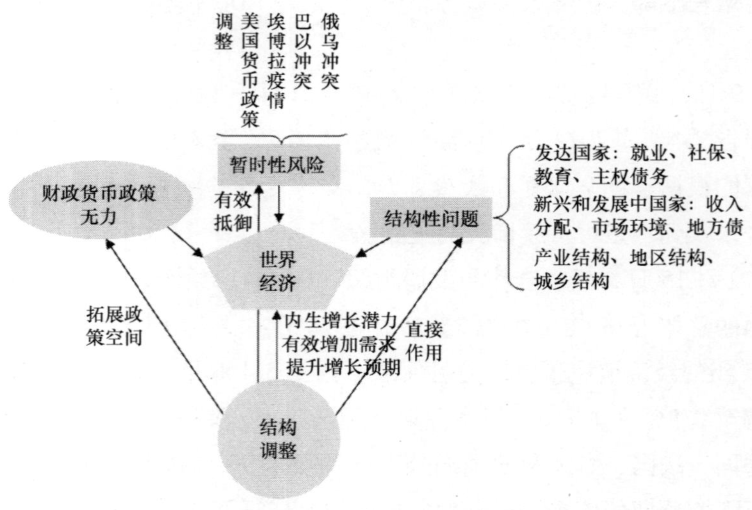

图 1　三季度世界经济形势

此外，暂时性的风险也威胁经济增长的基础，例如俄乌冲突、巴以冲突、伊拉克地区恐怖组织活动等紧张的地缘政治形势、非洲埃博拉疫情、因美国货币政策调整而引发的国际资本流动等。由于当前世界各国经济相互依赖程度日益提高，制度变迁和政策调整的“外溢性”较大，上述事件可能对大宗商品价格、国际贸易、金融市场在全球范围内产生影响。世界经济复苏基础经过结构性改革加以夯实，可以有效抵御这些风险。

（二）结构调整的基础：国别经济的深层问题趋同

当前世界经济表现出明显的国别差异，美国经济增长不均衡，欧元区经济全线走弱，日本经济大幅滑坡，包括中国在内的新兴和发展中国家增速放缓、需求减弱。尽管国别差异明显，但各国经济发展所面临的深层次问题则大体一致，即结构失衡。因此，世界范围的结构调整具有较为坚实的国别基础。

1. 美国经济增长不均衡隐含着结构性问题

三季度美国经济的表现喜忧参半，经济扩张的步伐有所放缓。主要表现为：9 月包括制造业、采矿业、电力和天然气公共事业等在内的整体工业产出环比上涨 1.0%，而此前市场预期只有 0.4%，制造业产出环比增长 0.5%，总体工业产能利用率为 79.3%，创 2008 年 6 月以来新高①；新增就业岗位达到 24.8 万个，失业总人口降至 930 万，为六年来新低②；8 月贸易逆差环比回落 0.5%，创七个月新低，出口增长 0.2%，进口增长 0.1%③。与此同时，制造业采购经理人指数（PMI）从前月的 59 降至 56.6，工厂订货环比下降 10.1%④；消费者信心指数从前月的 93.4 降至 86⑤；商品零售总额经季节调整环比下降 0.3%，汽车、服装、家居建材供应商以及无店铺零售商（其中包括网上零售额）的零售额减少⑥；按年率计算的新房销售量较 8 月修正数据的涨幅从

① 数据来源：美联储（Federal Reserve）。

② 数据来源：美国劳工部（United States Department of Labor）。

③ 数据来源：美国商务部（United States Department of Commerce）。

④ 数据来源：美国供应管理协会（ISM）。去除波动性较大的运输设备订货一项，当月美国工厂订货环比下降 0.1%。

⑤ 数据来源：美国谘商会（ConferenceBoard）。

⑥ 数据来源：美国商务部（United States Department of Commerce）。去除汽车和汽油的零售额下降 0.1%。

18%下降至6.3%①，成屋销售年化月率下跌1.8%，美国10大城市房价指数、20大城市房价指数、全国房价指数的涨幅都低于7月②。

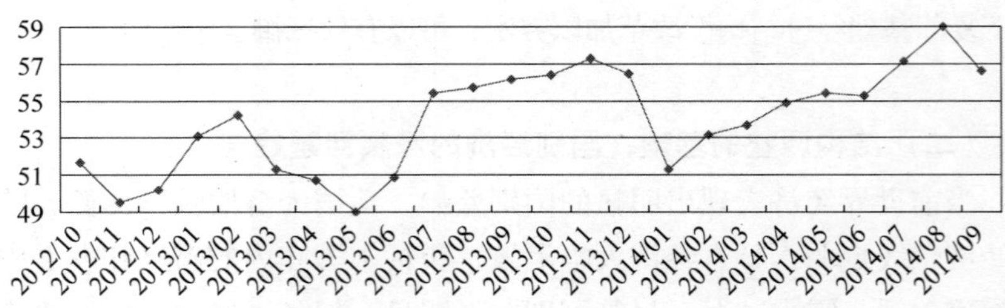

图2　美国制造业PMI总指数

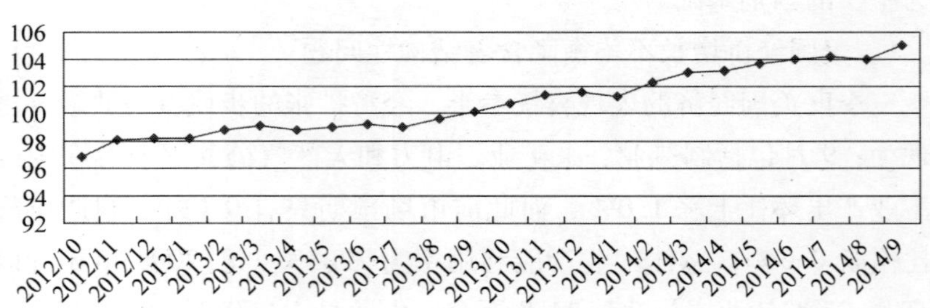

图3　美国工业生产总指数

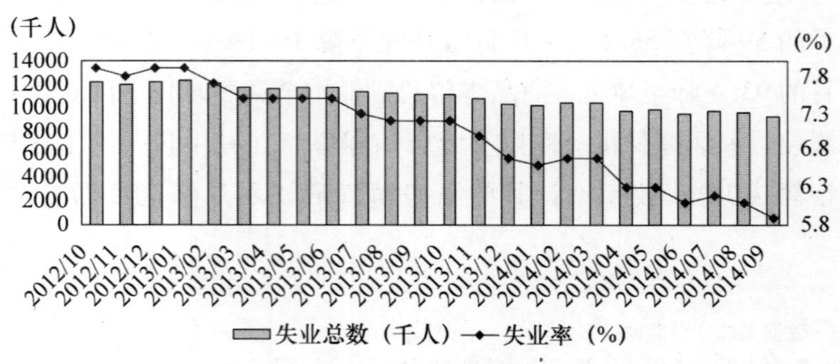

图4　美国就业情况

① 数据来源：美国商务部（United States Department of Commerce）。

② 数据来源：全美地产经纪商协会（NAR）。

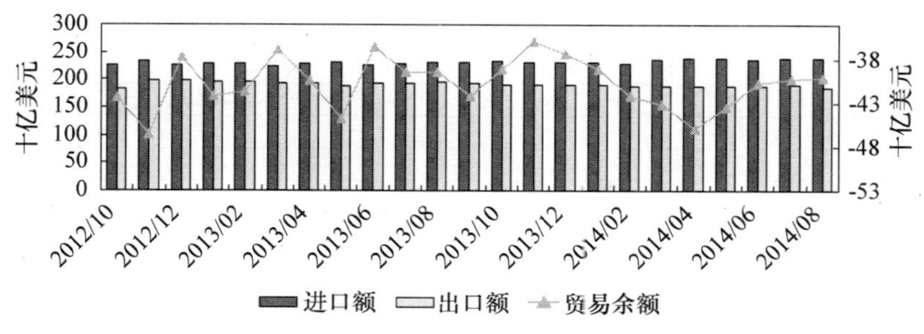

图5 美国进出口情况

资料来源：美国供应管理协会（ISM）、美联储（Federal Reserve）、美国劳工部（United States Department of Labor）、美国商务部（United States Department of Commerce）。

可见，美国经济并非整体性增长，而是局部增长。其中：页岩革命和新 iphone 手机的上市改善了贸易结构，也带动了工业发展；就业稳步复苏但仍不够积极，劳动力的参与度较低，薪资增长缓慢，影响了消费。美国经济的结构失衡体现在：制度优势、企业创新环境良好、金融体系相对成熟，与此同时，基础设施投资、健康质量、初等教育和基础教育质量、政府效率、财政状况等方面较为薄弱。

2. 欧元区经济全线走弱隐含着结构性问题

9 月欧元区经济敏感指数 99.9%，环比下降 0.7%，创近 10 个月新低；消费者信心指数下跌 1.4%，连续第四个月下滑；商业景气指数 0.07%，环比下降 0.09%，三季度逐月回落；通货膨胀年率由上个月的 0.4% 降至 0.3%，远低于欧洲央行设定的 2% 通胀目标；8 月欧元区制造业采购经理人指数为 50.7，创 13 个月以来新低；8 月工业产出环比下降 1.8%，同比下降 1.9%，创下了 2013 年 3 月以来新低；8 月对外商品贸易顺差从 7 月 216 亿欧元减少至 92 亿欧元，出口环比下降 0.9%，进口环比下降 3.1%；8 月失业率为 11.5%，连续 3 个月持平，但失业人数环比减少 13.7 万人①。

① 数据来源：欧盟统计局（Eurostat）。

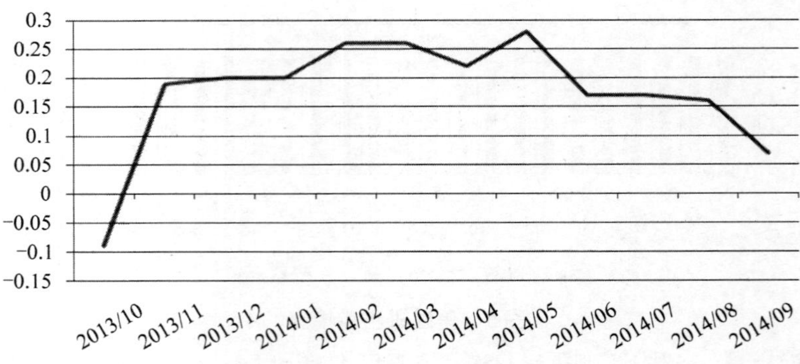

图 6　欧元区商业景气指数

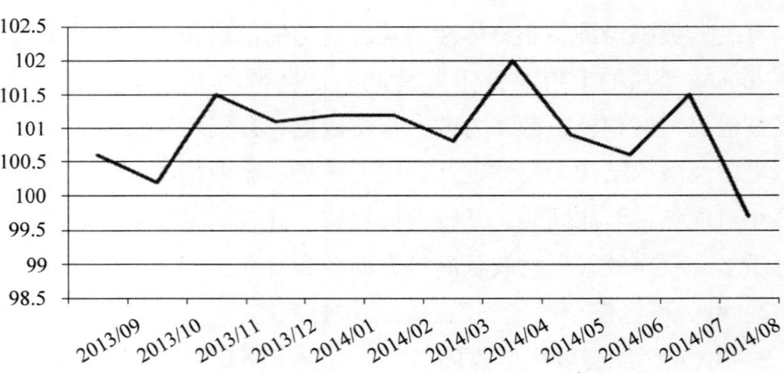

图 7　欧元区工业产出指数

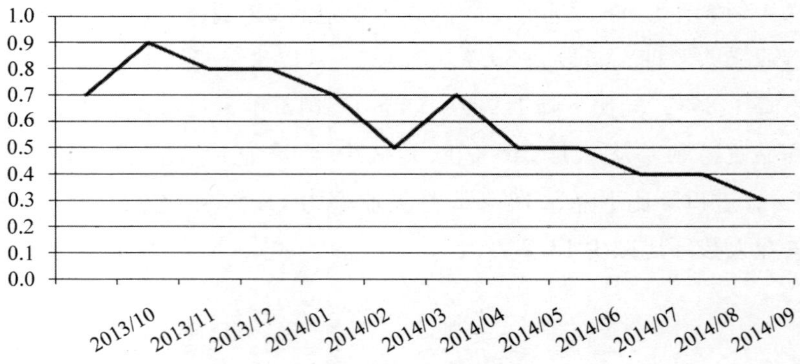

图 8　欧元区通货膨胀率

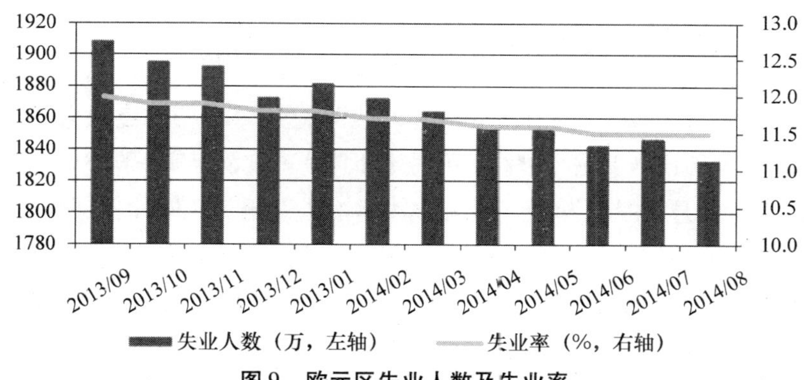

图9　欧元区失业人数及失业率

数据来源：欧盟统计局。

可见，当前欧元区经济全线走弱，且各国增长情况不均衡①，市场对需求、经济环境、库存和订单情况、就业和储蓄的预期悲观。此外，其贸易、能源价格与供应、金融、市场信心等方面饱受俄乌冲突的影响。国际货币基金组织预测，2014 年欧元区 18 国经济增长率仅为 1%。为了减慢欧元区经济增长重新陷入低迷的步伐，欧洲央行已经通过再次降息和购买资产担保债券（ABS）计划等宽松的货币政策应对，但在当前的经济环境下难以发挥预期效果。

事实上，欧元区部分国家已经意识到经济低迷的根本原因是结构失衡，已经或将要采取一系列结构调整措施。德国当局已经意识到，为了推动经济增长，必须大幅增加对基础设施的投资，改善私人投资条件。法国通过能源转型法案，推动能源消费和生产的结构调整，进而大幅增加就业和促进环保行业的发展。爱尔兰政府向议会提交的 2015 财年预算案包含降低个人所得税等多种税负、提高儿童津贴等社会福利支出、重启公共服务部门员工招聘等多项结构调整内容。与此同时，不充分的结构性改革也让部分国家受到更坏的影响。例如，意大利因对结构性改革迟疑不定在最新的全球竞争力排名中仅排在第 49 名；因人口老龄化增加了芬兰政府平衡预算和减债的阻力，标准普尔将芬兰主权评级从

① 德国工业下降最严重，希腊和西班牙的就业情况最不乐观，希腊、西班牙、意大利通货紧缩最严重。

AAA 一步下调至 AA + 。

3. 日本经济滑坡的本质原因是结构性问题

9 月日本消费者信心指数为 39.9，环比下滑 1.3 点，连续第二个月恶化[①]；8 月日本工业产出修正值月率下降 1.9%，年率下降 3.3%；设备利用指数月率跌至 96.4，降幅从 0.8% 扩大至 1.7[②]%；在剔除价格波动较大的生鲜食品以及 4 月 1 日消费税增长的影响后，8 月消费者价格指数（CPI）同比增长 1.1%[③]；8 月日本经常项目收支出现 2871 亿日元盈余，较去年同期大幅增长 82.7%，连续两个月实现顺差[④]。

可见，除对外投资使经常项目收支产生盈余外，日本宏观经济指标大部分表现不理想，主要是 4 月消费税上调至 8% 造成总需求持续下滑。日本内阁府已连续两个月下调对该国经济的基本评估，日本央行已经做好推出刺激政策的准备。事实上，日本当局已经认识到消费税的影响只是表象，经济不景气的本质原因是结构失衡，因此，安倍政府早在 6 月 24 日就公布了一揽子经济改革计划“新成长战略”，它的本质即是结构性改革计划，其内容涵盖产业振兴、增强人才培养、设立战略特区、推动科技创新、拓展国际市场等方面。

4. 新兴市场经济国家经济增长的核心问题是结构性问题

俄罗斯 9 月工业生产同比增长 2.8%，1—9 月累计同比增长 1.5%；8 月制造业采购经理人指数为 51.0，低于长期平均值 51.9；8 月商品出口同比下降 3.6%，商品进口同比下降 11.5%；9 月通货膨胀率为 8%，较去年同期上升 1.9%[⑤]。可见，俄罗斯深陷与乌克兰的冲突和西方国家对能源、金融、国防等核心经济领域的制裁，经济增长明显放慢，通货膨胀严重，巨额资本外逃，如果经济形势进一步恶化，将陷入“滞胀”的危险。为此，国际货币基金组织已将 2014 年俄罗斯经济增长率从 1.3% 下调至 0.2%。穆迪也将俄罗斯主权信用评级由 Baa1

① 资料来源：日本内阁府。
② 资料来源：日本经济产业省。
③ 数据来源：日本中央银行。
④ 数据来源：日本财务省。
⑤ 数据来源：俄罗斯联邦国家统计局。

下调至 Baa2，其原因是俄罗斯未来经济增长前景暗淡。事实上，俄罗斯经济最致命的问题就是产业结构单一，对贸易依赖性强，同时，金融体系脆弱，这些结构性问题导致经济抗击打能力较弱。

印度 8 月工业生产指数同比增长 0.42%，持续五个月保持增长；9 月批发物价指数（WPI）从 8 月的 3.74% 降至 2.38%，为 2009 年 10 月以来的最低水平①；9 月出口增长 2.73%，进口增长 26%，贸易赤字增长幅度达到 18 个月来最高水平②。可见，除对外贸易表现不佳外，三季度印度经济总体向好。国际货币基金组织将印度的经济增速由 5.4% 上调至 5.6%，并预测印度经济 2015 财年增速为 6.4%。这与总理穆迪推出的带有明显结构调整特征的新政不无关系。新政的主要内容，一是采取控制食品出口等方式抑制通货膨胀；二是提高国防部门外商直接投资持股比例，改善国防资本结构；三是引入亚行、中国、日本、韩国以及欧洲国家的投资建设安得拉邦工业园区，改善地区发展结构；四是推出“印度制造”计划，旨在将制造业占国内生产总值的比重从目前的 15% 提升至 25%，改善经济结构并增加就业岗位。目前对印度经济影响较大的结构性问题是贸易结构失衡，对欧元区的出口比重较大，致使出口受欧元区经济不振的打击严重。

巴西 8 月工业指数同比下降 5.4%，环比增长 1.9%，工业生产已持续两个月环比增长；9 月商品出口同比下降 6.6%，进口同比上涨 9%；9 月通货膨胀率环比增长 0.57%，增速再度加快③。可见，巴西经济自二季度出现“滞胀”态势以来，三季度除了工业生产出现回暖迹象外，贸易和通货膨胀的困境未得到根本性改善。因巴西经济增长缓慢、投资者信心下降和政府债务高企，穆迪将巴西公共债务评级展望由“稳定”调整为“负面”。巴西经济内部主要存在如下结构性问题：一是巴西基础设施存在瓶颈；二是利率较高；三是国内投资乏力；四是贫富两极分化；五是人口老龄化；六是企业税负较重。可见，巴西经济走

① 数据来源：印度中央统计局。

② 数据来源：印度贸易部。

③ 数据来源：巴西国家地理与统计局。

出经济低谷最快的路径是结构性改革。

韩国9月季调后失业率为3.5%，与8月持平；贸易出口同比增长6.8%，进口同比增长8.0%，实现顺差33.61亿美元；通货膨胀率降至1.1%①；1—9月实际到位的外商直接投资（FDI）为97.7亿美元，同比增长50.1%，创下历史新高②。可见，韩国经济主要依靠外需支撑，目前制造业萎缩、消费者信心低迷的决定性因素是产业结构较为单一、基础设施投资不振等结构性问题。

中国目前正在全面深化改革，结构调整是其内涵之一，即针对经济发展中涉及的结构性问题进行系统性改革。中国的改革对此轮世界经济结构调整具有引领作用。因此，国际货币基金组织在全面下调经济预期的情况下，维持对今明两年中国经济增速7.4%和7.1%的预期，折射出对中国经济表现的肯定。经合组织对今明两年中国经济增速预期为7.4%和7.5%，表明对中国经济前景更为看好。

二　中国经济结构调整取得阶段性成果③

在一季度“爬坡过坎”和二季度“温和改善”的基础上，三季度经济实现了“有质回落”，主要经济指标均处在合理区间，表明我国的结构调整取得了阶段性成果，为对世界范围的结构调整发挥引领作用夯实了基础。

（一）经济增长受到结构性约束，经济增速有质回落

前三季度我国国内生产总值419908亿元，按可比价格计算，同比增长7.4%，三季度增长7.3%，低于前两季度的增长速度。9月中国制造业采购经理指数（PMI）为51.1%，与上月持平，表明我国制造业继续保持增长态势。增速回落存在多重结构性约束：一是我国的全面深

① 数据来源：韩国统计局。

② 数据来源：韩国产业通商资源部。

③ 除特殊说明外，本部分数据均经中华人民共和国国家统计局数据计算得出。

化改革面向产业结构、需求结构、供给结构等经济结构的深度调整；二是第三季度世界经济低速增长，外部需求疲弱；三是房地产业下滑对家具、家电、建材装潢等相关行业产生较大的下行压力；四是打击腐败行动仍在继续，对经济的冲击力依然存在。可见，在这种复杂的结构性约束中，在定向调控没有较大动作的前提下，我国经济仍然保持了中高速增长的势头，而并没有大幅下滑，说明我国的结构调整取得了阶段性成果，保障经济增速在较大压力下实现有质回落。

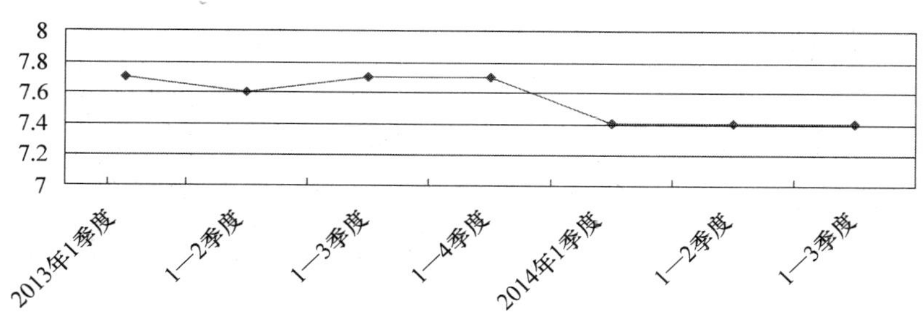

图 10 国内生产总值增长速度（累计同比）

（二）经济结构保持稳定，投资结构更体现产业结构调整方向

前三季度，我国第一产业增加值 37996 亿元，同比增长 4.2%，同比增幅比第二季度提高 0.3%；第二产业增加值 185787 亿元，增长 7.4%，同比增幅与第二季度持平；第三产业增加值 196125 亿元，增长 7.9%，同比增幅比第二季度下降 0.1%。三次产业增加值之比为 9:44:47，相比 2013 年第三季度的 9:45:46 和今年第二季度的 7:46:47，表明我国经济结构基本保持稳定。

1—9 月，全国固定资产投资（不含农户）357787 亿元，其中，第一产业投资 8642 亿元，同比增长 27.7%；第二产业投资 150180 亿元，增长 13.7%；第三产业投资 198965 亿元，增长 17.4%。三次产业的固定资产投资之比为 2:42:56，第三产业投资占据半壁江山，充分体现出我国产业结构调整的方向，但结构调整过程中也受第二产业产能过剩、产品库存压力增大、价格下降导致的投资需求下降因素的影响。

（三）固定资产投资受到结构性影响，地区投资结构优化

2014 年 1—9 月，全国固定资产投资（不含农户）357787 亿元，同比名义增长 16.1%（扣除价格因素实际增长 15.3%），增速比 1—8 月回落 0.4 个百分点，增速较 1—7 月进一步回落。其最主要原因是房地产开发投资增速回落，尤其是占房地产开发投资的比重 68.0% 的住宅投资增速回落。1—9 月，全国房地产开发投资 68751 亿元，同比名义增长 12.5%（扣除价格因素实际增长 11.7%），增速比 1—8 月回落 0.7 个百分点。其中，住宅投资 46725 亿元，增长 11.3%，增速回落 1.1 个百分点。房地产投资的不景气还表现在房屋新开工面积上，1—9 月该指标下降 9.3%，其中，住宅新开工面积下降 13.5%。

分地区看，1—9 月，东部地区同比增长 14.9%，中部地区增长 17.8%，西部地区增长 17.9%，中西部投资快于东部投资，符合国家区域经济结构优化方向。

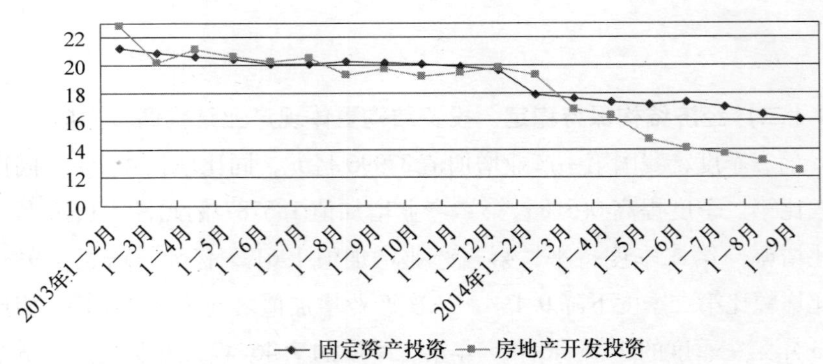

图 11　固定资产投资名义增速（累计同比）

（四）消费结构有所调整，消费需求不振趋势延续

1—9 月，社会消费品零售总额 189151 亿元，同比增长 12.0%，虽然增速较二季度有所回落，但仍保持了稳定快速增长势头。其中网络零售、电子商务、信息产品及服务等新型消费占据主流，而房地产、汽车

及与之相关的家具、家电、建材消费的低迷。全国网上零售额18238亿元，同比增长49.9%，其中，限额以上单位网上零售额2888亿元，增长54.8%。

9月，社会消费品零售总额23042亿元，同比名义增长11.6%，扣除价格因素实际增长10.8%，不但低于前三季度的平均增速，与8月名义增长率相比也下降0.3个百分点，已经连续五个月下滑，说明我国消费不振的趋势仍然延续。

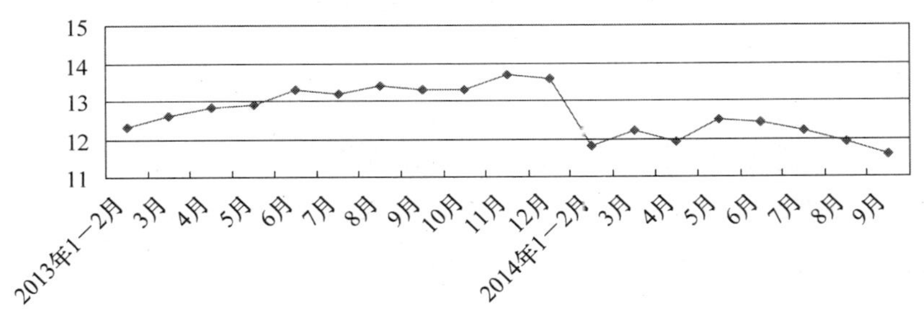

图12　社会消费品零售总额名义增速（月度同比）

（五）CPI、PPI显著回落，原因指向结构失衡

前三季度，居民消费价格同比上涨2.1%，涨幅比上半年回落0.2个百分点。9月，居民消费价格同比上涨1.6%，环比上涨0.5%。可见，我国CPI出现显著回落，但物价温和上涨。原因包括：一是去年价格上涨的翘尾因素；二是猪肉与鲜菜价格均同比回落；三是烟酒及用品等非食品价格下降。

前三季度，工业生产者出厂价格同比下降1.6%，9月同比下降1.8%，环比下降0.4%。前三季度，工业生产者购进价格同比下降1.8%，9月同比下降1.9%，环比下降0.4%。主要原因是内需不足，企业销售下滑，企业库存加速增长，市场供大于求，价格下行。同时，国际大宗商品价格下行对工业品价格形成也有较大压力。

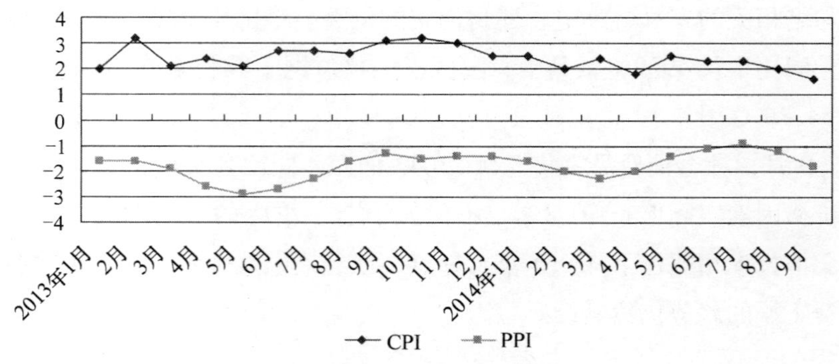

图 13 CPI、PPI 涨跌情况

(六) 进出口形势继续好转，贸易结构优化

前三季度，进出口总额 194223 亿元人民币，以美元计价为 31626 亿美元，同比增长 3.3%，其中，出口增长 5.1%，进口增长 1.3%。进出口相抵，顺差 14226 亿元人民币，以美元计价为 2316 亿美元。今年我国进出口形势逐季好转，进口和出口的增长率均逐季提高。9 月，进出口总额同比增长 11.3%，其中，出口增长 15.3%，进口增长 7.0%，进出口呈现走强趋势。

可见，前三季度延续了我国今年进出口形势逐季好转的趋势，同时，贸易结构也得到了优化。具体表现是：一般贸易增长较加工贸易快；与欧盟和美国的双边贸易增长均超过 10%，但受香港“占中”事件影响，内地与香港双边贸易下降 13%；中西部地区外贸出口保持较强动力，东部省市对外贸易所占比重回落；外商投资企业、民营企业进出口增长，国有企业进出口微降；传统劳动密集型产品出口增长，贸易结构进一步优化。

(七) 人民币存款受到结构性冲击，社会融资呈现低迷

9 月末，广义货币（M2）余额 120.21 万亿元，同比增长 12.9%，狭义货币（M1）余额 32.72 万亿元，增长 4.8%，流通中货币（M0）余额 5.88 万亿元，增长 4.2%。9 月末，人民币贷款余额 79.58 万亿

元，人民币存款余额112.66万亿元。前三季度，新增人民币贷款7.68万亿元，同比多增4045亿元，新增人民币存款8.27万亿元，同比少增2.99万亿元，其中住户存款同比少增1.31万亿元，企业存款同比少增1.29万亿元，这两项存款减少很大程度上源于电商金融等互联网金融的冲击。

前三季度，社会融资呈现低迷，其规模为12.84万亿元，比上年同期减少1.12万亿元。一方面源于融资成本上升，一方面表明经济活动不振，对融资的需求走低，也影响到金融领域的结构优化。

（八）居民收入结构优化，就业结构性压力增加

前三季度，城镇居民人均可支配收入和农村居民人均现金收入同比名义增长分别为9.3%和11.8%，实际增长6.9%和9.7%，根据城乡一体化住户调查，前三季度全国居民人均可支配收入14986元，同比名义增长10.5%，扣除价格因素实际增长8.2%。全国居民人均可支配收入中位数13120元，同比名义增长12.1%。农村居民收入增速快于城镇居民收入，可支配收入增长较快，实现了收入结构优化。但增幅同比回落，显示出当前经济增长乏力对居民收入产生了一定的影响。

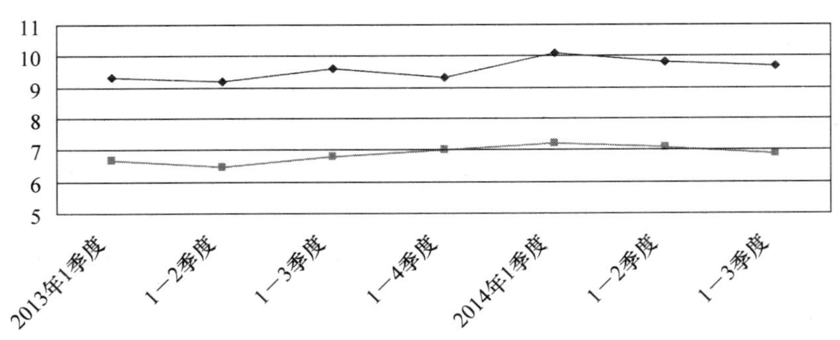

图14　居民收入实际增长速度（累计同比）

1—8月我国城镇新增就业人数达到970万人，已经基本完成全年1000万人的目标，比去年同一时期多增加14万人。失业率控制在较低

的水平，一季度和二季度的城镇登记失业率为4.08%，同期的城市调查失业率也维持在5%左右。服务业发展较快，就业形势较好。但今年我国的就业面临比往年更加严峻的结构性压力：经济增长面临巨大的下行风险；大学生毕业人数再创新高，达到727万人；农民工进城务工对就业需求和再就业需求较大。

三　财政收入适应中速增长要求，财政运行符合结构调整取向[①]

前三季度的财政收支数据体现出当前财政运行具有两方面特征：一是在经济进入中速增长的大背景下，财政收入体现出与经济增长的较强契合性，也回归中速增长；二是财政运行体现出与结构调整的改革方略具有较强的契合性，财政收支本身的结构性变化由结构调整决定，或体现着结构调整的结果。

（一）本季度财政收入增长与经济增长的表现一致

1—9月累计，全国财政收入106362亿元，比去年同期增加7973亿元，增长8.1%，但增幅回落0.5%，环比增幅回落0.2%。可见，财政收入较经济增速回落的幅度更大，但回落的程度有所收敛。

（二）中央地方收入结构与增强地方财力的结构调整方向一致

本季度中央收入增速低于地方收入。但地方收入环比增幅回落程度高于中央，成为财政收入增幅回落的主因，这表明部分省份经济增长和财政收入受经济下行的影响较大。1—9月中央财政收入49599亿元，同比增长6%，与1—8月持平；地方财政收入56763亿元，同比增长10.1%，环比增幅回落0.3%。

---

①　数据来源：除特殊说明外，本部分数据均经中华人民共和国财政部数据计算得出。

（三）税收与非税收入的结构变化不利于结构调整

1—9 月，全国财政收入中税收收入累计 90695 亿元，非税收入累计 15667 亿元。财政收入中税收收入与非税收入占总收入之比为 85∶15，而去年同期该比重为 86∶14，并且，税收收入同比增长 7.4%，非税收入同比增长 12.1%。可见，本季度非税收入超税收增长，二者比例向非税收入小幅微调，非税收入的总量和结构的变化与当前改革清费立税的结构调整方向并不一致。

（四）财政收入结构的变动受结构性因素影响较大

9 月，全国财政收入 9953 亿元，比去年同月增加 591 亿元，增长 6.3%。其中，中央财政收入 4482 亿元，同比增长 5.9%；地方财政收入（本级）5471 亿元，同比增长 6.6%。中央财政收入增长幅度较小，主要是外需不振引起出口退税、国内增值税和进口环节税收增收困难；地方财政收入增幅回落的主因是房地产业不振引起相关税收增幅回落。

（五）税收结构的变化反映着结构调整的方向

1—9 月国内增值税 22398 亿元，同比增长 7.5%，扣除营改增转移收入因素后增长 2.4%，增幅偏低，除了受工业生产增速放缓、工业生产者出厂价格持续下降的影响外，主要是扩大营改增试点范围增加进项税抵扣等因素影响。9 月 1132 亿元，同比增退 206 亿元，增长 22.3%。出口退税大幅增长，体现了国家为支持外贸稳定增长的结构性目标，加快了出口退税的进度。

（六）政府性基金收入增速大幅回落是结构性因素导致

1—9 月累计，全国政府性基金收入 39109 亿元，比去年同期增加 5120 亿元，同比增长 15.1%，中央政府性基金收入 3003 亿元，同比增长 8.8%，地方政府性基金收入（本级）36106 亿元，同比增长 15.6%。各项指标的增长速度都与去年同期有大幅回落，主要源于房地产业不振的结构性原因，今年国有土地使用权出让收入 31290 亿元，同比增长16.6%，增幅回落33%，且9月国有土地使用权出让收入同比下降21.1%。

（七）财政支出项目结构体现总体结构调整方向

从增长速度看，1—9月，粮油物资储备、交通运输、城乡社区支出、资源勘探电力信息等经济建设性支出显著增加，增速分别为26.5%、21.4%、19.4%、16.6%体现了为应对经济下行，对财政支出进行定向结构性调整。但从总量看，教育支出、社会保障和就业支出、医疗卫生与计划生育支出、住房保障支出等民生支出仍然占据主体地位，分别为14912亿元、11957亿元、6989亿元、3493亿元，充分体现了保障重点支出的结构调整要求。

此外，从三季度财政收支增长的对比关系看，1—9月累计财政支出增速为13.2%，完成预算的进度67.7%，这两项指标远高于财政收入，与经济下行期的内在政策稳定器的自动扩张有关，也体现出国家对财政资金盘活存量和用好增量的结构调整安排。

四　定向调控：适应我国经济中速运行的财政政策选择

随着我国经济步入中速运行的“新常态”，国家治理的思路也需要适应“新常态”而作出战略调整。9月10日，李克强总理在夏季达沃斯论坛上表示，今年后四个月将在区间调控的基础上加强“定向调控”。定向调控政策的大背景是我国经济在合理区间中速运行，核心是进一步推动结构调整，立足于长期的制度建设来进行短期的政策调整。

财政作为国家治理的基础和重要支柱，需要首先作出战略调整。在长期，要面向制度建设，而短期内，则主要体现在财政政策的选择上。财政政策选择主要把握几个要点：一是以经济增长“新常态”为前提；二是为长期制度建设做好铺垫；三是引领世界经济结构调整趋势。这就对政策工具的运用提出较高的要求。

（一）三季度涉及结构调整的财政政策安排

三季度，我国出台了一系列政策措施，其中涉及结构调整的财政政策安排主要体现在产业结构、区域结构、企业发展结构、基础设施投资结构、经济发展方式转变等方面。

第一，生产性服务业和文化产业成为三季度产业结构调整的政策载体。财政政策的重点体现为：在收入方面，扩大营改增试点和调整相关税收政策为二者营造轻税负的环境；在支出方面，支持二者发展的薄弱环节，完善财政资金投入方式，提高资金使用效率。作出上述判断的依据为：三季度发布的《关于加快发展生产性服务业促进产业结构调整升级的指导意见》以及《关于推动特色文化产业发展的指导意见》《关于大力支持小微文化企业发展的实施意见》。

第二，东北地区成为三季度区域结构调整的政策载体。财政政策的重点体现为：在收入方面，通过地方政府债券自发自还试点支持部分东北地区省市；在支出方面，加大对东北地区的财政转移支付力度，取消边、穷地区配套资金，对重点领域给予与西部地区同等标准的中央财政投资。作出上述判断的依据为：三季度发布的《关于近期支持东北振兴若干重大政策举措的意见》。

第三，小微企业成为三季度企业发展结构调整的政策载体。财政政策的重点体现在收入方面，切实降低小微企业的税收负担。在未来的26个月，小微企业的增值税和营业税起征点被提高到3万元。作出上述判断的依据为：三季度发布的《关于进一步支持小微企业增值税和营业税政策的通知》。

第四，引入社会资本成为三季度改善基础设施投资结构的政策载体。财政政策的重点体现为：在收入方面，通过所得税优惠政策吸引企业投资经营公共基础设施项目；在支出方面，创新政府采购方式，为政府和社会资本合作模式下的政府购买服务提供政策环境，并在同时考虑社会资本收益和财政负担两个方面的前提下，通过专项转移支付、地方财政补贴等多种形式给予资金支持。作出上述判断的依据为：三季度发布的《关于推广运用政府和社会资本合作模式有关问题的通知》和

《关于公共基础设施项目享受企业所得税优惠政策问题的补充通知》。

第五，节能减排成为三季度企业发展结构调整政策支持的载体。财政政策的重点体现为：在收入方面，有偿取得排污权，提高排污费征收标准和收缴率，在不增加煤炭企业总体税费负担的前提下，将煤炭资源税由从量计征改为从价计征，进一步引导资源合理利用。在支出方面，通过排污权出让收入和排污费的依法征收，增强专项用于污染防治的资金保障。作出上述判断的依据为：三季度发布的《关于调整排污费征收标准等有关问题的通知》《关于进一步推进排污权有偿使用和交易试点工作的指导意见》以及国务院常务会议实施煤炭资源税改革的决定。

除此之外，在三季度，全国人大常委会通过了预算法修正案，为财政政策的制定和实施奠定了法律制度基础，也为结构调整提供了预算法律依据。

（二）财政政策定向调控的着力点

定向调控的要义，一是确保市场在资源配置中的决定性作用；二是确保经济发展保持合理增长速度，为改革和发展奠定基础。基于此考虑，财政政策定向调控的着力点应定位在创新驱动和政府购买服务两个方面。

第一，支持创新驱动。目前创新驱动是经济发展的关键动力，这一判断已经成为世界各国的共识。我国正转入经济发展的新常态，也处于转变经济增长方式的重要阶段，走创新驱动和内生增长之路，能够加快产业结构转型升级，提升比较优势，抢占发展先机。

支持创新驱动的财政政策应面向创新能力的提升，为基础研究、前沿技术研究、各领域核心技术研究、社会公益技术研究配置更多的财政资源。但要看到，创新能力最终是落在人的身上，因此，支持科技创新能力的财政政策的重中之重不仅仅是培养，更是运用和保护人才。当前过度行政化的财政科技资源配置方式，一方面导致财政资源严重浪费；一方面打击科技人才创新的积极性，制度的缺失能够使科技精英最终沦为科研领域腐败的牺牲品，导致国家创新型人才的严重损失。为此，迫切需要通过既有动力，又有压力的财政政策安排，在财政科技资源配置上去行政化。

此外，财政政策还应支持创新成果的应用转化，尤其是在战略性新兴产业、先进制造业、生产性服务业等方面加速推进创新成果的应用，以提高结构调整的效益，抢占经济增长的“制高点”。

第二，全面发挥政府购买服务的作用。市场在资源配置中起决定性作用，要求政府将更适合社会承担的事务交给社会，由市场决定，政府间接监督引导和一定程度上的调控。政府购买服务的好处，一是充分利用市场的效率；二是提升政府的效率。政府购买服务将用于公共服务上的资源规模大幅扩大，政府可以专注于社会力量无法承担的公共服务提供，并能够有效化解地方政府性债务风险，减轻政府偿债压力，民间资本也找到较好的投资渠道。

要让政府购买服务全面发挥出上述作用，财政政策要进行必要调整，一是调整政府采购政策，在科学评估公共服务需求的基础上研究制定政府向社会力量购买服务的指导性目录，明确政府购买的服务种类、性质和内容。二是确定财政资金的投入方式，在保证社会投入效率的前提下，根据需要进行小规模资本性投入和运营性投入，并以公共绩效评价作为后续财政投入调整的依据。三是财政退出对政府购买公共服务的价格补贴，将社会资本的盈利空间交由市场决定，因为纳入政府购买的公共服务应该是价格调整机制相对灵活、市场化程度相对较高、需求长期稳定的公共服务，价格补贴只能影响市场调节和社会资本的进入。

此外，财政政策还应支持具有连锁社会效益的领域。例如支持体育产业的发展，不仅仅能够扩大体育消费，推动经济增长，更能够养成全民体育锻炼的习惯，增强全民身体素质，从而让财政从繁重的医疗卫生支出负担中解放出来，用于其他方面。诸如此类的财政投入是“一本万利”的，也应该成为财政政策定向调控的着力点。

（三）适应经济中速运行的财政收支安排

财政政策调整要适应经济中速运行，这就对税收和财政支出这两个政策工具的运用提出较高的要求，需要分别作出安排。

第一，税收的任务主要是进行结构调整取向的税制改革。对于税收的运用，可以发挥其自动稳定和相机抉择两种经济调节功能，前者取决于税收收入弹性，而税收收入弹性由税制决定；后者取决于税收政策乘数，而税收政策乘数由边际消费倾向决定。由于边际消费倾向受收入结构、收入差距、消费需求、消费习惯等多重因素影响，并且税收政策还受到决策、时滞、市场成熟度、税法等多重因素影响，因此，税收通过相机抉择调节经济，难以取得理想的效果。因此，让税收工具发挥应有的作用只有一条路可走，即从全面提升税制弹性，以强化税收的自动稳定功能。

提升税收弹性，实际上是一个结构调整问题，具体可进行如下操作：一是要提高弹性较大的税收比重，主要是提高直接税的比重，即所得税和财产税的比重，降低流转税的比重。二是要扩大税基，使税收与国民经济的联系更加紧密，加速填补在财产保有、继承、赠与等环节存在的税收真空，尽快迈开个人所得税“分类与综合相结合”的改革步伐，扩大资源税和消费税的征收范围。三是从提高政府收入整体弹性的角度，压缩非税收入的规模，降低非税收入的比重，提高税收的比重，目前最为可行的是推动社会保障费改税，并以累进税率征收。四是应切实减少税收优惠，实现应收尽收，从而不影响税收自动稳定的调节职能最大化的发挥。

第二，财政支出的任务是实现“事权与支出责任相适应”的目标。明确事权有三层意思：一是财政该做什么和不该做什么。财政事权的划分原则，要以市场在资源配置中起决定性作用为大前提，政府活动的宗旨是为市场服务，财政只为政府应尽的职责提供保障。二是中央和各级地方财政分别该做什么和不该做什么。各级财政事权的划分原则，根据公共服务的层次性进行对中央和地方财政事权进行划分；考虑各级政府的财政支出能力差异、公共服务本身具有的层次性、地方公共服务可能产生的外部性、交易费用节约、规模经济等方面对省以下财政事权进行划分。三是财政部门和非财政部门该做什么和不该做什么。财政部门与非财政部门的事权划分，要分三步走：第一步，改变某项事业支出与GDP或财政收入的规模或增速挂钩的做法，在部门预算和绩效评价的基础上，实现财政资金分配的供需平衡；第二步，将存在交叉、重叠问题的财政事权统一整合到财政部门，以对涉及不同部门的同一财政事权进行通盘把握；第三步，逐渐将整合的范围扩大到所有财政事权，最终形成由财政部门主导财政事权的局面。

在事权划分清楚的基础上，科学划分财政支出责任并与其事权相适应。首先，在事权划分上，扩大中央事权、减少地方事权。一是对以前不当下移的事权、新增事权、地方效率不高的事权划归中央（新增事权可根据其性质通过转移支付由地方承担支出责任）。二是对于中央委托事权尽量上收中央。其中，中央效率不高、地方效率更高的中央事权仍可委托地方承担支出责任，但需中央全额拨付专项转移支付资金且不要求地方配套资金。三是对于地方无力承担而由中央承担支出责任的地方事权，中央给予转移支付支持并要求地方配套资金，配套资金规模根据双方财力情况而定。四是对中央与地方的共同事权，根据各自受益情况确定各自承担支出责任的比例。通过上述办法使事权与支出责任相适应，并以法律形式明确，才能从根本上解决“上级点菜、下级买单”的问题。其次，在转移支付上，重视结构调整。一是扩大一般性转移支付、减少专项转移支付。事实上，在理顺事权和支出责任之后，中央已经不再需要通过设立大量专项转移支付来补充地方承担中央事权支出责任的财力了，这是进行转移支付结构调整的最佳时机。二是以因素法来测算转移支付，要求对因素的选择更为全面，尤其是考虑特殊因素，最大程度地降低因素选择的主观性。三是在时机成熟的时候，取消税收返还政策，并探索建立政府间的横向转移支付制度。四是探索建立专项转移支付项目的绩效评价制度，尤其重视事前绩效评价，对低效、无效的项目不予立项。可见，这仍然属于结构调整的范畴。

（执笔人：闫坤　于树一）

国际“正向供给冲击”和中国经济新常态发展

——2014 年我国宏观经济与财政政策分析报告

2014 年第四季度，全球经济运行出现明显分化：美国经济一枝独秀，在经济的基本面和政策面都将取得 21 世纪以来的最好成绩；欧日经济仍处于低速复苏阶段，实体经济压力较大，宏观政策风险也仍在积累；新兴工业化国家的发展环境在总体上变得复杂，但经济复苏的趋势未变，国际分工的地位面临调整。在国别经济特征之外，国际大宗商品市场的价格波动也日趋复杂，国际原油、铁矿石和其他非农大宗商品的价格急速走低，而农产品仍处于微弱的紧平衡阶段，稍有异常，则可能带来农产品市场的大幅波动。但在总体上，世界迎来了 20 年来最为难得的初级产品价格走低，而国际产业链成本下降的重大机遇，我们将其称为“正向供应冲击”。随着经济结构调整的不断深入和各项改革的有序起步，中国经济也进入了深度调整期，并为迎接经济运行新常态在国家治理和市场建设等方面做好准备。作为“正向供应冲击”的主要受益国，我国应加速推进改革，敢于向市场让渡空间，敢于放手让企业有序竞争和壮大，从而利用好这一重大机遇时点，战略性的促进新常态的形成和完善。

一　世界经济运行与国际“正向供给冲击”分析

四季度，美国经济仍保持与市场预期相符的增长速度，失业率降低、通胀率降低和增速提高等"两低一高"的格局，使得美国经济呈现出繁荣期的色彩；欧日经济则仍深陷经济"拐点"期的泥淖，虽然经济运行的亮色不断增多，但在经济的基本面上仍是矛盾重重，2015年宏观经济政策转向进一步扩张的压力不断增大。在国别经济分化的同时，对于四季度世界经济运行影响最大的是能源、资源等大宗商品市场的变化，急剧下跌的能源资源价格，给全球经济带来了新的影响。受到立场的差异，各国对大宗商品价格的波动表述不一，但在总体上，打开了极为罕见的"正向供给冲击"窗口。我国要利用好这次极为难得的历史机遇，在国际分工体系、国内产业结构调整、新兴增长动力创造等各个领域实现跨越和可持续增长。

（一）国际"正向供给冲击"的重要表现

供给冲击往往是指由于经济要素或是资源价格突然的、大幅度的、长期的变化而给宏观经济运行带来的影响，当然，具有普遍性影响的政策措施变化也会产生相类似的影响。根据供给冲击对经济的促进或是拖累，相应地分为正向和负向，一般来说，能够带来经济运行成本下降的，称为正向供给冲击，包括原材料和重要投入品的价格持续大幅度的下降、具有系统性的技术和模式创新带来的运行成本下降、普遍而大幅度的减税等；而带来经济运行成本上升的，称为负向供给冲击，经济增长乏力或是扭曲，创新和产业分工放缓。从世界经济的运行情况看，当前正处于"正向供给冲击"的典型阶段，其主要表现是：

1. 国际原油价格和重要大宗商品价格持续、大幅度下降是第一个重要表现

2014年国际原油价格持续大幅度的走低。以纽约商品交易所的NYMEX2月原油期货交易价格的走势为例，至12月31日收跌0.85美元/桶至53.27美元/桶，使得2014年累计下跌46%，创六年来最大年度跌幅，并录得连续第四个年头下跌的纪录；ICE布伦特原油期货价格年跌48%至57.33美元/桶，也创2008年以来最大年度跌幅。国际原油价格持续大幅度走低，给成品油价格、电力等二次能源和重要化工原材料的价格走低创造了条件。以美国为例，12月末的成品油价格约为2.65美

元/加仑，约合每升4.3元人民币左右，较9月末的降幅超过了60美分，降幅高达18.5%，为美国消费者节约成本约达500亿美元；全美平均电力批发价格下降到40美元到45美元每兆瓦时，较2007年的85美元每兆瓦时的标准下降50%左右，合每度电0.24元至0.3元人民币；而作为石油化工产品和重要基础性中间产品的聚乙烯，美国2014年新开工建设的生产装备有17套，合计产能810万吨/年，预计2015年将成为美国聚乙烯产业的井喷之年，2016年美国的聚乙烯产量将较2014年增加53%以上。

在原油价格下降的同时，天然气、煤炭等具有替代性能源价格也在快速走低。仍以美国为例，2014年末，美国天然气价格跌破了百万英热单位3美元的市场心理关口，较部分2007年前后签订的天然气超长期合约价格的每百万英热单位8美元，下降60%以上，较2014年6月的3.5美元左右也下降了15%。煤炭价格也表现出相类似的情况，2014年年末美国每百万英热单位的煤炭价格是2.35美元，煤炭发电量为-0.4%的增长，煤炭占美国电力发电能源消费的比重由48%左右下降到39%左右，出口煤炭总量约为1亿吨。

在能源之外，重要的初级产品如铁矿石、铜矿等资源价格也保持在历史的低位。2014年末，世界铁矿石价格的风向标的普氏指数跌至70美元/吨左右，而2014年初的水平则为134.5美元/吨，降幅高达48%；而中国大连铁矿石主力合约的价格也报收到500元人民币/吨左右，除小幅波动外，总体保持跌势。国际铜价也在疲弱中保持跌势，2014年末，伦敦铜的价格跌破6500美元/吨，全年降幅高达15%，亚洲市场也基本保持与伦敦市场相应的波动和波幅。

2. 物流体系创新和流通市场重组带来的成本节约和市场放大是第二个重要表现

在信息技术、分布式理念和商业模式重构等创新活动的支持下，世界物流体系和流通市场发生了巨大的变化，原有的中间环节和服务机构均将在新模式下进行有序的优化和重组，从而产生成本的巨大节约和市场空间的拓展放大。主要有：

一是物联网革命带来了物流成本的快速下降和物流体系的优化调

整。物流体系既是一种空间价值和时间价值的体现，同时也是生产方式、流通方式和管理方式的变革，在物流体系的运行中，其价值观的关键是以低成本、高效率、安全准确的标准，追求商品时间价值和空间价值的实现。物联网革命在四个方面优化了物流体系并带来了成本的节约和效率的提升：第一，物联网提高了商品的精准化控制能力，商品的运送要求、批次、目的地等多种关键信息，通过附着在商品上的主动射频系统就可以方便地获取；第二，物联网整合了物流体系的各个独立环节，运输、存仓、调配、保险、再加工、转运等都在物联网的支持下可以做到随时变化；第三，物联网将给予物流体系新的功能，除将部分加工环节加入运输过程外，还将部分销售环节加入了物流过程，使得物流体系的空间、时间、加工和形态价值得以累加和增值；第四，物联网将物流体系由企业自备转向真正的社会化生产和服务，使得物流体系由一种服务形态转变为社会化大生产的产业形态，社会资源和产业功能定位日益清晰，专业性和效率性不断提升。据美国的数据，在物联网革命的推动下，美国物流产业有望在进一步提升效率和安全的同时，将物流成本由占经济运行成本的11%左右下降到9%左右，进一步拓展单一企业的潜在市场覆盖空间。

二是电子商务和网络购物的发展带来销售渠道的整合和成本节约。电子商务的发展打破了生产者与消费者之间的信息壁垒，在许多日常用品上，消费者可以利用自身的专业知识进行筛选和购买，价格也变得透明；而在专业商品的选择上，生产企业也可以借助高效的网络信息系统进行直接宣传和说明，并让生产商信誉转成商品信誉，为消费者提供信赖和专业化的产品服务。网络购物的发展也打破了原有的销售渠道的组织方式，"批发商—零售商—终端零售商"的长链条被极大地压缩成了"批发商—终端零售商"的短链条，借助高效而低成本的物流体系，保证了生产商—批发商—终端零售商—消费者之间的商品链和价值链的稳定，并给予消费者更好的购物体验。从美国的情况看，尽管原有的销售渠道已经具备了较高的效率，且在实践中网络购物相较于传统渠道还存在一定程度的不足与问题，但对于成本节约和市场拓展的效果仍是很明显。美国经济分析局表示，电子商务使得美国零售业的组织成本下降了约15%，同时也面临着运送成本上升的压力；但开拓了个性化、多样化商品需求的小众市场，使消费需求得以扩张。

三是“线上与线下”（O2O）的连锁经营合作可以形成合力，大幅度降低经济运行的信息成本、管理成本和流通成本，并使得商品的质量安全得以有效的保障。在线上与线下的支持下，看似原来分割，甚至是对立的商业模式开始相互借力，优势互补，甚至是业务整合。无论是美国，还是中国，线上与线下给经济运行和市场开拓的影响还将进一步扩大，小众市场与大众市场并行，小众市场借助大众市场的渠道以降低成本，大众市场借助小众市场的需求以拓展规模和影响，并提高利润率和收益水平。

3. 政府生产性税收的减让是“正向供给冲击”的第三支柱

2014年，随着经济复苏形势的变化，美、欧、日等国家开始对企业的生产性税收进行调整和减让。日本在将消费税提高到8%的同时，将企业所得税由35%的税率水平下调至30%，以提高企业竞争力和降低企业负担。美国的企业所得税是重要的财政支柱之一，同时也形成了发达国家最高的企业边际税率。根据美国财政部的计划，将在财政形势不断改善的同时，适当下调企业所得税的最高边际税率水平，计划由35%下调至28%，当前正在税制改革的进程之中。而德国在启动个人所得税降税改革的同时，对于企业的生产性税收也在高度关注，但受到欧元区复苏进程缓慢的影响，暂未启动该计划，但德国企业的压力受到欧元贬值的影响而被大幅消解，客观上起到了企业税负降低的作用。

中国也正在进行税制改革。其中，营业税改征增值税的改革本质是减税性质的税制调整，而综合和分类相结合的个人所得税税制改革也将在未来发挥减税效果，四季度国务院出台的企业固定资产加速折旧的安排，也在实施效果上起到了类似于企业所得税减免的政策目标。

（二）国际“正向供给冲击”形成原因：供求关系和替代效应

从上述情况看，国际“正向供给冲击”的态势非常明显，而确定这场正向冲击的持续时间则成为宏观经济分析的下一个重要内容。而持续时间的分析必须建立在形成“正向供给冲击”的原因上，如果影响因素是长期的，则正向冲击也是长期的；而如果影响因素是短期的，但存在将其长期化的结构性安排，则正向冲击的效果也可能会出现长期化的特点。短期的正向冲击既改变不了供给，也不会对需求产生明显的影响，所变化的就是利润等收益在企业之间的配置；长期的正向冲击则会对供给和需求产生重要的影响，进而启动新一轮产能扩张和分工调整。

1. 供求关系的失衡是导致“正向供给冲击”的一个重要原因

国际大宗商品生产具有较为明显的刚性特征。一般情况下，需求的波动不会导致大宗商品的生产减缓，也不会导致大宗商品的价格下降，企业会采用库存的方法化解短期市场需求的波动；但是当需求下降形成长期化的时候，大宗商品的生产企业则会调整产出安排，并相应地通过降价的方式化解库存。因此，供求关系对一般的商品价格的影响都是短期的，而对于大宗商品，只要市场采取了降价的方式予以应对，其失衡的持续时间便具有长期性的特征，这是其产业特性的重要表现。

形成供求关系失衡的原因是欧盟和日本经济复苏乏力，从而导致总需求不足，形成了总供给的相对过剩。以国际原油市场为例，2014 年欧佩克（OPEC）原油的总产量约为 3061 万桶/天，而需求量则为 2940 万桶/天，其中，由于欧盟和日本经济复苏乏力而带来的需求绝对值下降为 34 万桶/天。欧盟和日本的经济问题仍然是结构性的，在复苏的进程中，政府还将采取结构性调整和总量性扩张的政策予以应对，在短期内不排除对经济库存的影响而导致需求波动，但在总体上，仍不能给国际原油市场以足够的信心支撑。中国的国家石油储备战略也基本上接近预期，尽管石油消费量仍将保持快速增长，但市场预期之外的增长空间不大。因此，供求关系失衡不是一个短期的现象，而是一个需要跟随经济宏观面改善而不断增长的中长期过程。

需求变动以库存调整为主也影响了供求关系失衡的作用时间。在产业结构调整和产能过剩的大背景下，导致供求关系异动的往往是各国的储备战略或是企业的库存调整。因此，看似源头库存下降或是销量增长的，往往表现为中间产业的库存上升；而看似源头库存上升或是销量下降的，往往表现为中间产业的库存下降。这样，供求关系的变化并不是由最终需求导致的，而是由于库存变化的影响，当最终需求发生改变的时候，也需要通过库存的调整才能真正传递到大宗商品的价格，从而使得当前供求关系失衡影响的持续期限，由短期转变为中长期。

2. 效用替代是导致“正向供给冲击”的另一个重要原因

所谓效用替代是指具有相同能源属性或是资源属性的产品替代了原有的能源和资源使用，从而使其市场需求波动或是被迫进行价格竞争。一般来讲，新能源资源和人工合成的能源资源的大范围使用都具有效用替代的功能。美国页岩油气革命是效用替代最主要的影响因素：在能源效率上，页岩油对普通原油、页岩气对普通天然气的替代率都达到100%的水平；而在资源使用上，页岩油气的直接替代率也超过99%，即使是页岩气对原油的资源交叉替代率，也高达97.3%。即无论是资源属性还是能源属性，页岩油气革命对世界原油和天然气市场都是几近完全替代。页岩油气开采量的扩张，自然加大了市场的能源和资源供给，带来价格下跌的影响，而且影响将不是短期的，将持续直至能源、资源完全替代的发生或是新增需求重新超过资源的稳定供给能力后，才可能出现根本性的调整。2014年末，美国页岩油气生产商每天的生产超过400万桶原油当量，远高于伊拉克的原油产量。

效用替代之外，光伏等清洁能源的快速发展也实现了当前低能源价格的传递和延伸。在美国电力批发价格大幅走低的影响下，美国的光伏等清洁能源的生产开始加速扩张。过去，由于光伏产业在多晶硅或单晶硅提炼阶段要消耗大量的电能（约占到光伏电池终生发电量的70%—75%），清洁能源的假清洁问题广受社会诟病。但另一方面，光伏电池还具有储存廉价能源的功能，可以将当前的便宜的电价储存下来，用以生产低成本的光伏电池，降低光伏电价，并在未来中长期内提供低成本的清洁能源。因此，这种能源储存和延伸可以为低能源价格提供良好的缓冲，从而使“正向供给冲击”的效果长期化。

从上述分析看，当前的国际“正向供给冲击”具有幅度大、涉及面广、影响程度深和持续时间长的特点，是典型的具有供给调整意义和产业优化作用的正向冲击，抓住并利用好这一难得的历史机遇，意义重大。

（三）“正向供给冲击”的影响：增加值分布调整和国际比较优势重构

“正向供给冲击”的静态影响非常明显：生产成本下降，从而导致企业的产出效率上升，有利于实体经济的复苏和发展（如图 1 所示，随着总供给成本的下降，AS1 曲线下调至 AS2 曲线的位置，均衡产出由 M 点移动到 N 点）。但在动态上，“正向供给冲击”的影响则比较复杂，总体改善经济发展环境的同时，还改变了各国的经济发展优势，调整了增加值在不同行业间的分布，也给产业分工细化提供了重要的支持和动力。

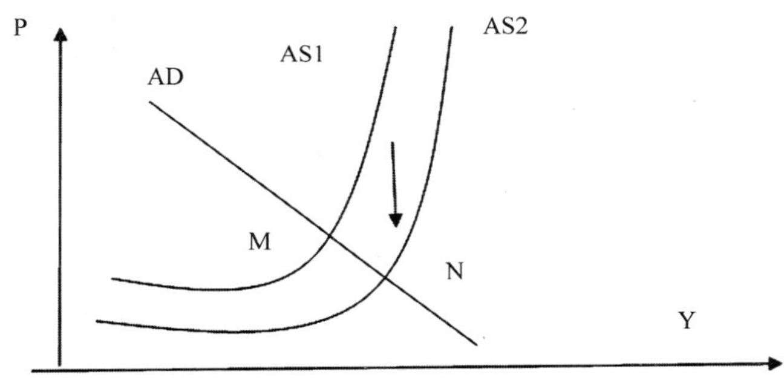

图 1　正向供给冲击的静态效果示意图

1. “正向供给冲击”对增加值分布结构的影响

根据产业划分的标准，我们将产业大致分为采掘业、制造业、服务业等产业门类，并形成如图 2 所示的产业分布特征。从图 2 看，“正向供给冲击”所产生的增加值分布共包括采掘业、流通市场、制造业、服务业和消费者等多个环节，真正将增加值的增量传递到消费者的情况比较少见，大多会在前述多个行业中被吸收和分摊。将增加值的分布情况进行分解分析，我们可以得出如下结论：一是增加值主要集中于第一流通环节，将会使得“正向供给冲击”的产出扩张效果被大幅度抵销，正向冲击的贡献有限，构成第一流通环节的包括运输体系和定价系统；二是增加值主要集中于制造业环节，大量低成本原材料会进入制造业，从而形成制造业的高积累的局面，在合理的政策促进下，有利于形成产业分工细化的良好局面；三是增加值主要集中于第二流通环节，也即制造业企业获得了低成本优势，但由于缺乏市场控制力，将增加值转移到流通市场之中，制造业难以形成积累和分工激励的有利局面，交易流通环节获得了过高的收益，影响了正向冲击的供给扩张效果；四是增加值主要集中于服务业环节，制造业和市场都保持高效运行的状态，但未能获得增加值直接积累的好处，服务业获得增加值后，将转向提升服务业的水平和效率，并推进服务业分工发展；五是增加值转变为消费者福利，消费者通过扩大消费规模和投资，为经济发展提供较为稳定的支撑。尽管这种模式对经济发展的漏损较大，但却把正向冲击的成果直接落到了消费者身上，是以人为本的重要表现。

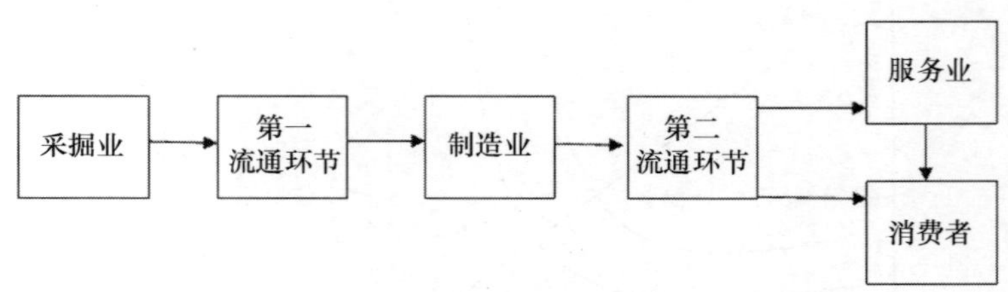

图2　增加值分布示意图

根据上述分析，我们可以得出如下结论：增加值如果主要为流通环节所吸纳，除非该国已经进入消费型国家或是资产（金融）类国家，否则除导致部分垄断行业收益增长和资产价值增值外，没有产出扩大效果；如果增加值为制造业和服务业所吸纳，将产生良好的生产者剩余，产出效果明显，在积极打破垄断、鼓励竞争的同时，还应着力促进行业分工细化；如果增加值主要为消费者所吸纳，则表现为明显的消费者福利改善，对产出的直接影响有限，但易导致市场规模的扩张，从而形成良性扩大效果。

2. “正向供给冲击”对国际比较优势格局和分工体系的影响

“正向供给冲击”所带来的制造业、服务业成本下降和产出扩大的情况，受到各国产业结构、市场结构和政府政策的影响而表现各不相同，从而使不同产业间原有的成本水平发生改变，进而导致比较优势格局的重组。以中国和印度为例，2014 年中国制造业工人的平均工资相当于印度的 1.9 倍，劳动生产效率虽较印度为高，但仍不能改变劳动成本高于印度的情况（据社科院工经所的数据，中国的劳动成本约为印度的 1.43 倍），在“正向供给冲击”的影响下，印度由于受到运输瓶颈限制和产业链缺失（如没有聚乙烯的生产企业）等因素的影响，而不能有效地将低成本效应传递到制造业，从而使得部分产业在中印之间的比较优势出现转化，中国的竞争力将得以提升。但若中国不注意对垄断的消除或是附加了过多的政策性成本，则会将重要的优势错失，国际产业链加速向印度偏离，影响中国的竞争优势。

在比较优势调整之外，“正向供给冲击”还将动态影响国际分工体系。美国的页岩油气革命、低能源价格，良好的市场体系和高效的定价能力都使得美国可以占据最多的“正向供给冲击”的利益。如美国的“逆工业化”浪潮的推进就是正向冲击大幅度降低了美国制造业成本所导致的，2014 年，美国工业生产指数预计同比增长 4% 左右，工业总产值季均增长 3.7%，产能利用率达到 79.05%，净发电量增长约 1.6%。随着美国制造业的复苏，美国产业链条开始延伸，并对欧盟和日本的部分产业形成替代和竞争；而印度、印尼、墨西哥等国家受到成本降低的激励，产出效率和成本都有所提高，产品质量也不断改善，具有与美国产业链直接对接的能力和与欧盟、日本的中低端产业相竞争的能力。因此，欧、日的产业发展受到了美国和新兴工业化国家的共同挤压，国际分工领域出现了部分“中部塌陷”的风险。国际“正向供给冲击”成为国际分工体系调整和改变的难得契机，发展中国家要把握机遇、大胆施为，以追求生产者剩余为优先战略目标，以提升自身在国际分工中的地位和作用作为首要战略目的。

（四）“正向供给冲击”中的中国机遇

自 2014 年初起，我国的房地产行业就进入明显的下行周期：1 月房地产价格下降 3.7 个百分点，且销量出现 0.1 个百分点的负增长，进入到以价换量的阶段。在 9 月 30 日央行的支持政策出台后，四季度的房地产市场运行略有起色，房屋平均价格的涨幅为 -0.1%、0.4%和1.4%，但快速增长的住宅存量仍使房地产市场处于异常严峻的状态，至2014年末，我国已建成待销售的房地产面积达到62169万平方米，同比增长26%。尽管尚无迹象表明我国将进入房地产市场的危机阶段，但不断高企的待售存量，不断累加的房地产金融风险，都将使房地产行业在短期内无力承担起推动经济增长的责任(2014年房地产市场的投资增速只有10.5%，而全社会固定资产投资增速则为15.7%，房地产行业表现为拖累经济增长)。中国经济的增长和行稳致远的“新常态”运行必须要转到制造业、服务业发展的轨道上来。

我国是世界上重要的制造业大国，而约有60%的原油、10%的煤炭、70%的铁矿石都依赖于进口，国际大宗商品价格的变化，对我国制造业的影响巨大。根据2014年四季度的原油、煤炭和铁矿石价格及其进口量进行核算，当期可节省生产成本超过3000亿元人民币，约占同期GDP的1.4%。这一成本下降，大约相当于同期制造业职工工资增长规模的两倍，完全可以抵销劳动成本上涨的不利影响。物流体系的创新和流通市场的重构对我国的影响巨大，我国经济运行成本的30%来自于物流和流通成本，电子商务、物联网和现代物流体系的发展都将推动物流和流通成本的下降，若以1个百分点的降幅衡量，可带来约6500亿元的成本节约，大约相当于2014年全国规模以上工业企业利润总额的10%。因此，国际“正向供给冲击”下，我国是最主要的受益国之一，在其影响下，我国经济竞争力增强、国际分工地位改善、产业结构得以优化、价值链也得以重构，这些都是极为难得的历史机遇。但同时也应看到，如果垄断行业不改革，流通体系不优化，定价机制不完善，增加值的主要分布结构则可能转向“第一流通环节”和“第二流通环节”，导致“正向供给冲击”的利益消散，在竞争力未取得突破的同时，相对竞争力则可能缘由别的国家可以较为便利地享受到“正向供给冲击”的好处而下降。

二 新常态下中国经济发展的基本态势

四季度，我国宏观经济保持稳定快速增长，经济增速达到7.3%，全年经济增速达到7.4%，符合预计的发展目标；经济结构不断优化，三次产业的比例关系为9:43:48，第三产业依然占据国民经济的主体地位，增加值超过第二产业35347亿元。总体上，新常态发展特点突出，宏观经济总体形势保持稳定。

（一）经济保持中高速增长，失业率和通货膨胀率保持低位运行

四季度，我国GDP增速为7.3%，与三季度保持持平，但在环比增速上，出现了1.5%的增长，经济发展的环境有所改善。全年经济增长7.4%，增加值净值提高43853亿元，约合8000亿美元；而预计2014年美国GDP的绝对增长规模在7500美元左右，我国的增长在绝对值和速度上均高于美国。

2014年，我国共新增就业1322万人，远超过年初预定的1000万人的目标，保证了社会的就业稳定和平稳发展。城镇调查失业率为5.1%，城镇登记失业率预计为4%左右，较2013年略有降低，经济维持在充分就业的状态。

随着国际大宗商品价格的下降，我国2014年居民消费价格比上年上涨2.0%。其中，城市上涨2.1%，农村上涨1.8%。从细类上看，食品价格比上年上涨3.1%，衣着上涨2.4%，医疗保健和个人用品上涨1.3%，娱乐教育文化用品及服务上涨1.9%，居住上涨2.0%。这些上涨因素的压力均不大，但也保证了不会发生通货紧缩的风险。

（二）经济结构不断改善，增长的动力结构有序调整

在产业结构上，2014年服务业比重继续提升，这意味着中国经济由工业主导向服务业主导加快转变，2014年第三产业增加值增长8.1%，快于第二产业的7.3%，也快于第一产业的4.1%，服务业的比重提高到48.2%。

但在产业发展上，传统行业、重化工业、大宗原材料行业遇到较多困难，同时，以移动互联网为主要内容的新产业、新技术、新业态、新模式、新产品不断涌现，中国经济向中高端迈进的势头明显。具体有：

一是工业中的高技术产业，同比增长12.3%，比规模以上工业增加值的速度快4个百分点，占的比重提高到10.6%，占比提高到0.7个百分点。装备制造业比上年增长10.5%，快于规模以上工业增速2.2个百分点，比重提高了1.2个百分点，形成了工业内部的新动力。

二是与互联网和电子商务有关的新兴业态快速发展。全国网上零售额同比增长49.7%，快递业务量增长51.9%。对等电子商务（P2P）高速增长，网络金融从单纯的金融服务开始向金融业务延伸。

经济发展的动力结构在改善。三大需求结构中最终消费的比重在提升，贡献率达到51.2%，比2013年提高3个百分点，成为经济增长的第一大推动力量，投资依赖度有所下降，经济的稳定性向好；区域结构继续改善，以固定资产投资的增速看，东部地区投资比上年增长14.6%，中部地区增长17.2%，西部地区增长17.5%，推动经济增长的主要力量向中西部地区累积。城乡之间、区域之间的收入结构都在改善，全年农村居民人均可支配收入实际增速快于城镇居民人均可支配收入2.4个百分点，城乡居民人均可支配收入倍差2.75，比2013年缩小0.06。

（三）经济发展质量不断提升，效率提升成为重要支撑

中国经济进入新常态，我们适应新常态，正确地认识新常态。很重要的一点，既要保持经济的一定增长速度，更重要的是提高经济发展的质量和效益。具体表现在：一是城镇化率在改善，人口的分布更加合理，公共服务和产品的分布结构也自然优化。2014年，我国已经有7.5亿人口生活在城镇，并实现“居、业”同步发展。二是全年劳动生产率在提升。2014年全社会的全年劳动生产率72313元/人，比上年提高7%。三是单位GDP的能源明显下降。2014年单位GDP的能耗下降4.8%，与服务业成长，互联网相关的新兴产业，高技术产业成长密切相关，在抵消传统产业带来经济增速放缓的同时，还大大改善了能耗状

况。四是企业宏观和微观数据背离，在创造的增加值下降的同时，生产效率和发展状况还在不断改善。2014 年工业生产者出厂价格比上年下降 1.9%，工业生产者购进价格比上年下降 2.2%，留给企业改善效率和提高报酬分配的空间进一步增大。

（四）居民收入稳步增长，收入结构有所改善

2014 年全国居民人均可支配收入 20167 元，名义增长 10.1%，扣除物价实际增长 8%，城镇居民人均可支配收入实际增长 6.8%，农村居民人均可支配收入实际增长 9.2%。而全国财政收入同比增长 8.6%，规模以上工业企业利润同比增长 3.3%。居民收入占国民收入的比重提高近 2 个百分点，收入结构呈优化态势。

（五）货币供给量保持稳定，金融市场效率不断提升

12 月末，广义货币（M2）余额 122.84 万亿元，比上年末增长 12.2%，狭义货币（M1）余额 34.81 万亿元，增长 3.2%，流通中货币（M0）余额 6.03 万亿元，增长 2.9%。12 月末，人民币贷款余额 81.68 万亿元，人民币存款余额 113.86 万亿元。全年新增人民币贷款 9.78 万亿元，比上年多增 8900 亿元，新增人民币存款 9.48 万亿元，比上年少增 3.08 万亿元。全年社会融资规模为 16.46 万亿元，比上年减少 8598 亿元。

在金融市场的发展上，人民币存款利率上限由基准利率的 1.1 倍扩大至 1.2 倍，完善市场利率定价自律机制，金融机构自主定价空间和定价能力进一步提升。人民币汇率形成机制不断完善，银行间即期外汇市场人民币兑美元交易价浮动幅度由 1% 扩大至 2%，人民币汇率双向浮动弹性增强，央行基本退出常态化的外汇干预。资本项目可兑换和金融对外开放取得进展，推动沪港股票市场互联互通试点，继续推动境内金融机构赴境外发行人民币债券，人民币合格境外机构投资者试点拓展到 10 个国家或地区。存款保险制度建设取得重大突破。实现人民币利率互换集中清算。信贷资产证券化试点进一步扩大。多层次债券市场稳步发展，银行间市场债券预发行交易业务得以破冰。

三 新常态下的财政收支情况

2014 年，面对复杂多变的国际国内经济形势，全国财政收入和支出预算执行情况良好，但财政收支的压力不断增大，在新一轮积极财政政策启动之时，正确分析财政收支形势，着力盘活存量资金并提高资金效率，成为克服困难并积极发挥政策效用的关键所在。

（一）全国财政收入保持中速增长，税收占比有所下降

1. 一般公共财政收入情况

2014 年，全国一般公共财政收入 140350 亿元，比上年增加 11140 亿元，增长 8.6%，增速为 23 年来的新低。其中，中央一般公共财政收入 64490 亿元，比上年增加 4292 亿元，增长 7.1%；地方一般公共财政收入（本级）75860 亿元，比上年增加 6849 亿元，增长 9.9%。一般公共财政收入中的税收收入 119158 亿元，同比增长 7.8%，税收收入占一般财政收入的比重仅为 84.9%，比例也居于历年较低的水平。

导致上述情况的主要影响因素：一是工业生产、消费、投资、进出口、企业利润等指标增幅均不同程度回落，增值税、营业税、进口环节税收、企业所得税等主体税种增幅相应放缓；二是工业生产者出厂价格（PPI）持续下降，影响以现价计算的财政收入增长；三是房地产市场调整影响扩大，商品房销售额明显下滑，与之相关的房地产营业税、房地产企业所得税、契税、土地增值税等回落较多；四是扩大营改增试点范围等政策，在减轻企业负担的同时，对财政形成减收。全国一般公共财政收入主要项目情况如下：

（1）国内增值税 30850 亿元，同比增长 7.1%，扣除营改增转移收入因素后增长 2.5%。增幅偏低，主要受工业生产增速放缓、工业生产者出厂价格下降、扩大营改增试点范围增加进项税抵扣等因素影响。

（2）国内消费税 8907 亿元，同比增长 8.2%。其中，卷烟消费税 4823 亿元，增长 12.5%，卷烟消费税占国内消费税的比重超过 54%，扣除后国内消费税只有 4084 亿元，增速也只有 3.5%，消费税需进行

必要的结构性调整。

（3）营业税 17782 亿元，同比增长 3. 2%，考虑营改增收入转移因素后增长 10. 1%。分行业看，受房地产市场调整、商品房销售额下降影响，房地产营业税 5627 亿元，增长 4%；建筑业营业税 4789 亿元，增长 11%；金融业营业税 3817 亿元，增长 20. 3%。

（4）企业所得税 24632 亿元，同比增长 9. 8%。分行业看，工业企业所得税 7837 亿元，增长 5. 6%；金融业企业所得税 7529 亿元，增长 20%；房地产企业所得税 2961 亿元，增长 3. 9%。

（5）个人所得税 7377 亿元，同比增长 12. 9%。个人所得税在主体税种中增长最快，不仅明显超过了 GDP 的增速，也明显超过了居民收入的增速，在通货膨胀走低的情况下，个税的快速增长只能来自于不合理的累进级差和级距设计，以及税收扣除项目过于单一和诸多限制的影响。

（6）进口货物增值税、消费税 14424 亿元，同比增长 3%；关税 2843 亿元，同比增长 8. 1%。进口环节税收增幅较低，主要是受部分大宗商品进口价格下滑等因素影响。

（7）出口退税 11356 亿元，同比增长 8%。在现行出口退税体制下，出口退税的增速明显超过出口额的增速，说明我国一般贸易项下出口产品的国内增加值的部分占比上升，出口商品结构进一步改善。

（8）证券交易印花税 667 亿元，同比增长 42%。主要受去年后两个月股市成交额大幅增长带动。

（9）地方小税种情况：受房地产市场调整影响，契税 3986 亿元，同比增长 3. 7%；土地增值税 3914 亿元，同比增长 13. 8%；耕地占用税 2059 亿元，同比增长 13. 8%；城镇土地使用税 1993 亿元，同比增长 15. 9%。

（10）非税收入 21192 亿元，同比增加 2513 亿元，增长 13. 5%。其中，中央非税收入同比增加 899 亿元，增长 25. 3%，主要是部分金融机构上缴国有资本经营收入增加；地方非税收入同比增加 1614 亿元，增长 10. 7%。

2. 政府性基金收入情况

2014 年，全国政府性基金收入 54093 亿元，比上年增加 1825 亿元，增长 3.5%。分中央和地方看，中央政府性基金收入 4097 亿元，比上年减少 141 亿元，下降 3.3%；地方政府性基金收入（本级）49996 亿元，比上年增加 1966 亿元，增长 4.1%。其中，受房地产市场调整影响，国有土地使用权出让收入 42606 亿元，同比增加 1340 亿元，增长 3.2%。国有土地使用权出让收入达到历年来的最高，占政府性基金收入的比重高达 78.8%，结构上一枝独大。而在房地产市场拿地热情下降，全年土地购置面积增速仅为 -14% 的情况下，土地价格逆市快速上升的空间和动力值得关注，不排除土地出让收入中存在一定程度的问题和风险。

（二）财政支出增速保持稳定，积极财政政策的效果得到保障

1. 一般公共财政支出情况

2014 年，全国一般公共财政支出 151662 亿元，比上年增加 11449 亿元，增长 8.2%。其中，中央（本级）支出 22570 亿元，比上年增加 2098 亿元，增长 10.2%；地方财政本级支出 129092 亿元，比上年增加 9351 亿元，增长 7.8%。

在财政收支矛盾十分突出的情况下，积极的财政政策仍取得了较好的效果：着力优化财政支出结构，盘活财政存量，用好财政增量，促进各项社会事业发展。其中，教育支出 22906 亿元，增长 4.1%；科学技术支出 5254 亿元，增长 3.4%；文化体育与传媒支出 2683 亿元，增长 5.5%；医疗卫生与计划生育支出 10086 亿元，增长 9.8%；社会保障和就业支出 15913 亿元，增长 9.8%；住房保障支出 4968 亿元，增长 10.9%；农林水支出 14002 亿元，增长 4.9%；城乡社区支出 12884 亿元，增长 15.4%；交通运输支出 10371 亿元，增长 10.9%。

2. 政府性基金支出情况

2014 年，全国政府性基金支出 51388 亿元，比上年增加 887 亿元，增长 1.8%。分中央和地方看，中央（本级）政府性基金支出 2964 亿元，比上年增加 205 亿元，增长 7.4%；地方政府性基金支出 48424 亿元，比上年增加 682 亿元，增长 1.4%，其中，国有土地使用权出让收入安排的支出 41202 亿元，同比增加 325 亿元，增长 0.8%。

四 抓住国际“正向供给冲击”机遇，全力做好新常态开局

当前，我国正处于难得的“正向供给冲击”的历史机遇期。尽管正向冲击给我国能源战略、资源战略和环境保护战略带来了一定的压力和挑战，但对于经济发展的影响是正向的，对中国的经济结构优化和国际分工地位改善形成了重要契机。我们要抓住国际“正向供给冲击”的机遇，大胆创新、审慎推行，全力做好新常态的开局。

（一）基本原则

一是破除障碍，加速“正向供给冲击”效应的传递。相较于一般的发展中国家，我国具有良好的运输体系、物流体系和市场定价体系，在“正向供给冲击”中，可以将原材料、模式创新所带来的效率提升和成本下降更有效地传递到国内产业体系之中。当前，应注意梳理国内经济运行的体制机制，避免因为政策性和结构性因素的影响，阻碍了正向冲击的传递渠道和力度规模。

二是改善冲击的增加值布局，推动制造业和服务业最大限度地吸纳增加值增量。坚决破除我国在流通环节中的障碍，提升市场的定价能力，加速资本的运行效率，使制造业和服务业能够尽可能地吸纳增加值，提升产业竞争力，扩大产业分工的细化空间。

三是提升国际分工地位，重构比较优势。抓住正向冲击和美国制造业延伸的重大机遇，在国际比较优势中，利用良好的国民经济结构和高效的生产组织体系，放大“正向供给冲击”的效果，使产业的比较优势得以重构；积极提升自身的国际分工地位，接入国际产业分工的第一价值链，开启国际贸易、投资和经济合作的新局面。

四是优化产业结构，加速落后产能的淘汰。正向冲击可以有效降低部分传统产业和落后产能的发展压力，从而使其能够维持下去，导致了效率的损失和成本的高企。为强化效率和竞争，要大力推动产业结构调整和加速落后产能的淘汰工作，使“正向供给冲击”的效果与最优的

供给产业组织相结合。

五是生产者剩余与消费者福利并重。我国当前仍处于产业扩张、结构优化和质量提升的关键时期，正向冲击的效果能在供给环节，特别是制造业和服务业环节所吸收的效果最好。但消费者福利改善是经济发展的重要目标，也是形成良性经济发展循环的重要前提，如果正向冲击的效果转变为需求扩张，也具有长期改善供给的条件。

（二）“正向供给冲击”下的财政政策

当前，财政发展也进入到新常态，财政政策既要防风险，又要促调整，同时还要抓住“正向供给冲击”的重大历史机遇。在这一时期，要坚持稳中求进工作总基调，坚持以提高经济发展质量和效益为中心，主动适应经济发展新常态。在策略上，既要深入推进财税体制改革，继续实施积极的财政政策并适当加大力度，保持经济运行在合理区间，加快推动转方式调结构，强化风险防控；又要盘活存量，用好增量，优化财政支出结构，有保有压，确保重点领域特别是民生支出；还要坚持依法理财，提高财政资金使用效益，促进经济持续健康发展和社会和谐稳定。

一是认真落实积极财政政策各项措施。要切实把工作着力点放到转方式调结构上来，正确把握政策的力度、节奏和重点，加强政策预调微调，促进“三驾马车”更均衡地拉动增长。发挥投资拉动增长的关键作用，优化投资结构，切实提高投资效率；发挥消费稳定增长的基础作用，努力扩大就业，多渠道促进城乡居民增收，促进提高有效供给能力，打造多点支撑的消费增长格局；发挥出口促进增长的支撑作用，完善促进外贸有关政策措施，促进基础设施互联互通重大项目实施，推动优势产业走出去。

二是大力推进资源进出口和国内流通定价体系的改革，增强竞争、提高效率。在“正向供给冲击”中，影响大宗商品价格传导的最主要因素就是不合理的进出口模式和国内流通定价市场的垄断。这一方面使得主要的大宗商品进口企业控制国际廉价原材料的进入，以保护国内的低效产业，大幅度削弱了正向冲击的幅度和效果；另一方面使得正向冲击带来的增加值增长主要为流通定价环节所吸引，制造业和服务业较难获得真正的正向冲击利益。因此，要主动推进资源进出口和国内流通定价体系的改革，将“正向供给冲击”的效应引进来，分布好，坚决打破个别行业和企业为了一己之利，而攫取利润或是转嫁损失的情况，鼓励公平竞争，提升资源配置效率。在此过程中，重点措施可包括扎实做好推进政府购买服务、推广运用 PPP 模式、支持国企国资改革等内容。

三是大力推进结构性减税，注重税收的调控功能，摒弃单纯的收入取向。“营改增”改革既能够克服重复征税，连贯增值税抵扣链条，鼓励固定资产投资和企业效率提升；也能够推进产业间的联合重组，打破市场垄断，鼓励新型业态和商业模式的发展。应进一步推进“营改增”改革，全力突破金融服务业、建筑业、房地产业等难点和重点，立足于促进产业发展和激励效率提升的基本立场，确定税率、模式和抵扣范围；针对生活服务业链条短、增加值率高的特点，大胆采用低税率和简易征收的方式以促进发展壮大和能力提升；在推进的步骤安排上，应放弃地区试点的模式，借助前期的改革经验和完善的顶层规划，科学设计、精细管理，直接推动相关改革在全国范围内的铺开。

此外，还应重视生产性企业的减税工作，以行业为基础，在坚持择优、公平、透明的基础上，差别化、激励性的安排企业所得税的优惠政策。对待流转性税收，则应以把握好当前的“正向供给冲击”为大逻辑，学会做加减法，不以单一行业的损益或是财政收入的增长作为评价目标，审慎增税、大胆减税，坚决停止影响“正向供给冲击”效果的税收政策出台，如四季度开始的成品油消费税的三次调整，在此关键时期应不再增加或审慎使用。

四是全面落实加速折旧和投资抵税的政策优惠，主动淘汰落后产能和过剩产能，将正向冲击效果引向新兴产业和高效率的企业。国务院对加速折旧和投资抵税的工作作出了重要指示，要进一步抓紧落实，全面凸显政策效力，大力引导过剩产能的淘汰和退出工作，使得正向冲击在提供必要的缓冲效应的基础上，主要为高效、优势产业所吸收，提升产业积累，促进产业分工，提高产业效率，使正向供给冲击的效应与产业优势和创新更加有效契合。

五是实施国际分工升级战略，打造全球价值链的枢纽性结点。迎接国际分工领域难得的历史机遇，加强与欧盟和日本的产业合作与竞争，主动参与国际供应链的组织和调整，对接美国制造业复苏后的新分工格局，全力提升中国制造和中国服务在国际分工格局中的地位和影响。主动参与全球价值链的构建与调整工作，利用“正向供给冲击”，化解国内的资产泡沫压力，形成新的国际分工格局，建立更加高效的市场体系，使得中国成为世界产业体系中的效率高地和质量高地。大力推进“一带一路”建设，加速基础设施建设和产业合作，制定周边国家协作开发计划，从而使产业链与价值链实现更加有效匹配，打造全球价值链的枢纽性结点。

六是完善国内的要素基础，推进新型城镇化建设和农业现代化发展。实施以人为本的新型城镇化，要以推进“三个1亿人”为切入点，以新型城镇化综合试点为抓手，建立健全转移支付同农业转移人口市民化挂钩机制和以居住证为载体的基本公共服务提供机制。加快转变农业发展方式，支持提高农业综合生产能力，完善农业生产激励机制，继续做好农业可持续发展相关试点工作，深入推进扶贫开发，进一步深化农村综合改革。

总之，“正向供给冲击”下的财政宏观调控面临的形势更加复杂，要创新调控思路和方式，坚持底线思维，注重供给管理，坚持精准发力；建设大国财政的要求越来越迫切，要牢固树立“大国财政、统筹内外”理念和全球意识、安全意识，积极参与国际经贸规则制定，主动参与国际财经交流和全球经济治理。

（三）“正向供给冲击”下的货币政策

货币政策以总量调控手段为主，但在央行的持续努力之下，我国的货币政策中，也逐步形成了结构性调控的措施体系。面对国际“正向供给冲击”的历史机遇，货币政策要主动将国内经济运行的新常态和国际经济发展的新机遇进行有效结合，综合运用数量型和价格型货币政策手段，适时适度预调微调，大力推动金融改革开放，切实防范化解各类金融风险，提升金融服务和管理水平，促进经济的内外均衡和持续健康发展。

一是继续实施稳健的货币政策。加强和改善宏观审慎管理，灵活运用各种工具组合，保持银行体系流动性合理充裕，引导货币信贷和社会融资规模平稳适度增长。继续实施定向调控，引导金融机构盘活存量、用好增量，增加对关键领域和薄弱环节的信贷支持。

二是广泛运用货币价格政策手段，促进实体经济的有序复苏和发展。金融是经济的血脉，因此，金融市场的扩张与紧缩，金融成本的上升与下降对经济运行产生直接的影响和冲击。当前，在货币总量不宜扩张的情况下，做好资金成本的管理和调整，就成为货币政策改进的重点领域，尤其要做好汇率政策和利率政策的改革和完善。我们对进一步推进利率市场化和人民币汇率形成机制改革，提高金融资源配置效率，完善金融调控机制的主要建议有：

进一步健全市场利率定价自律机制，提高金融机构自主定价能力。继续推进同业存单发行和交易，探索发行面向企业及个人的大额存单，逐步扩大金融机构负债产品市场化定价范围。继续培育上海银行间同业拆借利率（Shibor）和贷款基础利率（LPR），建设较为完善的市场利率体系。建立健全中央银行的利率调控框架，强化价格型调控和传导机制。进一步完善人民币汇率市场化形成机制，加大市场决定汇率的力度，增强人民币汇率双向浮动弹性，保持人民币汇率在合理、均衡水平上的基本稳定。加快发展外汇市场，坚持金融服务实体经济的原则，为基于实需原则的进出口企业提供汇率风险管理服务。支持人民币在跨境贸易和投资中的使用，稳步拓宽人民币流出和回流渠道。推动人民币对其他货币直接交易市场发展，更好地为跨境贸易人民币结算业务发展服务。密切关注国际形势变化对资本流动的影响，加强对跨境资本的有效监控。

三是完善金融市场结构，优化和提升金融市场效率。当前，货币金融治理的重点在于深化改革、完善市场、提升效率，进而形成对“正向供给冲击”效果的放大机制，利用“产业—金融—新产业”链条，化解产能过剩、鼓励创新发展，形成国民经济的新主导产业和新技术产品体系。我们的建议主要包括两个方面：

第一方面是完善金融市场体系，切实发挥好金融市场在稳定经济增长、推动经济结构调整和转型升级、深化改革开放和防范金融风险方面的作用。加强市场基础性建设，为经济结构调整和转型升级提供高效的投融资市场。推动市场创新，丰富债券市场产品和层次，更好地满足投资者需求。培育多元化的参与主体，继续推动金融市场、金融产品、投资者和融资中介多元化发展，强化市场化约束和风险分担机制。大力发展直接融资，推动多层次资本市场建设。强化市场监管，充分发挥公司信用类债券部际协调机制的作用，加强监管协调，规范市场主体交易行为，防范金融风险，促进金融市场安全高效运行和规范发展。

第二方面是深化金融机构改革，通过增加供给和竞争改善金融服务。继续深化大型商业银行和其他大型金融企业改革，完善公司治理，形成有效的决策、执行、制衡机制，把公司治理的要求真正落实于日常经营管理和风险控制之中。强化政策性金融的职能定位，对政策性业务和自营性业务实施分账管理、分类核算。科学建立资本约束机制，健全治理结构，完善财税扶持政策，构建符合中国特色、能更好地为经济发展服务、可持续运营的金融机构。推动资产管理公司商业化转型，为地方融资平台改造和政府性债务改革提供良好的环境。在加强监管前提下，鼓励各类型金融机构和金融服务组织、中介机构有序发展，形成各种市场主体共同参与竞争的金融生态。进一步完善互联网金融相关标准和制度，促进公平竞争，加强行业自律，提升风险防控能力，切实维护投资者权益，促进互联网金融健康发展。

四是有效防范系统性金融风险，切实维护金融体系稳定。加强宏观审慎管理，引导金融机构稳健经营，督促金融机构加强流动性、内控和风险管理。在支持金融创新的同时，加强对同业业务和理财业务发展潜在风险的监测与防范。加强对地方政府性债务和偿债能力的跟踪监测，着力防控债务风险，探索以市场化机制化解地方政府债务问题。健全系统性金融风险的防范预警和评估体系，继续加强对地方融资平台债务、各类影子银行业务、企业互保联保等风险领域的监测分析，动态排查风险隐患，督促金融机构及有关方面做好各种情景下的应对预案。充分发挥金融监管协调部际联席会议制度的作用，强化交叉性、跨市场金融产品的风险监测和监管协调，促进各类金融市场、各类金融工具的协调发展，建立健全金融综合统计体系和信息共享机制。采取综合措施维护金融稳定，守住不发生系统性、区域性金融风险的底线。

（执笔人：闫坤　张鹏）

2015 年

全球经济再失衡态势初显与中国创新驱动战略

——2015年第一季度我国宏观经济与财政政策分析报告

2015年第一季度，世界经济的形势依旧错综复杂，但复苏的逻辑主线逐步清晰，至少对于主要经济体而言，国内结构改革的方向、国际分工体系的调整和全球经济治理战略已基本取得共识，复杂的经济表象下的运行秩序正在得以恢复。也许每个国家的经济还是震荡的、无序的，但震荡之中已经具备了协同的特征，随着主导国家目标前景和驱动力量的不断明朗，各国复苏路径开始趋于收敛，国际投资、金融和贸易规则的权威性正在提升，经济运行的合力正在形成。因此，如果没有系统性风险的冲击和影响，我们预计2015年下半年，世界经济将转入复苏的轨道，同时伴随着生产组织方式的创新和国际经济格局的调整。中国经济正在步入“新常态”，以简政放权为特征，放手壮大市场力量；以垄断行业改革为抓手，大力鼓励公平竞争和转型升级；以创新驱动为载体，提升中国经济的结构、效率和分工地位，支持中国经济在全球经济不平衡复苏的进程中，形成赶超型的力量。

一　发达国家复苏信号增强，全球经济再失衡态势初显

2015年第一季度，发达国家的经济复苏进程仍然表现为明显的不

同步，美国经济已经步入潜在经济增长区间，而欧盟和日本则仍然受到金融市场、实体经济和宏观政策的压力与挑战而踯躅不前。但是，各国经济运行中的亮点在不断增多，积极因素的作用也有所放大，国家间的经济联系不断密切，世界经济结构调整战略和前景也在不断明朗。从目前的情况来看，除了中国以外，世界上的发达经济体有可能先于发展中经济体走向复苏进程，后危机时期的国际经济秩序也在强化着这一特点，加之“正向供给冲击”在发达国家和发展中国家间形成了利益再分配，全球经济再失衡的态势已初步显现。发展中国家需引起警惕，加速推进产业结构调整和经济转型升级，直面国际市场的竞争，抓住经济复苏期中的重大机遇。

（一）美国经济：从再工业化到再全球化

一季度，美国经济仍在持续稳定增长的轨道上运行，各类经济指标保持平稳，市场效率和企业创新等指标保持在较高的水平，国内要素的边际产出率逐步下降，经济初步进入“稳态”区间的特点明显，再工业化对经济增长的驱动效果进入平稳期。为提升美国经济的边际产出效率，延长再工业化的经济驱动效应，美国将进入到技术外溢、模式外溢和产业外溢阶段，亟须推进全球经贸格局和机制调整，经济全球化发展进入到新的关键时期，国际经济组织、多边经贸规则、区域经济合作和国际产业链（价值链）等领域的调整与改革将渐次起步，给世界经济的发展带来新的机遇与挑战。

一季度，美国 GDP 增速预计将达到 2.5% 左右，考虑到 2014 年同期为 -2.1%，这个增速虽属正常但仍弱于市场预期。剔除油价和其他附属因素影响后的核心 CPI 达到 1.8%，低于美联储 2% 的警戒线，处于温和通胀的水平。3 月末的美国失业率水平维持在 5.5%，进入到充分就业区间，通胀和失业的关系进入到敏感期，一季度共新增就业 68 万人，要素市场处于平稳有序的状态。

从结构上看，美国的经济指标也表现出上升期的特征。受到统计公布时间差异的影响，我们现在还无从获得美国一季度的固定资产投资、消费和进出口数据，但从 1—2 月的情况来看，美国的结构指标的表现情况属于正常区间。预计一季度，美国私人资本固定资产投资增速将超过3.5%，其中工商业投资（设备+厂房和商业用房）、住宅、知识产权的投资比例约为50:25:25的结构，实体经济的产出增长空间明显；美国消费者信心指数虽有波动，但总体上仍处于98以上的高位，3月的消费者信心指数更是上升到101.3，预计私人消费增速将超过4.5%，其中耐用消费品的增速将超过6.3%；美国进出口形势基本稳定，贸易赤字有所下降，今年前两个月，贸易总额达到8291亿美元，较2014年同期下降132亿美元，但贸易逆差仅为1136亿美元，下降518亿美元，其中服务贸易顺差达到593亿美元。

美国的主要市场的形势也保持在较好的水平。根据美国财政部的统计，2015财年迄今为止的赤字规模已经达到4390亿美元，高于2014年的4130亿美元，主要原因是“两房”向财政部提供的收益下降，而关联的支出仍然保持常态。作为美国金融市场的基础交易工具和利率曲线的基准利率，美国国债仍然是全球最安全、最普遍的投资对象之一，中长期国债的收益率仍保持下降趋势（见表1）。美国的货币供应量保持平稳，3月末M2的值为119264亿美元，一季度的M2的增量为2067亿美元，同比增速为6.1%，储蓄率为5.8%，保持在历史较高水平。房地产市场继续保持复苏的态势，1月美国新房销售达到了50万套，2月则达到了53.9万套，大大超过市场预期，据此预计，房地产的全年销售量将达到530万套，超过2013年和2014年的规模，成屋销售中间价达到了27.55万美元，涨幅达到4%，新建的存量房的出清预期只需要4.7个月，美国家庭资产负债率状况也处于正常区间，并不断改善。作为美国经济复苏的主推动力，美国工业在一季度表现平常，但基本保持在正常的高位运行，强势美元和油价波动影响了美国工业的竞争力。一季度，美国工业生产按年率下降1%，其中3月美国工业设备总开工率为78.4%，低于常年平均值80.1%的水平，在结构上，采矿业环比下降0.7%，公用事业环比下降5.9%，但制造业还处于环比微增0.1%的情况，且3月的采购经理人指数进一步上升到55.7，表明制造业竞争力并未出现衰减，还具有良好的市场预期。

表1　**美国国债收益率情况（第一季度）**

时间	1年期	3年期	5年期	7年期	10年期
2015年1月2日	0.25%	1.07%	1.61%	1.92%	2.12%
2015年3月31日	0.26%	0.89%	1.37%	1.71%	1.94%

资料来源：美国财政部数据库。

美国再工业化的影响目前已经从企业层面扩展到产业层面，从效率导向转向结构导向，并开始深入影响美国国民经济的生产组织形态和商业经营模式，为全球制造业小型化、智能化和专业化的路径作出了重要探索。我们认为，美国再工业化的核心是“分布式布局＋智能化组织＋模块化生产＋多样化供给”（见图1所示）。主要内容有：一是分布式布局，也即改变原有工业生产的“中心—外围”和产业链型的布局方式，每个企业（生产单元）都根据自己的专业特长和兴趣爱好开展生产，形成产品在形态、式样、质量、功能上的差异化，并将产品和生产设计接入互联网，以降低商品的搜寻成本和后端产业链组织成本。二是智能化组织，也即在成熟的法律体系、良好的价格传导、高效的信息连通和严密的市场监管条件下，市场交易成本、组织成本大幅度下降，外部市场对内部市场的替代性明显上升，而在高效的市场机制的支持下，市场配置不再是无差异的资源和标准化的中间产品（零部件），而是上一个生产环节生产出来的、形态功能各异的产品。三是模块化生产，这是对下一个生产环节而言的，在上一环节个性化和多样化以后，下一环节也就无法通过大规模的生产提升效率、降低生产成本了，而必须适应差异化的形式，采取模块化的方式来包容差异化、增强便利化、形成多样化。四是多样化供给，在模块化生产的支持下，企业可以向社会提供较低成本的多样化商品，以满足消费者的需要，并借助互联网信息平台，将多样化的商品进行高效配置，进而在多个“小众”商品市场中实现规模与收益对“大众”市场的赶超。这种再工业化模式具备结构创新、模式创新和推动技术创新的重要特征，具有进一步提升效率和收益的重要空间。

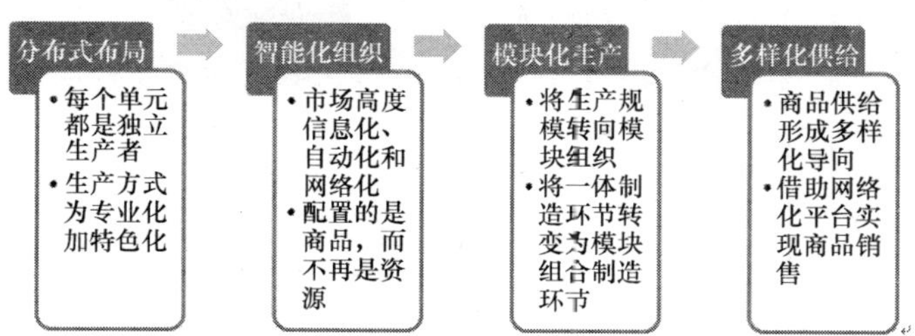

图 1　美国再工业化战略的基本特征

从目前来看，美国的再工业化进程仍在不断深化中，但已经取得了初步的成绩，再工业化的许多生产组织方式也开始从企业和产业链外溢到整个国民经济。以 2014 年第四季度的数据来看①：美国中小企业的增速明显加快，新注册的中小企业的数量显著增多，四季度中小工业企业在美国工业企业增加值中的占比同比上升了约 2 个百分点②；企业的专业化生产能力明显提升，在大量中小企业转向自主生产的同时，大企业也出现了专业生产工序的独立化，社会分工更加细化，生产效率、市场效率和需求效率同步提升，在指标上，表现为美国主要行业集中度都出现了较明显下降；美国非金融企业收益持续增长，企业竞争力进一步增强，在第三季度取得了利润总额增长 320 亿美元，增加 2.5% 的基础上，利润总额进一步增加了 181 亿美元，增加 1.4%，受到政府减税等因素的影响，四季度非金融企业的企业所得税下降 48 亿美元，降幅为 0.8%，因此，企业股息上升高达 186 亿美元，增长 2.1%。

但是，我们也同时从一季度不完整数据中，看到了当前美国再工业化进程进入调整期和平稳期的特征。如 3 月工业生产环比下降了 0.6%，制造业的扩张速度明显下降，处于 2013 年 5 月以来的最低水平。因此，美国要强化再工业化模式的影响，提升再工业化的效率和效益，有必要对全球的产业链和供应链形成结构外溢、技术外溢和市场外溢。即美国的再工业化将启动 2.0 阶段，从美国国内的产业化转向世界

① 美国产业和企业的数据公布时点明显滞后，目前只能采取去年四季度的数据。

② 据美国经济分析局（BEA）的工作报告。

经济的结构调整和模式创新，进而形成与产业化相适应的国际经济新规则、新秩序和新格局，我国也应积极参与其中，在接受辐射和外溢的同时，主动施加影响，使中国的利益和意愿能够得到体现和尊重。

从再工业化到再全球化，美国政府和企业需着力在以下五个领域（见图 2）实现突破：第一是要素和资源领域，需要有更加丰富的资源供给和更加充裕的要素保障，推进资本国际间流动和专业技术人才的全球化布局将是美国推进再全球化的重点领域；第二是知识产权保护领域，差异化的基础是创新，包括技术创新、管理创新和模式创新，应继续完善知识产权保护体系，统一各国知识产权保护的基本原则的趋同，简化知识产权的国际注册的手续，更好地实现知识产权的全球性保护；第三是推进信息基础设施、信息平台和信息管理体系的建设，通过增加信息的覆盖面、效率和有效性，从而为更广阔领域的中间企业自主性生产提供支持，并扩大下游企业的信息搜寻范围；第四是加强国际商品流通体系的建设，包括基础设施、制度协作、多边规则和区域经济合作等，用贸易自由化为产业全球化铺路；第五是加强企业全球生产布局，以要素和资源为导向，以创新和结构提升为主要着力点，推进美国企业在全球经济贸易合作的关键区域和节点开展投资活动，并相应利用东道国的要素和资源优势，从而进一步降低成本，形成以企业自主性生产和差异化商品配置为特征的新的全球产业链。

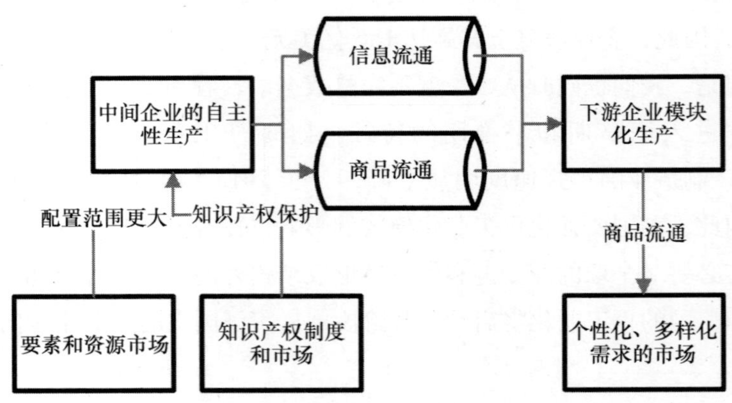

图 2　美国再全球化发展的基本路径示意

美国的再工业化到再全球化战略的关键是外部市场的效率和交易成本的控制。因此，美国再全球化的战略重点将基于以下原则展开，包括：第一，以简化多边注册和保护标准趋同的新一轮知识产权合作；第二，以非关税壁垒和贸易管制措施为重点的多边贸易合作；第三，以立足于东道国资源和要素，实现自主性研发生产，并面向国际市场的投资合作；第四，以推进国际互联网在更广阔的领域内覆盖，并坚持开放性、打破信息壁垒的国际信息合作；第五，以扁平化、自由化和自主化为特征的新型国际产业链，以及打破“微笑曲线”模式的新型国际价值链。这些内容可能将成为美国在2015年国际经济合作和谈判中的重点内容，对于世界上其他主要经济体而言，也将成为利害兼具的“双刃剑”。

（二）欧盟和日本：竞争和转型中的经济复苏

进入2015年以来，欧盟和日本的经济运行中的亮点不断增多，各项领先指标虽有波动，但总的趋势是向复苏的方向发展。随着美国再工业化进程的调整和欧盟、日本等国的调控政策效应显现，预计2015年下半年，欧盟和日本的经济都将探底企稳，逐步进入到经济的上升期和复苏期。

欧洲央行在年初赢得了量化宽松货币政策的诉讼，为欧洲版的量化宽松货币政策（QE）扫清了政策障碍。一季度，在国际能源和资源价格下降有利环境下（即“正向供给冲击”），在欧洲央行更加宽松和灵活的货币政策支持下，欧盟主要国家的经济运行取得了较好的成绩。3月，欧元区经济景气指数达到了103.9，超过了市场预计的103.1；投资者信心指数持续保持增势，3月末的数值达到了20，为2007年8月以来的最高；商品零售总额增速保持较快增长，增速超过3%，为整体经济复苏在需求面上提供了重要支撑。从德国的情况看，经济增速预计将超过1%，尽管工业生产增速环比下降了0.9%，但主要是受到来自国外订单的影响，国内的需求保持稳定，消费品工业的产出增长2.9%，消费者的零售指数表现非常强劲。3月，德国的失业率降到

6.8%，登记失业的人口总数降至293.2万人。而欧元区外的英国，经济运行的表现也可圈可点，受到3月零售总额增速高达4.7%的影响，一季度，英国的零售总额增速达到2.8%，大幅度超过了2014年第四季度的1.5%的水平；CPI的年率值为1%，是2006年7月以来的最低值，一季度核算的平均通货膨胀率为0.1%；服务业保持着更加强劲的复苏态势，3月服务业的采购经理人指数值为58.9，新订单指数表现突出，服务业产出连续27个月保持增长。

日本经济也逐渐克服了消费税政策的冲击和“第三支箭”未能有效落地的影响，经济呈现复苏的势头。2月，受到日本企业利润增加和产出增加的影响，日本失业率进一步下降到3.5%，失业人数仅为230万人，是发达经济体中就业表现最好的国家；核心CPI实现了2%的增长，基本符合日本经济政策的调控方向，实现了连续21个月的正增长；贸易环境持续改善，实现贸易顺差1.44万亿日元（约合119.5亿美元），是2011年9月以来的最好水平；对外投资保持增长，海外投资收益总额大幅增长，增速达到27.5%，达到1.86万亿日元（约合154.3亿美元）。当然，日本经济运行中也存在着一系列隐忧，如日本家庭消费支出仍在减少，2月支出为26.56万日元（约合2075美元），同比减少2.9%，是连续第11个月的减少；3月日本的经济景气指数下降3.2%，部分引发了市场对日本经济复苏前景的担忧。

需要我们关注的是，随着美国再工业化战略转向再全球化，美国制造业依靠其能源条件、模式创新和生产组织方式创新与欧盟和日本的制造业激烈竞争的局面将有所缓解，甚至在再全球化部分措施的推动下，还可以实现相互促进。如美国再工业化对信息化的促进和市场差异化配置能力的强化，给日本和欧洲的中小企业发展创造了重要条件，中小企业直接面向市场，市场也可以直接配置中小企业的商品和服务，摆脱了对大企业的订单的依赖，也摆脱了对大企业技术和标准的束缚，激活了中小企业的活力，给中小企业提供了产品多样化的市场和差异化的控制力量，避免了中小企业的过度价格竞争。再如美国的分布式产业布局理念也将改变原有垂直型产业链和“微笑型”价值链的局面，每个参与企业都具有一定程度的自主性和专业化，整个产业组织模式从多层次分工转向相对平行的专业化生产，国际产业链呈现扁平化的特征；而同时，每个参与生产的企业都具有一定程度差异化的垄断性，也相应地拥有必要的研发能力、营销能力和市场力量，每个生产节点都成为了大“微笑曲线”上的小曲线，价值链也得到了更加均衡的分布。相对于发展中国家的经济社会环境和产业发展水平，发达经济体可以更早地适应这种调整和转变，从而使其产业竞争和经济发展处于较发展中国家更加有利的位置上。

（三）再失衡：发达国家从借入“缺口储蓄”到借入“储蓄缺口”

在美国经济率先复苏的带动下，以制造业为龙头，欧盟和日本各国通过市场形态、产业布局、企业组织和生产工序的变革，抓住国际大宗商品价格下降的有利时机，有效对接再工业化和再全球化的机遇，实现效率提升、技术革新和产品创新。企业利润水平明显上升，就业状况显著改善，居民收入持续增长，国内消费规模日益扩张，企业的投资意愿被显著激活，金融市场的效率也得到了较好恢复，尽管有欧洲央行的量化宽松货币政策和日本央行的 QQE（质化和量化宽松）等货币政策的支持，但在去杠杆化的大背景下，发达国家的资本供给仍然难以满足投资需求，利用较好的投资收益率从发展中国家吸引投资，引致发展中国家的储蓄转移成为全球经济再失衡的重要表现。

根据各国公布的企业运行数据，我们以一季度各国大中型（即规模以上）企业的平均毛利润率作为分析工具进行分析，并形成了如图 3 所示的情形。从毛利润率的情况看，发达国家基本保持在 30% 以上，而发展中国家则在 15% 左右，发达国家的企业具有更高的承担财务费用或对投资者进行收益分享的能力。因此，发展中国家的储蓄存在外流压力，以获取发达国家较高的投资收益，世界范围内的“储蓄缺口”和“投资缺口”再度形成。

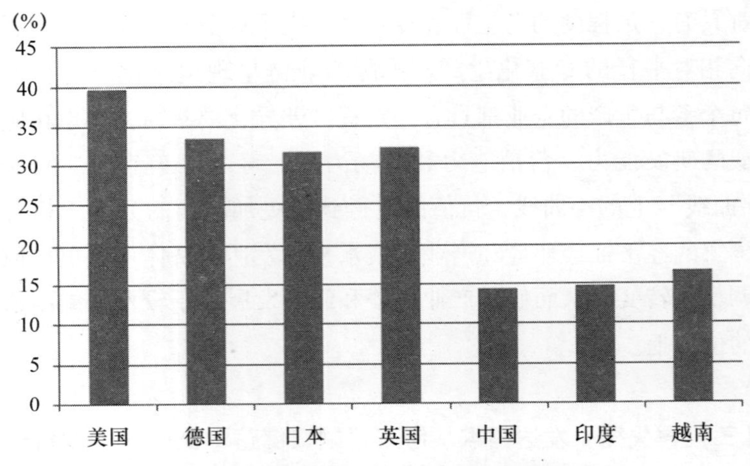

图 3　世界主要国家企业的平均毛利润率情况

资料来源：据各国统计部门或行业协会的相关分析报告。

相较于国际金融危机前的全球经济失衡，“再失衡”表现出两类典型的特征，并将对后危机时期的国际经济合作和运行秩序产生更加深刻的影响。第一是发达国家从借入“缺口储蓄”到借入“储蓄缺口”。所谓“缺口储蓄”就是指国民收入在满足国民消费后，剩余的储蓄部分难以满足正常条件下的企业和政府投融资需要，差额部分（即缺口）需要从国外借入；而“储蓄缺口”则是指国民经济快速发展，投资也保持活跃，通过对国内储蓄实施收益激励后，仍不能满足投资需要，其缺口部分由国外的借入储蓄予以满足的情况。相对于危机前“缺口储蓄”的借入，当前的借入“储蓄缺口”主动性更强、需求的规模更大、对发展中国家内部的投资挤占效应更加突出。如果说“缺口储蓄”的借入是基于发展中国家存在剩余储蓄前提下的一种资源再配置，那么借入“储蓄缺口”则是基于发达国家的投资缺口中，具有明显的市场主导下的初次分配特征——“储蓄”成为全球性的资源配置，价高者得。

第二是储蓄的来源从贸易盈余转向投资替代，发展中国家的地位恶化。在危机前的失衡阶段，发达国家的消费增长强劲，且本国的生产与消费之间存在错位，形成了大量的进口需求；而发展中国家则通过加大产出能力，通过出口满足发达国家消费需求的同时，形成大量的贸易收益。这个贸易收益，就成为发展中国家借给发达国家，以弥补“投资缺口”的重要储蓄来源，具有循环性、互补性和互利性的特征。而再失衡条件下的“投资缺口”则主要来自于发达国家产出能力的扩张和产出效率的提升，并通过现代信息技术和高效的市场机制来满足国内个性化和多样化的消费需求，贸易外溢的收益大幅度减少，导致发展中国家出口需求的持续不振，国内投资需求下降，回报率降低，消费需求也有所回落，从而被迫产生了储蓄盈余。这种条件下储蓄的借出和借入不具有循环性，将逐渐抬升发展中国家的资金成本，降低企业活力，影响资本市场的平稳运行，进而导致发展中国家发生系统风险。对于这一情况，需要高度关注，并采取切实措施，保持我国在全球资本流动和再配置中的主动权和市场韧性。

二　中国经济进入新常态，整体呈现“稳中有进”的局面

一季度，我国宏观经济形势总体保持稳定，经济发展方式初步转向创新驱动，产业结构不断改善，企业运行效率和竞争能力不断增强，物价和就业形势保持稳定，整体呈现出“稳中有进”的良好局面。但是，受到体制机制因素和结构性矛盾的影响，经济运行中的矛盾和问题也有所凸显，并表现在部分关键的经济指标上。

（一）GDP 增速运行在合理区间，物价与收入形势保持平稳

一季度，我国国内生产总值（GDP）的规模为 140667 亿元，按可比价格计算，同比增长 7.0%，经济增速进一步放缓，但 7% 的增速则与全年的控制目标基本一致，总体经济运行仍保持在合理区间之内。

物价形势总体保持稳定，居民消费价格（CPI）同比上涨 1.2%，暂无通货膨胀和通货紧缩的风险。其中，食品价格同比上涨 1.9%，衣着上涨 2.9%，家庭设备用品及维修服务上涨 1.2%，医疗保健和个人用品上涨 1.7%，娱乐教育文化用品及服务上涨 1.2%，居住上涨 0.7%。结构基本正常，且具有良好的抗通缩能力。在 PPI 指数的运行

上，工业生产者出厂价格同比下降4.6%，工业生产者购进价格同比下降5.6%，未对企业的盈利空间形成挤占，并为产业结构调整和生产设备的更新改造提供空间。

全国居民人均可支配收入为6087元，同比名义增长9.4%，扣除价格因素实际增长8.1%。按常住地分，城镇居民人均可支配收入8572元，同比名义增长8.3%，扣除价格因素实际增长7.0%；农村居民人均可支配收入3279元，同比名义增长10.0%，扣除价格因素实际增长8.9%。此外，外出务工劳动力月均收入3000元，同比增长11.9%。全国居民人均可支配收入中位数5216元，同比名义增长11.1%，说明居民收入的方差减少，居民收入的差距在变小。

（二）"三驾马车"结构保持稳定，消费对经济增长的贡献仍居首位

一季度，固定资产投资（不含农户）77511亿元，同比名义增长13.5%，扣除价格因素实际增长14.5%。其中，第一产业投资1553亿元，同比增长32.8%；第二产业投资31361亿元，增长11.0%；第三产业投资44597亿元，增长14.7%。从到位资金情况看，共到位资金102672亿元，同比增长6.8%。其中，国家预算资金增长11.0%，国内贷款下降3.7%，自筹资金增长11.3%，利用外资下降33.5%。积极财政政策已经进入到实施层面，政策效果将在二季度逐步显现。

社会消费品零售总额70715亿元，同比名义增长10.6%，扣除价格因素实际增长10.8%。其中，餐饮收入7458亿元，同比增长11.3%，商品零售63257亿元，增长10.5%，其中限额以上单位商品零售30534亿元，增长7.8%。网络购物依然是消费活动最活跃的部分，全国网上商品和服务零售额7607亿元，同比增长41.3%。其中，网上商品零售额6310亿元，增长41.0%，占社会消费品零售总额的比重为8.9%；网上服务零售额1297亿元，增长43.0%。

进出口总额55433亿元人民币，同比下降6.0%。其中，出口31493亿元人民币，增长4.9%；进口23940亿元人民币，下降17.3%。进出口相抵，顺差7553亿元人民币，贸易顺差的规模再创新高。3月

的贸易情况不够理想，进出口总额同比下降13.5%，出口下降14.6%，进口下降12.3%。

（三）结构调整稳步推进，深层次矛盾逐步暴露

从产业结构的情况看，第一产业增加值7770亿元，同比增长3.2%；第二产业增加值60292亿元，增长6.4%；第三产业增加值72605亿元，增长7.9%。第三产业的占比高达51.6%，较2014年的48.2%又提高了3.4个百分点，在反映经济结构改善的同时，工业生产增速的放缓也是导致第三产业占比快速提高的重要原因（见图4）。一季度，规模以上工业增加值按可比价格计算仅增长6.4%。其中，采矿业增加值同比增长3.2%，制造业增长7.2%，电力、热力、燃气及水生产和供应业增长2.3%。但在工业内部，创新升级步伐加快。一季度，高技术产业增加值同比增长11.4%，装备制造业增长7.7%，增速分别比规模以上工业快5.0和1.3个百分点。

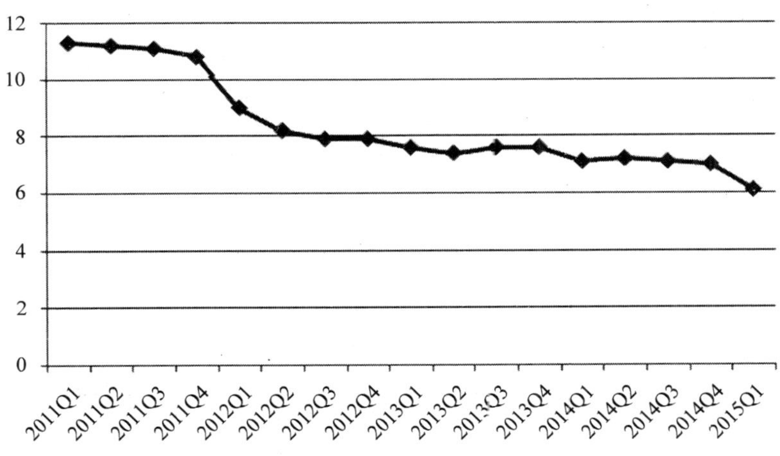

图4　2011年以来我国工业增加值增速情况

资料来源：国家统计局数据库。

在居民收入结构上，城乡居民收入差距进一步缩小。农村居民人均可支配收入实际增速快于城镇居民人均可支配收入1.9个百分点，城乡

居民人均可支配收入倍差 2. 61，比上年同期缩小 0. 05。

房地产行业是当前需重点关注的关键性产业。全国房地产开发投资 16651 亿元，同比名义增长 8. 5%，扣除价格因素实际增长 9. 5%，房地产开发企业到位资金 27892 亿元，同比下降 2. 9%，房地产开发企业的资金压力进一步增大。房屋新开工面积 23724 万平方米，同比下降 18. 4%，其中住宅新开工面积下降 20. 9%。全国商品房销售面积 18254 万平方米，同比下降 9. 2%，其中住宅销售面积下降 9. 8%。全国商品房销售额 12023 亿元，同比下降 9. 3%，其中住宅销售额下降 9. 1%。房地产开发企业土地购置面积 4051 万平方米，同比下降 32. 4%。3 月末，全国商品房待售面积 64998 万平方米，同比增长 24. 6%。

工业企业的经营困难是需要关注的另一个关键性问题。1—2 月，全国规模以上工业企业实现利润总额 7452 亿元，同比下降 4. 2%。规模以上工业企业每百元主营业务收入中的成本为 85. 55 元，主营业务收入毛利润率和净利润率分别为 14. 45% 和 4. 9%。

（四）货币信贷平稳增长，社会融资结构亟须调整

一季度，活期存款的增长有所波动。广义货币（M2）余额 127. 53 万亿元，同比增长 11. 6%；狭义货币（M1）余额 33. 72 万亿元，增长 2. 9%；流通中货币（M0）余额 6. 2 万亿元，增长 6. 2%。3 月末，人民币贷款余额 85. 91 万亿元，人民币存款余额 124. 89 万亿元，其中新增人民币贷款 3. 68 万亿元，同比多增 6018 亿元，新增人民币存款 4. 15 万亿元，同比少增 1. 64 万亿元，主要为活期存款。

社会融资规模达到 4. 61 万亿元，同比减少 8949 亿元。其中，信托贷款占比大幅度下降，易导致信托行业的运行存在较大的风险，今年应适度推动信托融资的健康发展，使管理水平良好的信托产品能够获得正常展期。

三 财政运行进入新常态，积极财政政策加力增效

随着国民经济运行进入新常态，财政运行也表现出明显的新常态特

征。财政收入的高速增长局面基本结束，而公共服务和公共产品的支出刚性却在不断增强，财政收支矛盾较为尖锐。为推进经济转型和产业升级，积极财政政策既要坚持结构性减税和普遍性降费，又要保障重点支出和增加资金效益，政策措施、取向和力度都成为积极财政政策需要完善和优化的重点领域。

（一）财政收入情况

1．一般公共预算收入情况

一季度，全国一般公共预算收入36407亿元，比上年同期增长3.9%；扣除部分政府性基金转列一般公共预算影响，同口径增长2.4%。其中，中央一般公共预算收入15470亿元，下降0.5%，同口径下降0.6%；地方本级一般公共预算收入20937亿元，增长7.5%，同口径增长4.7%。全国一般公共预算收入中的税收收入30563亿元，同比增长1.2%，税收收入的占比为84%。主要收入项目情况如下：

一是国内增值税7740亿元，同比增长1.9%，扣除营改增转移收入影响下降0.8%。分行业看，增长较快的主要是有色金属行业，增速13%；电气器材行业，增速11.6%；通用设备行业，增速11.3%等。下降较多的主要是原油生产行业，增速为-60.2%；煤炭生产行业，增速为-29.4%；建材行业，增速为-11.8%等。

二是国内消费税2799亿元，同比增长9.2%。其中，成品油消费税改革发挥了支持作用。

三是营业税4983亿元，同比增长4.6%，考虑营改增收入转移影响增长7.7%。分行业看，金融业营业税1190亿元，增长21.2%；建筑业营业税1388亿元，增长12.2%；受房地产市场调整影响，房地产营业税1452亿元，下降4.8%。

四是企业所得税6098亿元，同比增长7.7%。其中，金融业企业所得税1478亿元，增长27.4%；工业企业所得税1843亿元，下降3.3%；房地产企业所得税663亿元，同比增速持平。

五是个人所得税2666亿元，同比增长12.8%，与居民收入的现价增速基本相当。

六是进口货物增值税、消费税 2895 亿元，同比下降 13%；关税 608 亿元，同比下降 8.5%。主要受一季度进口（按人民币）下降 17.3% 的影响。

七是出口退税 3340 亿元，同比多退 561 亿元，增长 20.2%。主要是加快出口退税进度，促进出口稳定增长。

八是非税收入 5844 亿元，比上年同期增加 1006 亿元，增长 20.8%，扣除部分政府性基金转列一般公共预算的影响①，同口径增长 8.8%。其中，中央非税收入下降 11.4%，同口径下降 14.7%，主要是石油特别收益金同比减少 167 亿元；地方非税收入增长 24.9%，同口径增长 11.6%。

2. 政府性基金预算收入情况

一季度，全国政府性基金预算收入 8719 亿元，比去年同期下降 33.3%；扣除部分政府性基金转列一般公共预算影响，同口径下降 30.4%。其中，地方（本级）政府性基金预算收入 7868 亿元，下降 35.6%，同口径下降 32.8%，主要是国有土地使用权出让收入同比减少 3897 亿元，下降 36.1%。

（二）财政支出情况

1. 一般公共预算支出情况

一季度，全国一般公共预算支出 32815 亿元，比上年同期增长 7.8%；扣除部分政府性基金转列一般公共预算影响，同口径增长 6.9%。其中，中央（本级）一般公共预算支出 4842 亿元，增长 10.4%，同口径增长 10.1%；地方一般公共预算支出 27973 亿元，增长 7.4%，同口径增长 6.4%。

在财政收入增长放缓、收支压力较大的情况下，财政部门认真落实积极的财政政策，加强支出预算执行管理，积极盘活财政存量，用好财政增量，保障民生等重点支出需要。一季度，教育支出 4728 亿元，增长 8.5%；科学技术支出 682 亿元，增长 2.9%；文化体育与传媒支出 409 亿

---

① 全国共计 668 亿元，其中中央收入为 18 亿元、地方收入为 650 亿元。

元，增长8.3%；医疗卫生与计划生育支出2462亿元，增长13.3%；社会保障和就业支出5403亿元，增长12%；住房保障支出677亿元，增长10.7%；城乡社区支出2857亿元，增长12.4%；节能环保支出591亿元，增长26.4%；交通运输支出2144亿元，增长43.3%。

2. 政府性基金预算支出情况

一季度，全国政府性基金预算支出7564亿元，比去年同期下降24.5%；扣除部分政府性基金转列一般公共预算影响，同口径下降22.4%。其中，地方政府性基金预算支出7291亿元，下降23.6%，同口径下降21.5%，主要是国有土地使用权出让收入安排的支出同比减少2211亿元，下降25.4%。

四　推进创新驱动战略，支持“大众创业、万众创新”

当前，我国面临着国内经济增速放缓、结构性矛盾增多和体制机制改革正在深入推进的挑战，同时也受到美国主导的世界经济再全球化和再失衡的压力。解决压力和挑战的路径主要有三个方面：一是建立高效率的市场；二是形成差异化的竞争；三是开展智能化的生产。这三个方面的共同基础就是创新，就是创新与生产的对接与结合，即创新驱动。财政应统筹各项资源，加大支持力量，以加强知识产权保护和推进低成本创新为主要着力点，实现创新驱动战略的目标与使命。

（一）全球经济再失衡下的我国创新驱动战略

全球经济再失衡突出表现为发达国家在复苏中占据优势，并利用其科技创新和模式创新的优势，以及信息化和竞争性的市场条件，通过较高的生产效率提升资本回报率，从而使发展中国家的资本外流和需求外流。面对压力，我国创新驱动战略必须着力解决好以下三个方面的问题：

1. 创新驱动与经济发展的对接

创新驱动包括“创新”和“驱动”两层含义。其中，创新是战略的基础，也是战略需要首先实现的条件；驱动是战略的目标，也是战略最终的价值表现。因此，创新驱动战略实际上包括两个环节，即创新和创新驱动，从不同的侧面推进我国的经济发展（如图5)。

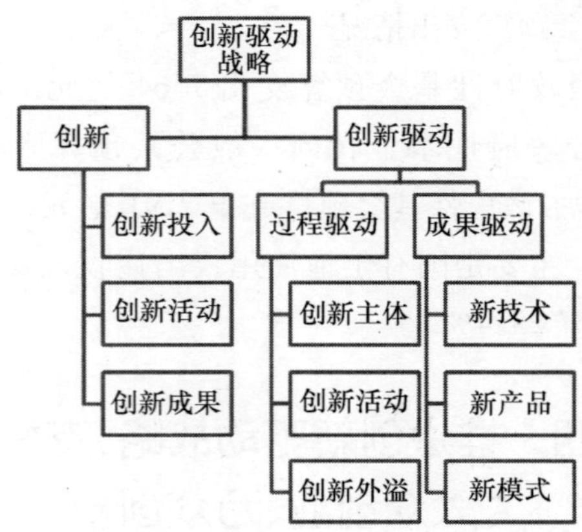

图5　创新驱动战略与经济发展的对接

在创新中，包括创新投入、创新活动和创新成果三个环节，将直接形成对经济的投资需求，并形成新的资产和模式。而创新驱动则包括过程驱动和成果驱动两个层面，过程驱动是指创新的过程就将形成对市场要素的组织和组合，并通过创新活动将这些理念、机制、模式和经验外溢到整个生产体系之中；成果驱动则是指创新活动产生的不同类型的成果，如新技术、新产品和新模式等，这些成果由创新主体自己使用(创业或改造)，或是由创新主体授权他人使用（知识产权贸易或合作生产)，并对经济增长带来促进效果。

2. 创新驱动与市场的效率性和产品的差异化

市场的效率性来自于对垄断的限制和破除，对政府市场规则的优化和改革，以及对公平竞争机制的保障等。创新驱动立足于全面创新的理念，通过制度创新和管理创新推动市场规则的改革和保障公平竞争机制，通过对模式的创新破除垄断束缚等。

而产品的差异化则是市场形成垄断竞争结构的基础，也是中小企业形成自身控制力的基本条件，产品差异化可以较好地保障多样化和效率性的平衡，同时避免了过度的价格竞争而给企业和市场的发展所带来的损害。创新驱动就是要通过技术创新形成不同的生产工艺、功能形态和产品类型，从而实现产品的差异化，并通过模式创新和机制创新推动市场对差异化的商品进行配置和选择。

3. 创新驱动与世界经济再失衡

世界经济再失衡的原因是由于发达国家先于发展中国家复苏，并且发达国家的企业更早一步适应了新的市场形势和产业组织形态，从而产生的效率差异。创新驱动是解决世界经济再失衡的有效办法，即通过技术创新对现行企业生产设备、工艺和产品的改造，使其能够参与全球的专业化生产；通过模式创新对现有市场机制进行调整和完善，促进信息技术和信息产品在经济社会运行中的广泛使用，从而使市场能够高效率地配置差异化的商品；通过制度创新和管理创新推进国际法律规则和贸易惯例与世界市场的趋同，从而使我国能够直接对接扁平化产业链的前端环节，并以自主性和差异化为基础，形成价值链中的独立单元。

（二）创新驱动战略与“大众创业、万众创新”的对接

“大众创业、万众创新”是我国经济发展的新“引擎”，是国务院面对当前复杂经济形势制定的重要基础性战略，通过政府简政放权，通过投融资的审批制度改革，通过对创新实践活动的全方位支持，来形成我国创新和创业的新局面。创新驱动战略连结“创新”和“驱动”的两端，既强调创新的范围、模式和方法，又强调创新成果的使用、转让和保护，因此，创新驱动战略是“大众创业、万众创新”目标得以实现的前提。

1. 创新说到底是人的创新，而“众”是人的集合

创新是人类改造自然的活动，是人通过学习和专业的培训，掌握事物运行的客观规律，从而在事物的运动速度（技术创新）、运动的组织方式（管理创新）和运动形式（模式创新）等领域实现对旧的突破。而“众”是人的集合，表示着人的范围、行为和组织方式。从这个角度讲，“大众创业、万众创新”下的创新驱动，参与的主体是全社会广

泛的劳动者和劳动者生产方式的载体——企业；参与的行为取向是彼此协作、取长补短、开拓创新，是协作条件下形成的合力；参与的组织方式是社会化和企业化的，劳动者作为个体可以参与社会化的创新活动也可以参与企业化的创新活动，而企业作为市场主体则又以社会化的方式参与到创新活动之中。

2．创新的保障是知识产权制度，而知识产权是一项属于“众”的权利

知识产权来自于创新活动的创新性，也即达到法律所规定的创新性要求，且权利人的身份又符合法定的标准，就可以被授予知识产权。也即知识产权的产生不是基于单个主体（劳动者或企业）的创新活动，而是基于该创新活动在“众”之中是否具备新颖性和创新性，一旦被法律授权，知识产权所包含的创新内容就成为“众”之中的排他性权利，具备了由法律所保障的社会化的专属性和垄断性，从而来之于“众”、形成于“众”，又独立于“众”。在此基础上，知识产权具备了财产属性，并成为激励“众”开展创新活动的重要机制，没有知识产权的保护，创新就会退化为一种“兴趣”。但知识产权的财产价值的大小与知识产权的劳动投入（价值）无关，而与知识产权的效果（使用价值）直接相关，因此，知识产权的价值增值和创新积累既要依托于更高的人类智慧，更严密的思维逻辑，也要基于良好的物质基础和设备条件。相对于“众”的低门槛，实验设施和科研装备都具有较高的成本，并很难被单一创新主体持续性使用，推进大型实验设施和科研装备的共用共享，切实降低创新成本成为创新驱动战略必须着力解决的重点内容。

3．创新的目标是驱动，即创新与生产的结合，而创业则是最为直接的方式

创新活动的投入产出是以创新成果的价值来进行衡量的。而创新成果的价值来自于成果与生产相结合以后的使用价值，而不是创新成果自身投入的劳动量（价值量），于是知识产权的财产权利在交易中具有内在的限制，其价格要来自于商品使用，并不是商品本身。因此，尽管创新与生产的结合可以通过知识产权的转让和许可来实现，但最为直接和

有效的方式就是由创新人自己来转化和使用，把创新收入转变为更有价值的创新产品（服务）收入和企业经营收入。因此，大众创业是创新驱动最为有效的载体。那么创新驱动战略下的“创业”关键就成为，一是创新成果的范围要大幅度地拓展，从技术创新，到管理创新，再到模式创新等；二是创新的成果要转变为创业的资本，创业投资之外，知识产权自身的价值也应得到保障和凸显；三是创新的转化要能够形成新的市场产出，知识产权交易、企业的生产性转化和市场准入的“低门槛”成为关键的影响因子。

（三）财政推进创新驱动战略的着力点与主要措施

根据国家创新驱动战略的目标和要求，结合我国当前所面临的复杂经济形势和外部环境压力，作为“国家治理的基础和重要支柱”的财税政策，应根据国务院的统一部署，以“四个全面”战略布局为指导，调动自身资源，统筹各方力量，坚持科学规范，为经济发展和创新驱动提供动力支撑。在具体的政策设计和规划中，须着力做好以下五个领域的工作。

第一，坚持市场导向，提升潜力。市场在资源配置中要发挥决定性作用，万众创新、大众创业的方向、路径、组织方式和实现方法都需要遵循市场规律。在竞争与效率的基础上，财税政策发挥引导和杠杆作用，与市场力量形成合力，并提升惠民生带来的经济发展潜力。

主要的政策措施可以包括：一是推进政府与社会资本合作（PPP）机制在公共服务和公共产品供给中的广泛使用。结合地方政府债务管理的规则和要求，有效对冲政府自身投资能力的下降，在满足政府的投融资需要的基础上，与社会投资者展开合作，并通过政府采购或是市场竞争的方式选择优秀的市场主体担当项目建设和运营主体（SPV），更好地实现政府公共投资领域的模式创新和管理创新。二是采取财政后补助、间接投入的方式支持企业自主决策。不干预企业的研发方向、创新组织、收益分享和风险分担方法，由企业根据自身的技术专长和对市场的分析和预期，独立选择研发项目，并实施先期投入，调动一切有效资源进行研发攻关，财政在保持市场公平性的基础上，对实验条件、融资支持和用工管理上实施间接投入，以分担企业创新成本。在取得相应成果后，由国家根据法律法规的规定，并结合项目申请的要求，给予具有奖励性和补偿性的后补助资金，而该资金在使用要求上与前补助不同，基本上等同于企业收入并由其自行支配。三是增加国家实验室、工程技术中心向社会的开放力度，为“万众创新”提供更为有效的装备和环境支持，提升中小企业的实验条件和降低研发成本，在不改变创新成果的产权属性的前提下，大幅度提升创新成果的质量和水平，并支持创新活动自身的差异化。四是多渠道筹集创新成果转化资金，针对创业企业最大的资产是知识产权的情况，由财政提供必要的补贴资金或奖励资金，联合金融机构为知识产权质押融资等提供支持，建立相关的风险补偿机制。

第二，减税降费，综合促进。结构性减税和普遍性降费是降低市场门槛，提升企业活力，增强投资意愿的重要保证，对企业的综合促进作用巨大。当前，我们亟须这两种手段的有效搭配，用财税政策的“加减法”换取市场活力的“乘法”。

可考虑的措施手段有：一是加大结构性减税力度，全面推进税制改革，力争重点突破和全面推进相协调。当前，重点工作是全面完成“营改增”改革，在实现全社会抵扣衔接的同时，调动企业的生产组织方式创新的主动性，优化结构，提升形态，促进研发活动，推进专业化分工。今年要推进的“营改增”改革包括建筑业、房地产业、金融服务业和生活类服务业等重点行业，既要全面深入研究，又要大胆推进并取得突破，同时鼓励“营改增”过程中的模式创新、管理创新和技术创新。二是继续完善对中小企业特别是小微企业的税收优惠政策，结合小微企业经营成本高、市场覆盖面小、管理水平有限和市场开拓能力不足等问题，将部分外部市场的交易成本进行必要的税前扣除是正常的，也是政府对小微企业提供的市场诚信管理的成本补偿。应对当前月营业收入或销售收入不超过 3 万元的小微企业免征营业税和增值税的政策进行全面梳理，制定合理的标准和机制，并全面清理对小微企业的收费和政府性基金等。三是改革企业所得税制，对研发费用的核算方法和范围进行调整，增加研发费用包含的项目，如模式创新的研发投入、以供给创新来促进消费的市场调研投入等，并实施加计扣除。

第三，定向调控、立足“驱动”。定向调控是从政策实施的效果出发，考虑政府的财政承受能力和市场的公平要求，针对具体对象采取的灵活、科学的调控手段。

主要措施包括：一是对创业投资实施税收优惠，对投向种子期、初创期等创新活动的投资，统筹研究相关税收支持政策。适当放宽创业投资企业投资高新技术企业的条件限制，并在试点基础上将享受投资抵扣政策的创业投资企业范围扩大到有限合伙制创业投资企业法人合伙人。二是建立完善高等学校、科研院所的科技成果转移转化的统计和报告制度。逐步实现高等学校和科研院所与下属公司剥离，原则上高等学校、科研院所不再新办企业，强化科技成果以许可方式对外扩散。加强高等学校和科研院所的知识产权管理，财政资金支持形成的科技成果，除涉及国防、国家安全、国家利益、重大社会公共利益外，在合理期限内未能转化的，可由国家依法强制许可实施。

第四，加力增效、完善体系。财税政策要继续加大对“大众创业、万众创新”发展的支持力度，在统筹的基础上，增加投入的规模和渠道，注重政策的效果和过程的公平开放。

具体的政策措施有：一是承担基础研究中的国家职责，切实加大财政投入，支持研发机构自主布局科研项目。完善稳定支持和竞争性支持相协调的机制，加大稳定支持力度，扩大高等学校、科研院所学术自主权和个人科研选题选择权。支持改革基础研究领域科研计划管理方式，尊重科学规律，财政资金中应包容和支持“非共识”创新项目的部分投入。二是完善政府采购促进中小企业创新发展的相关措施，加大创新产品和服务的采购力度。建立健全符合国际规则的支持采购创新产品和服务的政策体系，鼓励采用首购、订购等非招标采购方式，以及政府购买服务等方式予以支持，促进创新产品的研发和规模化应用。完善使用首台（套）重大技术装备鼓励政策，健全研制、使用单位在产品创新、增值服务和示范应用等环节的激励和约束机制。根据国家法律的规定，支持放宽民营企业和科研单位进入军品科研生产和维修采购范围。三是统筹力量，加大支持力度，组建国有资本创业投资基金和国家新兴产业创业投资引导基金，以策应国有企业改革，增强改革收益，并带动社会资本支持战略性新兴产业和高技术产业早中期、初创期创新型企业发展。

第五，厘清产权，激励到人。当前，在鼓励创新的基础上，优化国家、企业和研发人员的分配格局，以人为本，加大创新收益对项目承担研究团体和人员的倾斜力度。

主要措施有：一是改善政府与企业利益分配，将财政资金支持形成的、不涉及国防国家安全等科技成果的使用权、处置权和收益权，全部下放给符合条件的项目承担单位，科技成果转移转化所得收入全部留归单位处置，收入不上缴国库。二是优化政府与创新人员的利益格局，对利用财政资金设立的高等学校和科研院所，应将职务发明成果转让收益在重要贡献人员、所属单位之间合理分配，对用于奖励科研负责人、骨干技术人员等重要贡献人员和团队的收益比例应提高到不低于50%。三是优化创新机构与创新人员的利益分配。完善职务发明制度，推动修订专利法、公司法等相关内容，完善科技成果、知识产权归属和利益分享机制，提高骨干团队、主要发明人受益比例。完善奖励报酬制度，健全职务发明的争议仲裁和法律救济制度。鼓励各类企业通过股权、期权、分红等激励方式，调动科研人员创新积极性。对高等学校和科研院所等事业单位以科技成果作价入股的企业，放宽股权奖励、股权出售对企业设立年限和盈利水平的限制。建立促进国有企业创新的激励制度，对在创新中作出重要贡献的技术人员实施股权和分红权激励。

（执笔人：闫坤　张鹏）

经济稳增长与化解地方财政压力

——2015年上半年我国宏观经济与财政政策分析报告

2015年第二季度，发达经济体总体上企稳回升，比较重要的两点为：（1）美国在居民消费、房地产市场和就业市场进一步回升，美联储可能于2015年四季度或2016年年初首次加息；（2）日本与欧洲继续积极采取宽松的政策或措施，稳定经济和国内金融市场。总体上来讲，发达经济体中政策分化延续，一方面，美国将在下半年正式考虑加息，并逐步收紧货币政策；另一方面，日本和欧洲依然在实施宽松的货币政策。值得注意的是，由于下半年美国经济复苏、美联储加息预期逐渐增强，我国在下半年可能会面临一定程度的热钱流出压力，国内货币政策应该对此提早做好政策储备。

一　美国经济下半年复苏，正式加息为期不远

基于持续好转的美国就业市场、消费和制造业数据，美联储在6月美联储联邦公开市场委员会（FOMC）会议纪要中表达了对经济较为乐观的看法，并讨论了美联储首次加息的问题。我们预计，在通胀较为可控的情况下，美联储首次加息的时间点可能在2015年四季度或2016年一季度。与此同时，虽然二季度日本经济依然疲软，希腊债务违约也引起了我们对欧洲经济复苏前景的担忧，但我们认为新一

轮欧债危机的概率并不高。日本和欧洲经济体，依然受益于宽松的货币政策、较为低位的原油价格等有利因素。总体而言，美国等发达经济体正在曲折中逐渐复苏，欧洲和日本还在为经济复苏而努力，而且总体趋势向好。展望下半年，逐步回升的美国经济与加息预期的逐渐变强（美国国债利率上升和美元汇率的预期走强）可能使得热钱开始回流美国等发达经济体。按照我们构建的我国热钱监测体系和预测模型，我们预计下半年我国存在热钱流出的风险，货币政策需要提前对此做好防范措施。

（一）美联储将于2015年四季度或2016年一季度加息

相对于低迷的一季度，美国二季度经济复苏态势较为明显，资本市场和实体经济的关键指标逐步好转。目前美国就业市场、消费零售以及房地产市场均出现持续的企稳回暖迹象，美国经济也可能在下半年走上持续复苏的道路。库存投资和净出口显著下降、消费者健康服务支出大幅下修、伴随异常寒冬天气的扩散影响，拖累美国一季度GDP环比折年率降至-0.2%。我们预计拖累一季度GDP的因素将出现反转，支撑二季度GDP环比折年率上升，三、四季度的GDP环比折年率可能分别为3%左右。与此同时，我们预计将于2015年四季度或2016年一季度正式加息。

1. 美国下半年经济增长将稳步复苏至潜在产出水平

2015年第一季度，由于库存累计、消费者健康服务支出大幅下修、恶劣天气等原因，拖累美国经济下降至环比折年率-0.2%（分析美国季度经济，我们一般选用季度环比折年率这一指标）。根据我们的预测，导致一季度美国经济下滑的这些因素在二季度以后都可能出现反转，美国经济增速将在2015年三至四季度开始真正走向复苏道路，二至四季度环比折年率可能分别为2.6%、3.0%和3.0%。美国经济在国内消费、企业资本性支出和房地产市场的带动下，进入中长期潜在经济增速（3%）的附近区间。

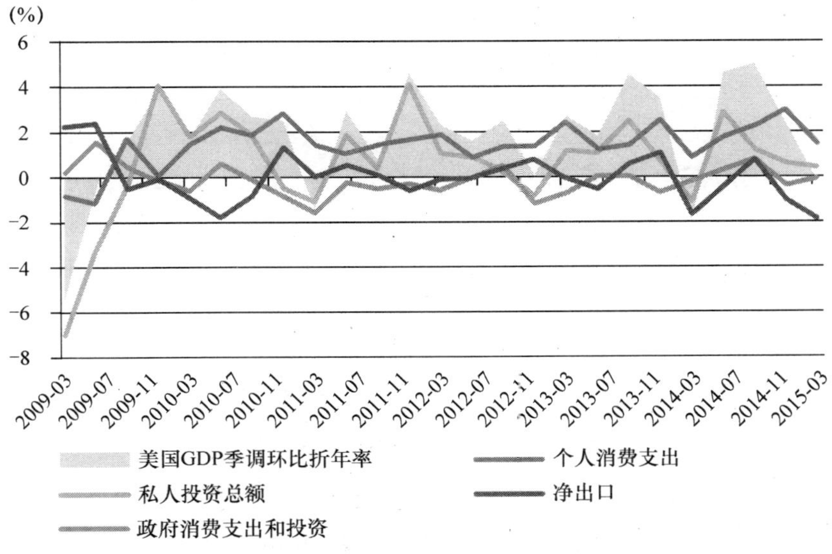

图 1　美国 GDP 的季度环比折年率及分项情况

资料来源：CEIC 数据库，作者估计。

2. 美国消费数据良好，通胀保持在低位

美国上半年个人消费支出仍处于趋势回升中。从 2014 年以来，美国居民实际可支配收入持续回升。居民实际收入的持续回升以及就业复苏趋势的持续，带来实际收入以及收入预期的提升，我们认为这一趋势预计在 2015 年下半年仍会延续。消费支出的回升将是 2015 年美国经济继续回升的重要力量。5 月美国 CPI 同比基本持平，低于市场预期（0.1%），但相对于 4 月水平（-0.2%）略有上升。5 月核心 CPI 同比增长为 1.7%，低于市场一致预期（1.8%），同时也低于美联储的通胀目标 2%。可以说，上半年美国消费数据保持良好态势，但同时通胀水平仍处于低位，一部分可能得益于较低的油价，一部分也得益于全球经济增长仍处于温和复苏期。我们认为，相对较低的通胀水平有利于美联储保持足够的耐心和给予美联储充分的时间考虑正式加息的时点。

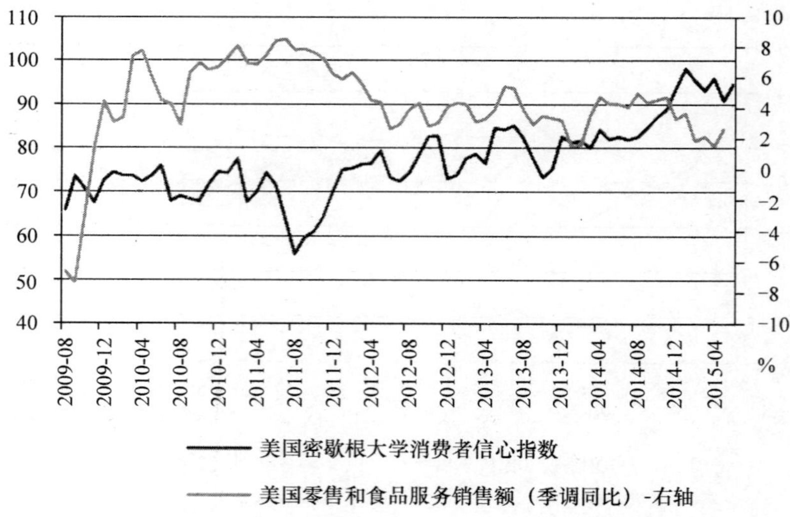

图2 美国消费者信心指数与零售季调同比增速

资料来源：彭博数据库。

3．美国就业市场持续好转，为美联储加息创造条件

美国就业市场的复苏虽有反复，但确定性依然较高。2014年2月以来，美国月新增非农就业人数持续在20万人以上，同时失业率也不断降低，不过失业率与劳动参与率在不同月份之间仍会呈现此起彼伏之势。5月新增非农就业人数为28万人，失业率为5.5%，而劳动参与率也回升了0.1个百分点至62.9%。

美国6月失业率超出预期进一步下降，就业的增长比市场之前的预期有所加速。劳动参与率没有再次出现我们预期中的反弹。6月失业率跌至5.3%（为2008年9月以来新低）。我们预计今年四季度失业率平均为5.0%，为美联储正式加息创造条件。

4．美联储可能在今年四季度或2016年年初正式加息

面对近期基于持续好转的美国就业市场数据和消费数据，美联储在6月美联储联邦公开市场委员会会议纪要中表达了对经济较为乐观的看法，并讨论了加息的可能性：

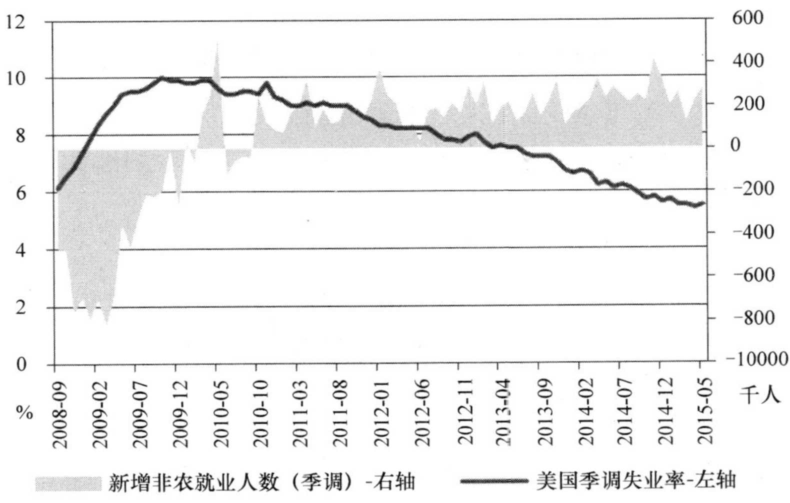

图 3 美国失业率和非农就业情况

资料来源：彭博数据库。

（1）美国的经济中长期复苏较为稳健：美国经济经过 6 年的经济结构调整，逐步接近于其长期潜在增长水平，出现了很多供给端的改善，未来经济复苏路径将更为稳健。

（2）需要进一步观察经济增长：许多美联储官员在 6 月美联储联邦公开市场委员会会议上表示，希望在加息之前有更多的依据来支撑经济增速走强。

（3）美联储加息时点的一致预期被推后：据美国芝加哥商品交易所（CME）对期货价格的观察结果，在美联储议息会议之后被进一步推迟：9 月加息可能性降至 22%，10 月加息可能性降至 43%，12 月加息可能性降至 62%。显然有些人在投票时做了多选，但市场加息预期明显更多落在 12 月甚至 2016 年。

我们认为，在目前的就业市场和通胀情况下，美联储有可能在 2015 年四季度或 2016 年一季度首次加息。

（二）2015 年下半年热钱可能流出中国

美国经济下半年企稳回升至潜在产出水平附近、美联储加息预期增强等因素可能使得我国在2015年下半年有热钱流出的风险。

正如我们在《2013年上半年我国宏观经济与财政政策分析报告》中构建的中国月度热钱监测体系与预测模型，我们这里测算月度的热钱规模，按照数据的可得性和频率，采用的是世界银行（1985）的间接法，即按照：

热钱 = 外汇占款变动 - 贸易顺差 - 净FDI

间接法测算热钱，没有考虑到隐藏在经常账户贸易中的虚假贸易（出口商高报或进口商低报），但是目前学术界尚未有可靠的办法估计虚假贸易部分的热钱规模，这里我们还是采用间接法来估计月度热钱。

预测热钱流动的三因素模型 - 人民币升值预期（相对于美元），中美利差和经济增长差异影响热钱流动。我们构建了影响中国热钱流动的驱动因素模型（协整模型，残差平稳），发现人民币升值预期、中美利差和经济增长差异是影响热钱流动的关键的三个因素。其中，人民币升值预期可以解释一部分进入中国的短期资本行为；中美利差可以部分解释短期资本收益差异的影响；中美经济增长差异可以解释两国基本面相对变化对热钱流动的因素。

热钱流动的三因素模型

(2004年1月-2013年5月)	系数	标准差	t-统计量	P值
常数	-89.5	43.9	-2.0	0.0438
人民币升值预期	25.1	3.4	7.4	0.0000
利差	15.1	10.4	2.4	0.0501
GDP增速差	9.0	4.9	1.8	0.0701
R方	0.58			
调整后的R方	0.56			

图4　热钱流动的三因素模型

资料来源：CEIC数据库，作者估计。

2015年下半年热钱可能流出中国。根据我们的预测，美元汇率可能伴随着美国加息预期的增强而走强；同时，我们预计中美利差可能缓慢收窄（主要是由于我们下半年正致力于降低实体经济融资成本，而美国国债收益率可能伴随着美联储加息预期逐步增强而走高）；美国GDP增长2015年下半年逐步回暖，而中国2015年下半年可能基本持平。按照我们的三因素模型，综合汇率趋势/中美利差/基本面差异在2015年下半年的变化趋势，我们认为热钱可能在2015年下半年流出中国。货币政策应该在热钱流出之前做好应对预案，保证基础货币的适度充足。

（三）欧洲持续复苏，希腊问题存忧

一季度欧洲复苏态势良好，欧元区GDP季度环比折年率增长1.5%，表明欧元区量化宽松货币政策效果正在逐步显现。欧元区核心国家，比如法国一季度GDP季度环比折年率达到了2.5%，德国为1.1%。意大利和西班牙一季度GDP季度环比折年率分别为3.8%和1.2%，都展现出经济企稳回升的态势。值得注意的是，希腊由于存量债务庞大，拖累经济增长，一季度GDP季度环比折年率出现了-0.6%的萎缩。

希腊债务危机可能成为欧洲经济下半年隐患。希腊债务违约可能短期内不会对欧洲经济和金融体系造成较大负面影响。但是，希腊经济存在严重的结构性问题。希腊很多地区多年来失业率极高，社会福利计划和退休金受到削减，希腊央行在2014年指出，希腊是欧盟贫富差距最大的国家之一。短期内，希腊和欧元区债权人达成一致，即将就对希腊的第三批救助方案进行谈判，欧元区承诺未来三年内向希腊提供高达820亿至860亿欧元的援助，包括8月需要的120亿欧元以及银行资本重组需要的100亿欧元，但希腊必须改革并获得议会批准。我们认为，希腊局势是欧元区下半年经济复苏的隐患，需要时刻保持关注。

展望2015年下半年，随着欧元区的持续宽松，同时美联储的加息

预期将带来弱势欧元格局，这些都有助于欧元区经济的进一步回升。

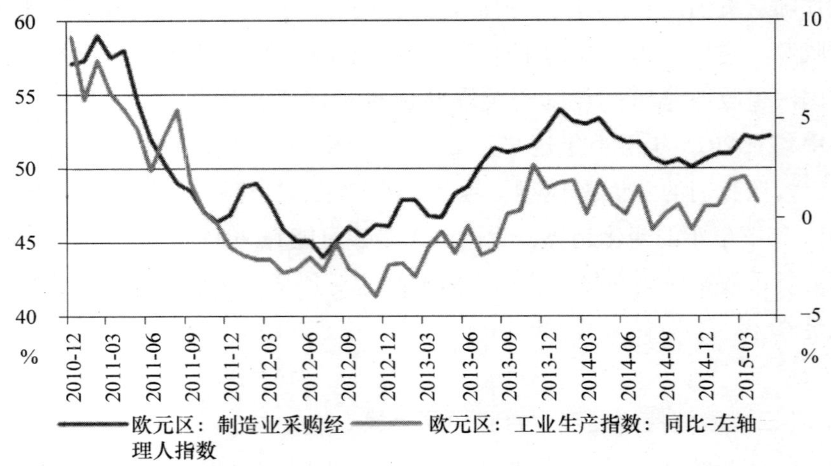

图 5　欧元区制造业 PMI 和工业生产指数

资料来源：彭博数据库。

日本经济在 2015 年下半年可能企稳，复苏之路依然漫长。在经历去年四季度以及今年一季度的持续下滑之后，日本制造业二季度开始企稳。5 月日本制造业采购经理人指数为 50.9%，重新回到荣枯线之上。随着下半年日本央行的持续宽松，同时美联储加息也会带来日元的进一步相对走弱，这些都有助于下半年日本经济的进一步回暖。日元的持续贬值在很大程度上将其国内的通缩输出，但国内消费需求的疲弱使得日本通胀率在 2015 年可能也很难达到日本央行的预期。虽然近期油价的持续回升使得日本通胀有所提振，但需求不足在短期内难以有效改善，同时 2015 年 4 月消费税率提升的基数效应已经消退，因此通胀水平大幅回落。同时日本居民消费依然疲弱，日本央行下半年仍可能进一步扩大量化宽松的规模。得益于宽松的货币政策和较低的能源价格，我们预计日本经济在 2015 年下半年有望企稳回升，但路途漫长。

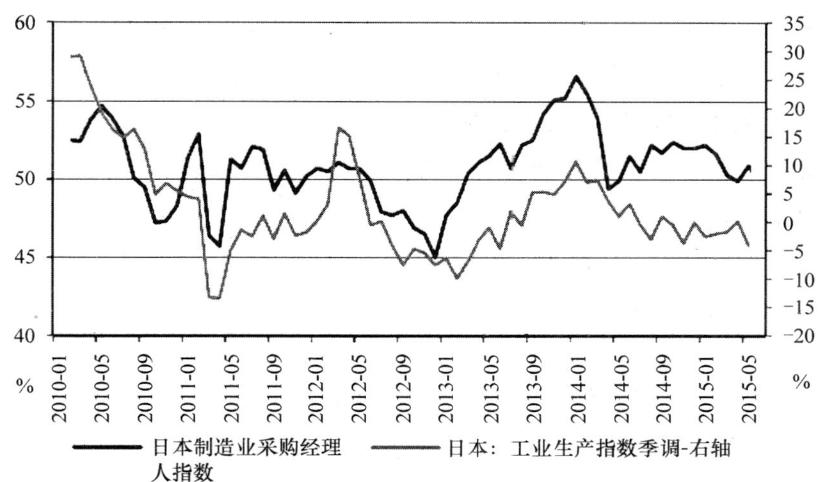

图6 日本制造业采购经理人指数与工业生产指数

资料来源：彭博数据库。

整体而言，日本和欧洲均为稳定经济增长和金融市场积极推出一系列宽松措施，与美国的货币政策出现分化。日本和欧洲经济体均带有一定的出口导向型色彩，如果下半年美国经济稳定复苏，日本和欧洲经济形势也将逐渐改善。

二 中国经济：二季度稳健，下半年略好

根据国家统计局公布数据显示，初步核算，上半年国内生产总值296868亿元，按可比价格计算，同比增长7.0%。分季度看，一季度同比增长7.0%，二季度增长7.0%。从环比看，二季度国内生产总值增长1.7%。总体来说，二季度中国经济基本企稳，局部领域出现改善迹象，全年完成7.0%左右的增长目标虽然具有一定的压力，但有信心完成。我们预测我国2015年三、四季度GDP同比增速分别为7.0%和7.1%，全年GDP同比增速为7.0%左右。核心基准假设为：下半年房地产增速逐渐稳定至5%，消费增速稳定在11%，出口名义增速为5%，基建投资增速为20%。

适应新常态，发力保增长。2008 年国际金融危机之后，随着人口结构、劳动力成本等要素禀赋的变化，我国经济潜在增速正在经历一个系统性下降的过程，应该逐渐适应经济增长新常态，积极改善经济增长结构，实现有质量增长和可持续增长。2015 年下半年我国经济下行压力依旧，结构性问题也亟待解决，国内外经济形势仍然复杂，此时我们更需要增强信心，精准发力，保证我国经济增长运行在合理区间，完成全年经济增长目标。

（一）二季度宏观经济运行平稳，下半年有望略好

2015 年二季度，GDP 同比增速为 7.0%，与 2015 年第一季度一致，同时与 2015 年全年 GDP 增速目标一致。可以说，我国宏观经济总体上保持平稳，但是面对全年经济增长目标，下半年仍有压力。随着一系列稳增长措施的加强落实、海外经济复苏对出口的拉动，我们对全年完成 7.0% 左右的 GDP 增长目标依然充满信心。我们预测 2015 年三、四季度 GDP 同比增速分别为 7.0% 和 7.1%，全年 GDP 同比增速为 7.0% 左右。

分产业看，第一产业增加值 20255 亿元，同比增长 3.5%；第二产业增加值 129648 亿元，增长 6.1%；第三产业增加值 146965 亿元，增长 8.4%。从环比看，二季度国内生产总值增长 1.7%。产业结构继续优化。上半年，第三产业增加值占国内生产总值的比重为 49.5%，比上年同期提高 2.1 个百分点，高于第二产业 5.8 个百分点。内需结构进一步改善。上半年，最终消费支出对国内生产总值增长的贡献率为 60.0%，比上年同期提高 5.7 个百分点。城乡居民收入差距进一步缩小。上半年，农村居民人均可支配收入实际增长快于城镇居民人均可支配收入 1.6 个百分点，城乡居民人均收入倍差 2.83，比上年同期缩小 0.04。节能降耗继续取得新进展。上半年，单位国内生产总值能耗同比下降 5.9%。

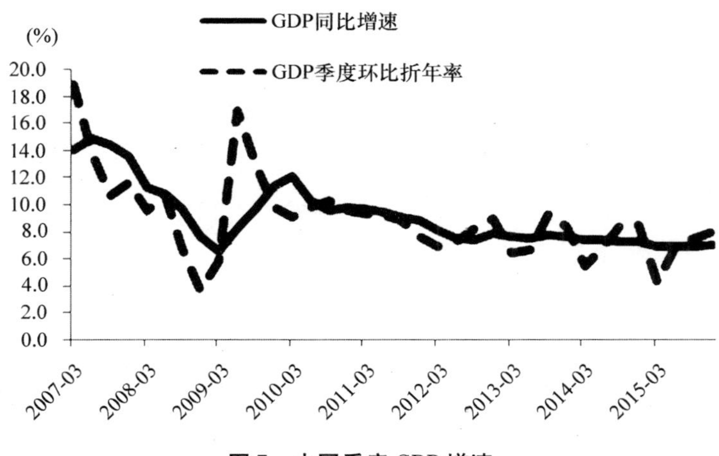

图7 中国季度 GDP 增速

资料来源：国家统计局。

面对全年 GDP 增长 7.0% 左右的目标，我们认为目前实现起来仍有一定的困难，但考虑前期稳增长措施的进一步落实、海外经济的稳定复苏、房地产市场的调整温和等多方面因素，我们有信心完成全年经济增长目标。

我们认为，下半年我国经济有可能比上半年还略好一些。首先，上半年出台的一些政策措施效应还将得以继续发挥。从投资角度来说，上半年投资计划的项目，有些二季度还没有进入操作阶段，从项目审批到转化为实际的投资和生产力要有一个释放的过程，所以效应也有一个持续释放的过程。其次，一个很重要的因素就是房地产，二季度出现明显的回暖态势，房地产投资、市场销售、新开工面积近几个月都出现了明显的回暖，因为房地产的影响比较大，带动效应比较大，房地产回稳对相关行业会产生拉动。再次，从先行指标来看，经济增长势头也有望保持和略微抬升。反映制造业情况的采购经理人指数连续 4 个月在临界值以上。非制造业的商务活动指数是 53.8%，今年以来一季度在 53%、54% 的扩张区间运行。另外，从一些相关领域的先行指标，比如固定资产投资中的新开工项目，房地产中的新开工面积，这些相关指标从二季度的情况来看，在逐月走好。固定资产投资的新开工项目计划总投资连续转正，1—6 月增长 1.6%，比 1—5 月提升了 1.1 个百分点。

表 1　　2015 年上半年 GDP 初步核算数据

	绝对额（亿元）	比上年同期增长（%）
GDP	296868	7.0
第一产业	20255	3.5
第二产业	129648	6.1
第三产业	146965	8.4
农林牧渔业	21002	3.6
工业	111500	6.0
建筑业	18796	7.0
批发和零售业	27123	6.1
交通运输、仓储和邮政业	14416	4.9
住宿和餐饮业	5111	5.4
金融业	27757	17.4

注：绝对额按现价计算，增长速度按不变价计算。

资料来源：国家统计局。

（二）二季度固定资产投资持续放缓

2015 年 1—6 月，全国固定资产投资（不含农户）237132 亿元，同比名义增长 11.4%，增速与 1—5 月持平。从环比速度看，6 月固定资产投资（不含农户）增长 0.88%。分产业看，1—6 月，第一产业投资 6159 亿元，同比增长 27.8%，增速与 1—5 月持平；第二产业投资 97446 亿元，增长 9.3%，增速回落 0.3 个百分点；第三产业投资 133527 亿元，增长 12.4%，增速提高 0.3 个百分点。第二产业中，工业投资 95620 亿元，同比增长 9.3%，增速比 1—5 月回落 0.4 个百分点；其中，采矿业投资 5261 亿元，下降 7.7%，降幅缩小 1.4 个百分点；制造业投资 79663 亿元，增长 9.7%，增速回落 0.3 个百分点；电力、热力、燃气及水生产和供应业投资10697亿元，增长17.1%，增速回落1.7个百分点。第三产业中，基础设施投资（不含电力）40601亿元，同比增长19.1%，增速比1—5月提高1个百分点。其中，水利管理业投资增长14.5%，增速回落1.6个百分点；公共设施管理业投资增长19.1%，增速提高3.1个百分点；道路运输业投资增长22.2%，增速提高0.6个百分点；铁路运输业投资增长18.9%，增速回落5.3个百分点。从到位资金情况看，1—6月，固定资产投资到位资金261507亿元，同比增长6.3%，增速比1—5月提高0.3个百分点。其中，国家预算资金增长18.6%，增速提高8.3个百分点；国内贷款下降4.8%，降幅缩小1.5个百分点；自筹资金增长8.6%，增速回落1个百分点；利用外资下降30.9%，降幅扩大4.8个百分点；其他资金增长2.4%，增速提高2.3个百分点。

2015年1—6月，全国房地产开发投资43955亿元，同比名义增长4.6%，扣除价格因素实际增长5.7%，增速比1—5月回落0.5个百分点。其中，住宅投资29506亿元，增长2.8%，增速回落0.1个百分点。受制于产能过剩等原因，二产中尤其是制造业增速偏低。增速较高的是基础设施投资领域。上半年基建投资近4万亿元，同比增长19.1%，增速比1—5月提高1个百分点。其中，水利投资增长14.5%，公共设施管理业增长19.1%，道路运输增长22.2%，铁路运输增长18.9%。

1—6月，商品房销售面积50264万平方米，同比增长3.9%，1—5月为下降0.2%。其中，住宅销售面积增长4.5%，办公楼销售面积下降2.4%，商业营业用房销售面积增长3.5%。商品房销售额34259亿元，增长10.0%，增速提高6.9个百分点。其中，住宅销售额增长12.9%，办公楼销售额下降1.8%，商业营业用房销售额下降1.2%。

下半年房地产投资有望企稳回升，预计投资增速稳定在5%左右。按照以前各经济周期的规律，房地产销售大约领先房地产投资两个季度。从今年4月开始，全国房地产销售数据出现了连续三个月的回暖。我们预计，房地产销售数据的回暖，有望带动房地产投资增速企稳回升。

综上所述，目前来看下半年固定资产投资增速总体而言将保持稳定。主要是由于基建投资项目进一步落实：中央之前推出的一系列政策措施，包括棚户区改造，西部铁路投资，加快信息建设，加大环保及保民生增长等。这些措施从长远的需求着手，兼顾了保增长和调结构的功能，经过国务院督导组的多次加强落实，有望在2015年下半年进一步推动基建投资增速。同时，房地产投资可能逐步稳定到5%左右，制造业投资则将会被出口和基建投资带动小幅回升。我们预计，下半年固定资产投资增速约为10%左右，略低于上半年的水平，但总体稳定。

（三）居民收入稳定增长，居民消费依然稳健

根据城乡一体化住户调查，上半年全国居民人均可支配收入10931元，同比名义增长9.0%，扣除价格因素实际增长7.6%。按常住地分，城镇居民人均可支配收入15699元，同比名义增长8.1%，扣除价格因素实际增长6.7%；农村居民人均可支配收入5554元，同比名义增长9.5%，扣除价格因素实际增长8.3%。全国居民人均可支配收入中位数9700元，同比名义增长10.5%。二季度末，农村外出务工劳动力总量17436万人，同比增加18万人，增长0.1%。上半年，外出务工劳动力月均收入3002元，同比增长9.8%。

2015年1—6月，社会消费品零售总额141577亿元，同比增长10.4%。其中，限额以上单位消费品零售额66256亿元，增长7.4%。按经营单位所在地分，6月，城镇消费品零售额20886亿元，同比增长10.4%；乡村消费品零售额3394亿元，增长11.8%。1—6月，城镇消费品零售额121850亿元，同比增长10.2%；乡村消费品零售额19727亿元，增长11.6%。按消费类型分，6月，餐饮收入2616亿元，同比增长11.6%；商品零售21664亿元，增长10.5%。1—6月，餐饮收入14996亿元，同比增长11.5%；商品零售126581亿元，增长10.3%。在商品零售中，6月，限额以上单位商品零售11308亿元，同比增长7.9%。1—6月，限额以上单位商品零售62306亿元，同比增长7.4%。2015年1—6月，全国网上零售额16459亿元，同比增长39.1%。其中，实物商品网上零售额13759亿元，增长38.6%，占社会消费品零售总额的比重为9.7%；非实物商品网上零售额2700亿元，增长

41.9%。在实物商品网上零售额中，吃、穿和用类商品分别增长45.9%、30.1%和41.8%。

（四）居民消费价格基本稳定，下半年可能温和向上

上半年，居民消费价格同比上涨1.3%，涨幅比一季度扩大0.1个百分点。其中，城市上涨1.3%，农村上涨1.1%。分类别看，食品价格同比上涨2.0%，烟酒及用品上涨0.5%，衣着上涨2.9%，家庭设备用品及维修服务上涨1.1%，医疗保健和个人用品上涨1.8%，交通和通信下降1.6%，娱乐教育文化用品及服务上涨1.5%，居住上涨0.7%。在食品价格中，粮食价格上涨2.6%，油脂价格下降4.4%，猪肉价格上涨2.4%，鲜菜价格上涨4.6%。6月，居民消费价格同比上涨1.4%，环比持平。上半年，工业生产者出厂价格同比下降4.6%，6月同比下降4.8%，环比下降0.4%。上半年，工业生产者购进价格同比下降5.5%，6月同比下降5.6%，环比下降0.2%。

我们认为下半年CPI可能温和上涨。一方面，猪价和部分服务类价格可能带动CPI温和上涨；另一方面，我们预计下半年经济增长可能略好于上半年，非食品价格有温和的向上压力，预计未来几个月通胀将逐步温和提升，但总体通胀水平仍然处于低位。低通胀为政策放松留下空间，预计货币政策整体上仍然宽松。

总体而言，在总体经济形势平稳的背景下，通胀很难有突出的表现，三、四季度通胀总体而言可能和二季度相比略微向上，但通胀风险不大。

（五）货币供应增长较快，下半年可能保持适度宽松

6月末，广义货币（M2）余额133.34万亿元，同比增长11.8%，狭义货币（M1）余额35.61万亿元，增长4.3%，流通中货币（M0）余额5.86万亿元，增长2.9%。6月末，人民币贷款余额88.79万亿元，人民币存款余额131.83万亿元。上半年，新增人民币贷款6.56万亿元，同比多增5371亿元，新增人民币存款11.09万亿元，同比少增3756亿元。上半年，社会融资规模增量为8.81万亿元。

6 月新增融资总量 1. 86 万亿元，同比少增 376 亿元，本、外币贷款劲增，其中对实体经济发放的人民币贷款增加 1. 33 万亿元，同比多增近 2500 亿元。而表外融资持续低迷，委托、信托贷款继续缩水，共计少增超 1800 亿元。但考虑到 6 月地方债发行规模急剧扩张，共发行 7341 亿元地方债，意味着 6 月社会加政府融资出现显著回升，同比多增约 6200 亿元。

6 月广义货币（M2）同比增速比 5 月高 1%，已接近 12% 的目标增速。M2 增速从 4 月的历史低点逐月回升，5、6 月分别回升 0. 7 和 1 个百分点，与连续降准、降息有较大关系：各项贷款同比多增，派生存款增加；货币乘数连续四个月上升，同时降准增加了银行体系资金供给；降息引导市场利率下行，刺激了贷款需求；财政存款减少，间接增加了一般存款。当然，我们也怀疑 6 月广义货币增速的大幅提升，也有部分原因来自于央行对存款偏离度考核影响的修正技术。

我们预计下半年货币政策将继续维持适度宽松的基调。为了继续支持一系列稳增长措施的落实，应对热钱的可能流出情况，下半年货币政策将维持适度宽松的政策基调。

（六）二季度工业生产企稳回升，企业利润降幅持续放缓

上半年，全国规模以上工业增加值按可比价格计算同比增长 6. 3%，增速比一季度回落 0. 1 个百分点。分经济类型看，国有控股企业增加值同比增长 1. 9%，集体企业增长 2. 0%，股份制企业增长 7. 5%，外商及港澳台商投资企业增长 3. 8%。分三大门类看，采矿业增加值同比增长 3. 2%，制造业增长 7. 1%，电力、热力、燃气及水生产和供应业增长 2. 2%。分产品看，565 种产品中有 305 种产品产量同比增长。上半年规模以上工业企业产销率达到 97. 3%。规模以上工业企业实现出口交货值 55707 亿元，同比下降 0. 4%。6 月，规模以上工业增加值同比增长 6. 8%，增速连续三个月回升，环比增长 0. 64%。

1—5 月，全国规模以上工业企业实现利润 22548 亿元，同比下降 0. 8%。规模以上工业企业每百元主营业务收入中的成本为 85. 95 元，主营业务收入利润率为 5. 38%。

（七）外贸疲软，下半年有望改善

上半年，进出口总额115316亿元人民币，同比下降6.9%。其中，出口65722亿元人民币，增长0.9%；进口49594亿元人民币，下降15.5%。进出口相抵，顺差16128亿元人民币。6月，进出口总额20655亿元人民币，同比下降1.9%。其中，出口11749亿元人民币，增长2.1%；进口8907亿元人民币，下降6.7%。

从2015年一、二季度的走势来看，二季度进口下降13.8%，降幅较一季度收窄了3.5个百分点。二季度出口虽然由一季度增长4.9%转为下降2.5%，但是二季度各月出口走势呈现逐月好转迹象。其中4月、5月出口分别下降6.2%和3.2%，降幅收窄，到6月已经恢复为2.1%的正增长。

新兴市场和部分“一带一路”沿线国家出口增势良好。上半年，我国对美国、东盟、印度双边贸易分别为1.64万亿元、1.38万亿元人民币和2096亿元，分别增长4%、1.6%和1.1%。其中，对东盟、印度、拉美、非洲等新兴市场出口分别增长9.5%、10.7%、3.7%和12.9%，出口值合计占我国出口总值的26%，较2014年同期提升了1.9个百分点。此外，对孟加拉国、巴基斯坦、以色列、沙特阿拉伯和埃及等“一带一路”沿线国家出口均超过17%。

出口产品结构持续优化。机电产品、传统劳动密集型产品出口增长，部分高端产品出口增速较快。上半年，我国出口机电产品3.78万亿元人民币，增长3%，占同期我国出口总值的57.6%；其中，手机、轨道交通设备、金属加工机床、医疗仪器及器械、纺织机械等产品出口增速较快。同期，出口纺织品、服装、箱包、鞋类、玩具、家具、塑料制品七大类劳动密集型产品1.34万亿元人民币，增长0.7%，占同期我国出口总值的20.4%；其中，玩具、家具、箱包出口增速超过10%。

贸易价格条件明显改善。部分大宗商品进口量增价跌，对外贸易效益提升。上半年，我国部分大宗商品进口量保持增加。其中，进口原油1.63亿吨，增长7.5%；成品油1579万吨，增长3.3%；大豆3516万吨，增长2.8%。同期，我国进口价格总体下跌10.9%。其中，铁矿砂、原油、成品油、大豆、煤炭和铜等大宗商品价格跌幅较深。上半年，我国出口价格总体下跌1.3%，跌幅明显小于同期进口价格总体下跌幅度。由此测算，上半年我国贸易价格条件指数为110.8%，也就是说，我国出口一定数量的商品可以多换回10.8%的进口商品，意味着我国贸易价格条件明显改善，对外贸易效益有所提升。

展望未来，随着美国经济在2015年下半年企稳回升、促进对外贸易政策措施的落实，我国出口将出现回暖，预计下半年出口名义同比增速可能达到5%。

（八）年中股市波动对下半年我国经济增长的影响有限

中国股市从6月中到7月初经历了大幅下跌，A股市值蒸发大约20万亿元。大幅的股市波动，主要通过金融业增加值、居民财富效应对消费的影响、对房地产市场的外溢效应和信用收缩等四个方面对下半年经济增长造成影响。

第一，股票在居民金融财富中所占比重虽有上升，但依然仅为7%左右，远小于存款和房地产所占的比例。过去一段时间股市大幅上涨后，消费增速并没有明显加快，因此相应地，股市下跌对居民消费的拖累可能也比较有限。按照我们的估算，股市大幅波动对居民消费的影响大约对GDP的拖累在0.1个百分点以内。

第二，股市下跌可能直接拖累金融业对GDP增速的拉动，但程度也很有限。目前市场在一系列救市政策的支撑下，成交量和指数逐渐平稳，金融业对下半年GDP增速的拉动可能较上半年减少0.1个百分点。

第三，股市下跌对国内融资和信用状况的拖累也不宜夸大。目前政策制定者积极推进直接融资，股票在实体经济融资中占比仍然较低。同时，下半年保增长的情况下，预计融资条件依然宽松，因此股市下跌通过信用收缩对实体经济的影响几乎可以忽略。

第四，股市下跌对房地产等资产价格造成的溢出效应也不明显。目前我国房地产市场处于分化时期，一线城市和二、三线城市之间由于经济增长和发展阶段的差异，房地产市场的冷热也存在较大差异。整体而言，随着房地产政策的逐步放开，融资便利和成本的降低，我国房地产销售和投资在下半年均有可能企稳回升。

综上所述，我们认为股市大幅调整对下半年经济增长的拖累作用较为有限。按照我们的测算，整体影响应该在0.2个百分点以内。

中国经济现在正处在转型升级、结构调整的关键阶段，“三期叠加”（增长速度换挡期、结构调整阵痛期和前期刺激政策消化期）的影响仍将持续，结构调整的阵痛在传统行业、传统领域还是比较大，包括房地产调整，短期来讲也有一些影响。但是综合来看，我国经济发展的基本面没有变，中国经济仍然具有保持中高速增长的动力和潜力。中国的工业化和城镇化没有完成，仍处在一个加快发展的过程之中，以互联网+为代表的信息技术、信息化，会跟工业化和城镇化高度融合，创造出新的动力。同时，我国正处在消费结构升级的关键阶段，解决了深层问题以后，发展型和改善型消费需求潜力很大。另外中西部地区差距比较大，后发优势比较明显，所以中国正处在战略机遇期，仍然具有保持中高速增长的潜力。我们认为下半年我国经济保持平稳运行，有望略微好转，有信心完成全年经济增长目标。

三 上半年财政收支形势存压力，采取措施保增长

2015年1—6月累计，全国一般公共预算收入79600亿元，比上年同期增长6.6%，同口径增长4.7%。其中，中央一般公共预算收入35948亿元，增长4.7%，同口径增长4.5%；地方本级一般公共预算收入43652亿元，增长8.3%，同口径增长4.9%。全国一般公共预算收入中的税收收入66507亿元，同比增长3.5%。1—6月累计，全国一般公共预算支出77288亿元，比上年同期增长11.8%，同口径增长10.6%，完成预算的45.1%，与去年同期进度基本持平。其中，中央（本级）一般公共预算支出12097亿元，增长11.9%，同口径增长11.6%，完成预算的48.4%，比去年同期进度加快0.4个百分点；地方一般公共预算支出65191亿元，增长11.7%，同口径增长10.5%，完成代编预算的44.7%。上半年财政

收入增速慢于财政支出增长，考虑到下半年保增长加力，财政收支形势存在压力，需要采取相关措施，顺利完成全年的保增长任务。

（一）上半年财政收入增速疲弱

1—6月主要收入项目情况如下：

（1）国内增值税15564亿元，同比增加368亿元，增长2.4%，扣除营改增转移收入影响增长0.2%。增幅较低主要是受规模以上工业增加值增长放缓，工业生产者出厂价格持续下降，以及营改增后进项税抵扣增加等因素的影响。

（2）国内消费税5313亿元，同比增加752亿元，增长16.5%。

（3）营业税9749亿元，同比增加549亿元，增长6%，考虑营改增收入转移影响增长8.5%。其中，金融业营业税2373亿元，增长23.3%；建筑业营业税2537亿元，增长9.8%；房地产营业税3016亿元，下降0.8%。

（4）企业所得税17053亿元，同比增加800亿元，增长4.9%。增幅较低，主要是受企业利润增幅回落以及汇算清缴企业所得税减少的影响。其中，金融业企业所得税5607亿元，增长14.3%；工业企业所得税4302亿元，下降3.8%；房地产企业所得税1954亿元，下降5.1%。

（5）个人所得税4752亿元，同比增加683亿元，增长16.8%。

（6）进口货物增值税、消费税5930亿元，同比减少1003亿元，下降14.5%；关税1251亿元，同比减少147亿元，下降10.5%。主要是受上半年一般贸易进口（按人民币）下降18.6%的影响。

（7）出口退税6572亿元，同比多退724亿元，增长12.4%。主要是加快出口退税进度。

（8）非税收入13093亿元，比上年同期增加2724亿元，增长26.3%，同口径增长11.5%。其中，中央非税收入增长47.3%，同口径增长40.9%，主要是部分机构集中上缴利润增加较多；地方非税收入增长22.7%，同口径增长7%。

总的看，上半年全国一般公共预算收入增幅偏低，比去年同期回落4.1个百分点。收入增幅偏低的主要原因：一是进口大宗商品价格大幅下滑、进口额下降导致进口税收大幅下降；二是工业增长放缓，尤其是工业生产者出厂价格持续下降导致按现价计算的增值税等税收低增长；三是企业利润增幅回落使企业所得税增幅相应回落；四是加快出口退税进度使出口退税额增加较多；五是受前几个月商品房销售低迷影响，房地产营业税、房地产企业所得税、契税、土地增值税、耕地占用税累计收入普遍下降；六是实行结构性减税和普遍性降费，减轻了企业负担，也在一定程度上造成财政减收。下半年，财政增收压力较大。要继续加强经济财政运行监测分析，依法组织财税收入，继续实行结构性减税和普遍性降费，严禁采取“空转”等方式虚增财政收入。

（二）坚持民生和保增长支出的持续增长

1—6 月累计，全国一般公共预算支出 77288 亿元，比上年同期增长 11.8%，同口径增长 10.6%，完成预算的 45.1%，与去年同期进度基本持平。

在财政收入增长放缓、收支矛盾较大的情况下，各级财政部门认真落实积极的财政政策，加强支出预算执行管理，积极盘活财政存量，用好财政增量，保障民生等重点支出需要。1—6 月累计，教育支出 11228 亿元，增长 13.2%；文化体育与传媒支出 1038 亿元，增长 7.2%；医疗卫生与计划生育支出 5801 亿元，增长 18.3%；社会保障和就业支出 10432 亿元，增长 20.9%；城乡社区支出 7359 亿元，增长 19.1%；农林水支出 6833 亿元，增长 13%；节能环保支出 1487 亿元，增长 19.9%；交通运输支出 5226 亿元，增长 18.7%。

6 月，全国一般公共预算支出 18814 亿元，比上年同月增长 13.9%，同口径增长 12.5%。其中，中央（本级）一般公共预算支出 2251 亿元，增长 11.6%，同口径增长 11.2%；地方一般公共预算支出 16563 亿元，增长 14.2%，同口径增长 12.7%。当月中央和地方财政支出增长较快。

1—6 月累计，全国政府性基金预算收入 17340 亿元，比去年同期下降 33.2%，同口径下降 29.5%。中央政府性基金预算收入 2016 亿元，增长 13.8%，同口径增长 18.4%。地方（本级）政府性基金预算收入 15324 亿元，下降 36.7%，同口径下降 33.1%，其中国有土地使用权出让收入 13043

亿元，同比减少8085亿元，下降38.3%（6月下降27.5%）。

1—6月累计，全国政府性基金预算支出17059亿元，比去年同期下降22.9%，同口径下降20.3%。中央（本级）政府性基金预算支出881亿元，下降30%，同口径下降28.3%。地方政府性基金预算支出16178亿元，下降22.5%，同口径下降19.9%，其中国有土地使用权出让收入安排的支出14044亿元，同比减少4598亿元，下降24.7%。

下半年财政政策应主要从以下三个方面来完成保增长、调结构的总任务：（1）继续妥善实施地方政府债务置换，保障基建投资财政资金来源；（2）适度扩大年度赤字规模，盘活存量资金，加快预算进度；（3）大力发展政府与社会资本合作等模式，全方位调动社会资本参与基建的积极性。具体而言：

（1）继续妥善实施地方政府债务置换，保障基建投资财政资金来源。作为地方政府债务管理过渡到新框架的举措之一，今年4月以来，财政部推出了三批地方存量债务置换，用以部分置换截至2013年6月30日地方政府负有偿还责任的存量债务中将于今年到期的1.86万亿元债务。这些债券将按市场化原则在银行间和交易所债券市场发行，并鼓励符合条件的机构投资者和个人购买。据财政部测算，置换后地方政府可大幅减轻利息负担。

2013年6月的审计结果显示，2015年到期的地方政府性债务规模为2.78万亿元，其中负有偿还责任的有1.86万亿元。地方政府债务形成主体主要包括融资平台公司、机关单位和事业单位，根据2013年6月以来债务增长情况估算，截至2014年年底融资平台公司形成的地方政府性债务约11.4万亿元，而机关单位、事业单位的地方政府性债务规模达7.6万亿元，加上未到期地方政府债券，估计地方政府的债务规模至少为24.4万亿元。2015年至2016年是地方政府债务到期的高峰期，预计今年到期的地方政府负有偿还责任的债务至少为2.8万亿元，加上或有债务的话，将会有4万亿元的债务到期。

我们建议下半年继续妥善实施地方政府债务置换，减轻地方政府存量债务压力。中长期看，需要做好两项基础性工作：一是推行权责发生制的地方政府综合财务报告制度，即地方政府的“资产负债表”，向社会公开政府家底。这是建立透明预算制度的应有之义，更是市场参与者对地方政府债券评级和定价的基础。二是建立健全考核问责机制，探索建立地方政府信用评级制度，倒逼地方政府珍惜自己的信誉，自觉规范举债行为。同时也能将地方政府的财政预算硬化，债务责任追溯机制和债务项目监督机制一并建立。目前我国政府性债务风险总体可控，但有的地方也存在一定风险隐患，全面规范地方政府债务管理是当前一项重要任务。地方债务体制和基建设施投融资体制改革总的要求应该是：疏堵结合，开明渠、堵暗道，加快建立规范合理的地方政府债务管理及风险预警机制。

（2）适度扩大年度赤字规模，盘活存量资金，加快预算进度。2015 年财政预算报告中明确指出，2015 年将适当扩大财政赤字规模和动用以前年度结转资金，加大支出力度。2015 年全国财政赤字 16200 亿元，比 2014 年增加 2700 亿元，中央和地方财政赤字规模都有所增加。赤字占国内生产总值的比重约 2.3%，比 2014 年提高 0.2 个百分点。此外，纳入政府性基金预算管理的地方政府专项债务增加 1000 亿元，中央财政动用以前年度结转资金 1124 亿元，进一步加大支出力度。按照政府工作报告的要求，今年财政政策有两个重点，一是适度增加财政赤字规模，从 2014 年的 2.1% 增长到 2015 年的 2.3%。二是盘活存量资金，同时让公共资金在支持建设中发挥应有的作用。面对下半年我国经济下行压力，保证地方政府财力，建议财政部门密切注意实体经济变化情况，积极作出应对措施，适度扩大实际赤字规模，保证全年经济增长目标实现。

同时，加强对支出政策和支出预算的审查，硬化支出预算约束。目前而言，要完成 2015 年 GDP 增长 7.0% 左右的全年目标，有必要将明年的部分预算支出提前支取，特别是一些有利于民生的大型基建项目。这样有利于财政资本金的到位，有利于及时推进工程进度，更有利于从经济周期和国民经济发展需要的角度考虑，摆脱单一年度预算赤字的限制，改进宏观调控的方式方法，进一步发挥财政政策的逆周期调节效应。

（3）大力发展政府与社会资本合作等模式，全方位调动社会资本参与基建的积极性。大力推广政府与社会资本合作模式，是从“政府供给”向“合作供给”的一次转变。多年来，我国公共服务依赖政府供给，一定程度上存在服务质量不高、效率偏低等诸多问题。党的十八届三中全会提出，要使市场在资源配置中起决定性作用和更好发挥政府作用。即便在一些公共服务领域，也可以依靠市场力量解决。通过政府与社会资本合作模式提供公共服务，不仅可以破除各种行政垄断，打破“玻璃门、弹簧门、旋转门”，激发市场主体活力，还可以“借市场之力”，引入民间资本参与投资公共服务，将政府在战略制定方面的优势，与社会资本在管理效率、技术创新方面的优势结合起来，提高公共服务质量和效率，增加人民福祉。同时，推广政府与社会资本合作是推动基础设施投融资体制改革的重要举措，有利于调动社会资本参与基础设施建设的积极性。近年来，虽然我国经济增长较快，但基础设施等公共服务不足仍是“短板”。据统计，目前我国人均公共基础设施资本存量，仅为西欧国家的38%、北美国家的23%，城镇化率比发达国家低20多个百分点，其中蕴藏着较大的供给空间。通过政府与社会资本合作模式提供公共服务，可以撬动社会资本参与建设，形成多元化、可持续的资金投入机制，有效满足基建的需要，有利于下半年保增长的实现。

四　中国地方政府财政行为与债务压力

中国地方政府无论在经济繁荣期还是衰退期，财政行为均呈现出扩张性的特点。因此，在经济衰退期，地方财政扩张性的特征有利于熨平周期，利于经济复苏。但是，在经济繁荣期，地方财政扩张性的特征往往加大经济过热程度，展现出顺周期的特征。我们认为，地方财政行为与财政分权和地方政府预算软约束紧密相关。中国式财政分权体制，使得地方政府有追求经济增长的锦标赛竞争，这就助长了地方政府无论在经济萧条和繁荣时期都倾向于实施扩张性的财政政策。同时，预算软约束使得这种倾向于扩张性的财政政策得到足够的融资保障，使得这种扩张性财政政策的实施成为可能。

我国财政政策扩张性特征和顺周期行为，容易造成宏观经济周期的不稳定。扩张性特征背后的地方政府政绩追求、预算软约束和融资缺乏监督，又往往形成潜在的经济和金融风险。因此，地方政府通过预算内和预算外的扩张性财政行为，在带来经济增长的同时，由于盲目投资的冲动和对利率约束的不敏感，也带来了地方债务压力问题。

本部分主要从三个方面：（1）地方政府财政行为；（2）存量债务压力的化解；（3）新增支出压力的财政保障，讨论我国目前地方政府遇到的财政压力和未来的解决办法。

（一）地方政府财政行为

我们运用省级面板数据对中国地方政府财政行为进行实证研究。我们利用中国 1994—2013 年度 27 个省份的面板数据，运用系统广义矩等方法估计了中国地方政府的周期性财政政策反应函数，同时检验地方政府是否存在扩张性冲动。

按照计量模型结果显示，当我国实际 GDP 增速低于潜在 GDP 增速一个百分点时，中国地方政府的财政支出占 GDP 的比例将上升 1.6 个百分点（按照系统广义矩估计的计量结果）。在经济扩张期，我国所采用的则是顺周期的财政政策，即实际 GDP 增速每高于潜在 GDP 增速一个百分点，地方政府财政支出占 GDP 的比重将会平均增加约 0.33 个百分点（按照系统广义矩估计的计量结果）。在经济衰退期，我国采用的是扩张性的财政政策，表现为逆周期的特点；在经济扩张期，我国的财政政策则是顺周期，还是倾向于扩张性的财政政策。综上所述，我国财政政策具有一种扩张性倾向，这种扩张性倾向在经济衰退期拉动经济，在经济扩张期则表现为顺周期性。

我们将财政支出分为基建支出、行政管理支出和教科文卫支出三大支出来分别分析我国财政支出结构的周期性。计量结果显示，三大类支出和政府全部财政支出一样，体现出经济衰退期呈现扩张性特点（逆周期），经济繁荣期呈现出顺周期特点。具体而言，在经济衰退期，基建支出扩张效应最大，其次是教科文卫支出，最低是行政管理支出。在经济繁荣期，行政管理支出扩张效应最大，其次是基建支出，再次是教科文卫支出。因此，在中国目前的财政支出结构中，基建支出对经济周期调控起到了重要的作用。

表 2　　　　　　　**中国地方政府周期性财政政策反应函数估计**

被解释变量	财政支出/GDP		
估计方法	最小二乘法	固定效应面板模型	系统广义矩估计
财政支出/GDP（-1）	0.0034*** (112.78)	-0.0056*** (-36.76)	-0.0156*** (-73.78)
Gap * Boom	0.256* (3.78)	0.387 (2.67)	0.338* (3.65)
Gap * Recession	-0.788*** (-8.89)	-1.256*** (-12.87)	-1.636*** (-22.67)
X（贸易依存度）	0.006* (3.56)	0.029 (2.78)	0.05* (3.78)
城镇化率	0.018*** (6.78)	0.256*** (8.98)	0.636*** (12.68)
Year1998	-0.089* (-3.89)	-0.027* (-2.98)	-0.067 (-2.67)
Year1999	0.064** (6.78)	0.079** (3.98)	0.056 (2.67)
Year2008	0.035* (4.69)	0.085** (5.25)	0.128** (6.89)
Year2009	0.336*** (25.28)	0.485*** (25.93)	0.428*** (35.71)
AR（1）	—	—	0.006
AR（2）	—	—	0.045
Hansen Test	—	—	0.458
观察值	540	540	540
工具变量数	—	—	22

注：（1）括号内的数值为模型参数的 t 统计量；（2）***、**、* 分别表示在 1%、5%、10% 的水平上显著。

（二）地方存量债务压力的化解

根据余永定等（2015）的研究①，就中国目前而言，提高经济增长速度并不能降低债务对 GDP 比例，为避免发生债务危机，中国必须提高资本使用效率，提高企业利润率，并降低地方政府对债务融资的依赖。按照城投债的公开数据测算，中国地方政府债务所投资的项目大多

① 参阅《中国企业债对 GDP 比的动态路径》，《世界经济》2015 年第 3 期。

为公共基础设施项目，收益率远低于企业投资项目。地方政府债务压力将在未来相当一段时间内，拖累地方政府的投资行为和对经济增长造成压力。本部分着重讨论如何化解地方存量债务压力。

第一，从挤债务到减债务的转变。传统意义上的债务减少行为，主要是指限制地方政府融资行为，逐步减少其绝对数量的债务规模。我们认为这种传统直观意义上的挤债务政策可能在短期内导致经济衰退，中长期内降低地方政府的积极性，损害我国经济长期稳定健康发展。我们建议采取相对减债务比例的模式，即不注重存量债务的绝对数量，而注重债务的投资效率，提升债务所带来的资本收益，从而使得债务收益率增加，提升资本使用效率。引入市场化竞争机制、增强项目的监督和透明度，尽快编制地方政府资产负债表、扩大基建项目对民间资本开放和引入民间资本合作等方式可能在中长期内起到相对减债务的效果。

第二，从防风险到抗风险的转变。目前地方政府债务压力还没有立刻转化为直接的财政风险的程度，因此更多的关注在于如何防止风险。参考全球经济史上历次债务危机，爆发的时间点和程度都超出危机之前的预料。因此，我们提出应该从防地方存量债务风险到主动抗击债务风险，尽早建立完成严谨的风险救助应急措施。比如成立财政部、央行、发改委在内的协调和筹备小组，建立地方政府债务风险化解基金，制定市场化和严格的制度，防止地方政府债务风险。

第三，从治标到治本的转变。存量债务的化解目前来看主要是采取置换和拖延的办法，这些办法只能在中短期内达到治标的效果。我们认为，从化解地方政府债务的长远视角来看，应该尽快完善地方政府自主发债自主偿还体制的建设，逐步硬化地方政府的预算。同时，逐步统一预算内和预算外的口径，使得地方政府预算软约束的状态得到改善，中长期内将地方债务保持在合理水平。

综合来看，为了妥善解决地方政府存量债务问题，同时兼顾经济增长和长远发展，我们提出了三个方面的建议：从挤债务到减债务的转变；从防风险到抗风险的转变；从治标到治本的转变。

(三)新增地方财政支出压力的财政保障

调结构、促民生的许多财政支出存在刚性。长期以来，中央和地方财权事权的不匹配也造成了地方政府承担了相对较多的财政支出压力。前瞻的看，新增财政支出压力的财政保障，必须要尽早通过合理严谨的制度安排来实现。

财税改革的重点在于调整中央和地方之间的财政关系。营业税改增值税后，中央和地方收入如何分配，地方财政收入如何保证成为当下面临的紧迫问题。从此前的情况来看，地方政府一直认为其财力不能够满足正常的需要，因此在有些地区出现较大规模的地方举债。未来应该从两个方面来改革以理顺中央和地方的收入划分，即中央应当上收一部分支出责任，减轻地方政府的负担；同时给地方增加一定的财力。

第一，进一步理顺中央和地方收入划分。遵循公平、便利、效率等原则，考虑税种属性和功能，将收入波动较大、具有较强再分配作用、税基分布不均衡、税基流动性较大的税种划为中央税，或中央分成比例多一些；将地方掌握信息比较充分、对本地资源配置影响较大、税基相对稳定的税种，划为地方税，或地方分成比例多一些。收入划分调整后，地方形成的财力缺口由中央财政通过税收返还方式解决。

第二，合理划分各级政府间事权与支出责任。要适度加强中央事权和直接支出比重，将国防、外交、国家安全、关系全国统一市场规则和管理的事项集中到中央，减少委托事务，提高全国公共服务水平和效率；将区域性公共服务明确为地方事权；明确中央与地方共同事权。在明晰事权的基础上，进一步明确中央和地方的支出责任，中央可运用转移支付机制将部分事权的支出责任委托地方承担。

第三，改进预算管理制度。加大地方政府预算的透明度，逐步增强地方人大和公众对地方预算和执行的监督。同时，改革财政转移支付制度，改革的主要方向，是“增一般、减专项、提绩效”。“增一般”就是完善一般性转移支付的稳定增长机制，提高转移支付资金分配的科学性、公平性和公开性，“减专项”就是清理、整合、归并专项转移支付，“提绩效”就是强化专项转移支付针对性、时效性，建立专项转移支付定期评估和退出机制。

因此，新增地方财政支出压力的财政保障，主要应该从调整中央和地方事权、中央和地方财力分配和预算体制改革等方面逐步展开。

综上所述，地方政府财政扩张性行为产生了制约我国财政体制改革和阻碍经济发展的债务压力。我们建议从三大转变出发，逐步化解地方政府债务压力：从挤债务到减债务的转变；从防风险到抗风险的转变；从治标到治本的转变。对于未来新增地方财政支出的制度安排，应该从调整中央和地方事权、中央和地方财力分配和预算体制改革等方面逐步展开。

（执笔人：闫坤　刘陈杰）

全球经济增长动力缺失与我国支持制造业发展的财税政策

——2015 年第三季度我国宏观经济与财政政策分析报告

一　全球经济增长动力缺失

2015 年第三季度，世界经济又被美国加息预期、中国经济增长速度下降、国际大宗商品价格走低的阴霾所笼罩，面临着愈发明显的下行风险，体现出复苏脆弱且不稳定、不均衡的特征。更令人沮丧的是，各国政府的积极作为并没有产生预期效果，面对着经济发展的不利形势已几乎无策可施。

（一）世界经济增长呈现非均衡和脆弱性特征

2015 年第三季度，世界各国的经济发展仍然处于步调不一致的状态，但经济发展形势已然在悄悄发生变化。从表面上看，新兴和发展中国家的经济增速虽仍远高于发达国家，却因面临着较为严峻的经济下行压力，增长速度进一步放缓；美国经济出现超预期的增长，欧元区经济仍然保持着低速缓慢复苏，日本经济又重新陷入停滞且季度环比负增长。而从更深的层面上看，目前美欧等发达国家经济的温和复苏也是脆弱、不稳定的。

1. 美国宏观经济数据喜忧参半

一是 GDP 实现超预期增长。美国商业部数据显示，4—7 月，美国

GDP 年率环比增长 3.9%，高于二季度的 3.7% 增速，也高于分析师 3.2% 和摩根大通 3.4% 的预期。美国经济自 2010 年起开始复苏，呈现出温和复苏的态势（如图 1）。

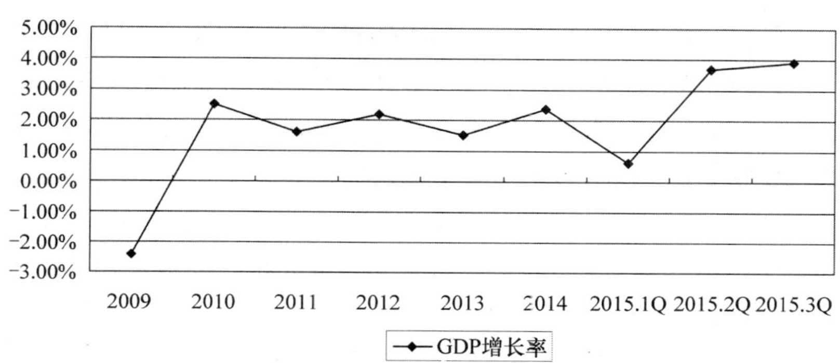

图 1 2009 年以来美国 GDP 增长率趋势

资料来源：美国商务部。

二是产业扩张，但扩张势头减弱。美国供应管理协会（ISM）公布，美国 9 月非制造业采购经理人指数 56.9，低于 8 月的 59.0 和 57.5 的预测值；制造业采购经理人指数 56.6，低于 8 月的 59.0 和 58.5 的预测值。Markit 公布，9 月美国 Markit 服务业采购经理人指数 55.6，低于 8 月的 56.1。表明美国产业稳健扩张，但扩张势头有所减弱。

三是建筑业的强劲增长。美国商务部数据显示，7 月美国建筑支出增长 0.7%，经季节性因素调整后的年化支出为 1.08 万亿美元，创 2008 年 5 月以来最高水平。2014 年，美国建筑支出增长了 13.7%，今年 5—7 月，美国建筑支出的年化增速高达 26%。据美国 Market Watch 报道，第二季度，占美国 GDP 比例为 5% 的建筑业对美国 3.7% 的 GDP 增速贡献了 1.3 个百分点。

四是消费和投资支出均有一定程度增长，但消费者信心不稳定。二季度，美国国内个人需求（不包括贸易、政府支出和存货）、非住宅建筑投资、住宅建筑投资分别增长 3.3%、4.1%、7.8%；9 月个人消费支出年化季度环比修正值为 3.6%，高于初值的 2.9%；知识产权开支增长

8.6%，为2007年四季度以来最大增幅。但矿业支出下跌68.3%，创1986年以来最大跌幅。在消费者信心方面，10月彭博消费者信心指数为43.5，低于8月的45.2和45.2的预期值。而密西根大学的美国消费者信心指数则出现波动，9月从8月的91.9下滑至87.2，10月又升至92.1。

五是贸易逆差大幅上升。美国商务部的数据显示，美国8月贸易逆差上升15.6%，至483.3亿美元，超过了455亿美元的预期值。

六是失业率持续走低，但劳动力市场疲软。美国劳工部数据显示，8月失业率降至5.1%，9月失业率虽没有进一步变化，仍为5.1%，已达到自2008年4月以来最低点。但是9月劳动参与率62.4%，较8月的62.6%又有小幅下滑。据悉，美国劳动参与率已降至38年来的最低水平。与此同时，9月美国非农就业增长14.2万人，低于预期的20.1万人，8月的非农就业也由17.3万人下降至13.6万人，如果剔除政府就业政策的拉动，9月美国私人部门的非农就业增长仅为11.8万人，8月仅为10万人，是2012年7月以来的最低点。此外，美国职工9月平均小时工资环比增长为零，低于预期的0.2%，各行业工资增速普遍放缓。据高盛预测，2018年美国的失业率将从现在5.1%下降到4.5%，但未来几年美国的劳动参与率每年下降约0.25个百分点。可见，失业率的向好被劳动参与、非农业就业、工资增长的情况打了折扣。

七是价格指数仍然维持在低位。美国劳工部公布的数据显示，美国消费者物价指数（CPI）8月环比下降0.1%，9月下降0.2%，CPI 8月同比上升0.2%，9月持平。扣除食品和能源后，美国9月核心CPI环比上升0.2%，同比上升1.9%。9月生产者物价指数（PPI）环比下降0.5%，同比下降1.1%，核心工业品出厂价格环比下降0.3%，同比上升0.5%。虽然住房成本上升阻碍了价格指数更为不利的表现，但仍抵不过能源价格下跌将价格指数整体维持低位。

2. 欧元区宏观经济数据显示经济复苏脆弱

一是GDP低速增长。欧洲统计局数据显示，欧元区第二季度GDP环比增长0.3%，同比增长1.2%，呈现缓慢增长趋势。其中，各国统计局数据显示，德国二季度GDP环比增长0.4%，同比增长1.6%；法国二季度GDP环比增长为0，同比增长1.1%；意大利二季度GDP环比增长 0.2%，同比增长 0.5%。可见，德国仍然是欧元区的经济领跑者，但仍属于低速增长，而部分成员国经济陷入停滞。

二是通缩压力加大。欧元区 8 月 CPI 同比增长 0.1%，9 月 CPI 同比下降 0.1%，不及预期甚至跌至负值，主要原因是能源价格同比大幅下跌 8.9%，而食品价格上升 2.7% 并没有扭转大势。8 月和 9 月核心 CPI 同比增长均 0.9%，9 月核心 CPI 同比增长 0.9%。分国别看，9 月德国、法国的 CPI 同比持平，而西班牙 CPI 同比下降 0.9%，而非欧元区的欧盟国家英国 9 月 CPI 同比、环比均为下降 -0.1%。

三是就业形势恶化。欧元区 8 月失业率为 11%，超出了预期（10.9%），继续保持两位数的高失业率水平，而 7 月的失业率也由 10.9% 上修至 11%（如图 2）。按国别来看，德国的失业率最低，而希腊和西班牙的失业率相对较高，超过 20%。

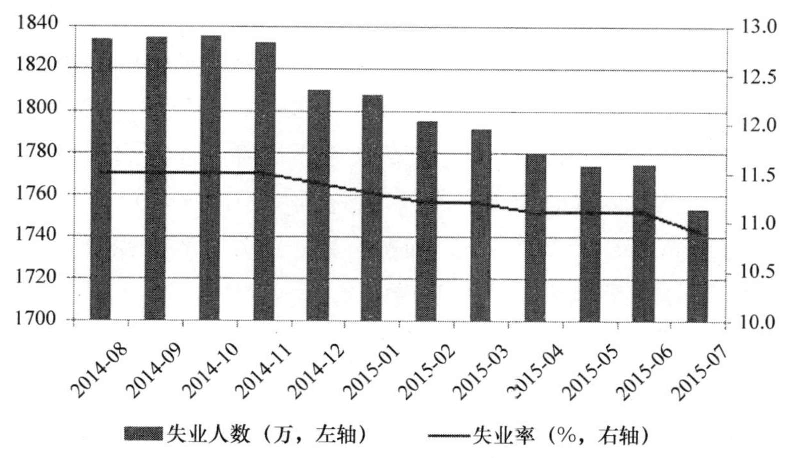

图 2 欧元区失业人数及失业率

数据来源：欧盟统计局。

四是经济景气指数回落。欧洲经济研究中心（ZEW）公布的数据显示，欧元区 9 月欧洲经济研究中心经济景气指数由 8 月的 47.6 跌至 33.3。其中，德国 9 月欧洲经济研究中心经济景气指数由 8 月的 25.0 跌至 12.1，而法国和意大利 9 月欧洲经济研究中心经济景气指数则分别跌至19.5和26.1。欧元区9月欧洲经济研究中心经济现况指数则由8月的-10.3升至-9.7，但仍然是负值，法国和意大利该指数分别大幅跌至-46.5和-48.8。经济景气指数回落说明欧元区经济复苏脆弱。

五是对外贸易形势向好。欧洲统计局数据显示，8月欧元区货物出口贸易额同比增长6%，进口贸易额同比增长3%，贸易顺差112亿欧元，同比增长74亿欧元。其中，欧元区内部贸易额同比增长2%。分国别看，二季度德国出口环比增加2.2%，进口环比增加0.8%，对外贸易为GDP贡献了0.7%的增速；法国进口环比增长0.6%，出口环比增长1.7%。

六是经济继续保持扩张态势。欧元区10月（Markit）综合采购经理人指数（PMI）从9月的53.6上升至54.0，高于预期的53.4；服务业采购经理人指数从9月的53.7上升至54.2。分国别看，德国10月Markit综合采购经理人指数从9月的54.1升至54.5；法国10月Markit制造业采购经理人指数从9月的50.6升至50.7，也高于预期的50.2。说明尽管欧元区处于低速增长区间，但扩张态势得以保持。

七是财政状况好转。欧盟统计局10月发布数据显示，欧元区2014年政府赤字占GDP比为2.6%，较2013年下降0.4个百分点；截至2014年底，欧元区政府债务占GDP比为92.1%，较2013年上升1个百分点，虽高于警戒线较多，但增幅不大。这为“容克投资计划”的实施作了较好的支撑。

3. 日本宏观经济数据显示经济萎缩

一是GDP负增长。日本内阁府的数据显示，第二季度剔除物价变动因素后，日本实际GDP下降0.3%，换算成年率为下降1.2%，这一数据已经好于下降1.8%的预期。GDP又一次出现负增长，给一季度的强劲增长一记重拳。日本政府考虑到受中国经济减速影响，日本的生产和出口均出现疲软，个人消费的恢复依旧乏力等因素，在其发布的10月月度经济报告中，下调了对经济总体形势的评估。

二是产业扩张结构性突显。8—10月日本经季节调整的制造业采购经理人指数（PMI）分别为51.7、51.0、52.5，出现波动性的原因是9月的新出口订单大幅萎缩（新出口订单指数从8月的51.6降至48.0），而10月新出口订单指数为52.1，整体新订单指数从9月的53.0升至54.9，说明制造业有回暖迹象。同时，内阁府对服务业员工的政府调查显示，7月服务业景气判断指数升至51.6，但对未来情况的信心从6月的53.5降至51.9，说明对日本服务业前景的信心不足。令人堪忧的还有日本的工业生产。尽管更新的数据还没有公布，但日本经济产业省数据显示，日本8月工业生产环比下降0.5%，远低于增长1.0%的预期，日本工业生产已经连续两个月下滑，主要是汽车和电子零部件等生产低迷。据经济产业省的调查显示，日本制造商预计，9月工业生产预计仅增长0.1%。因此，日本政府下调了对工业生产的评估，认为日本工业生产正在趋弱。

三是内需不稳。从约占经济活动60%的民间消费来看，二季度日本民间消费环比减少0.8%，6月和7月日本家庭支出分别同比下降2.0%和0.2%，降幅在缩小，但仍小于上升1.3%的市场预期。内阁府公布的调查显示，2015年5—7月日本家庭消费者信心指数分别为41.4、41.7、40.3，目前的消费者信心指数处于今年的最低点，因此，内阁府下调对消费者信心的评估至“停滞”。消费者信心指数的走低，主要原因是食品价格上涨但工资增长缓慢。从投资来看，日本财务省数据显示，二季度除金融、保险业外的全产业设备投资同比增长5.6%，延续了前9个月的增长趋势，其中，非制造业设备投资同比增长2.6%，制造业设备投资同比增长11.6%，主要原因是汽车和智能手机零部件制造升温，而三季度日本大型制造业者信心也出现改善。尽管如此，并不能对日本经济复苏做出乐观判断，因为企业设备投资减少0.9%，是三个季度以来首次减少，表明企业投资需求不足，而企业投资一直被日本政府视为拉动经济增长关键引擎。

四是外需不振。日本财务省数据显示，2015年4—9月出口额同比增加5.2%，进口额同比下降5.5%，实现贸易收支逆差1.3086万亿日元，但逆差额同比下降4.1499万亿日元。贸易逆差锐减对日本来说并非有利，因为在国际油价走低的背景下，日本能源进口非但没有增加，反而大幅减少，其中原粗油下降34.0%，液化天然气（LNG）下降36.6%，说明经济增长的前景并不乐观。从出口来看，虽然实现增长，但结构上，作为支柱产业的汽车出口量下滑 0.6%，且对作为第一大贸易伙伴的中国出口下滑 24.7%，均反映了出口的扩张力潜力不足。数据显示，随着对亚洲及美国出口下挫，外部需求对日本 GDP 构成 0.3 个百分点的拖累。

五是物价指数出现下滑。日本总务省数据显示，8 月日本全国消费者物价指数 CPI（生鲜食品除外）为 103.4，同比下降 0.1%（见图 3），是 28 个月以来首次出现同比下滑，而自 4 月已出现了月度环比下滑的趋势，可见日本摆脱通缩实现 2% 的通胀目标仍异常困难。物价指数出现下滑的原因是多方面的，最主要的是电力、燃气和汽油等能源的价格同比下跌 10.5%，尽管食品（不含生鲜品）价格上涨 1.8%，仍不能对物价指数形成总体的支撑。此外，经济产业省数据显示，日本 7 月和 8 月零售销售较上年同期分别增长 1.6% 和 0.8%，但是，增长速度有所放缓，也不及 1.1% 的市场预期。零售销售上升的主要原因是物价因素，但显然通缩环境对销售的推升作用有限，要让经济持续复苏，尚缺少真正的动力。

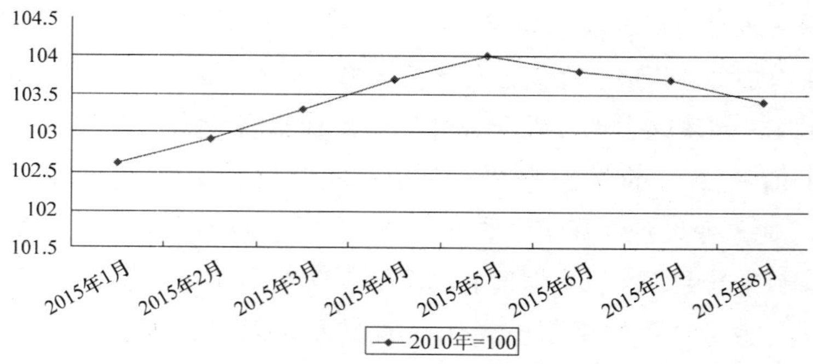

图 3　2015 年日本 CPI 变动趋势

资料来源：日本总务省统计局数据库。

4. 新兴和发展中国家经济普遍下行

一是俄罗斯经济恶性循环风险加大。俄罗斯经济部长乌尤卡耶夫称前 9 个月俄罗斯 GDP 同比下滑 3.8%。俄罗斯经济发展部预计，今年俄工业生产将下降 2.5% 至 3%，固定资产投资仍处于负增长，俄罗斯的衰退将持续至 2018 年。俄罗斯财长西卢阿诺夫表示，在低油价和国际制裁的背景下，预计俄罗斯经济今年将萎缩3.8%。目前，能源经济约占俄罗斯GDP的1/4，能源出口占俄罗斯贸易接近70%，大宗商品价格的持续低迷使得该国经济面临很大的困境，金融和财政也受到严重破坏。7月，俄罗斯商品出口同比下降41.2%，商品进口同比下降41.9%，均大幅下滑，预计今年因油价下跌其石油出口收入将减少950亿美元。此外，西方制裁对俄罗斯经济有较大冲击，据花旗银行测算，对俄罗斯的制裁使其GDP萎缩了10%。国际货币基金组织（IMF）预计俄罗斯2015年经济将萎缩3.4%，制裁可能使其GDP萎缩9%。与此同时，俄罗斯还面临着较大的通货膨胀压力。8月消费者价格指数高达15.8%，环比上涨0.4个百分点，这使得俄罗斯居民实际收入下降（见图4）。据俄国家统计局数据，上半年俄居民实际收入减少3.1%，这会影响消费。可见，俄罗斯经济有陷入恶性循环的风险。

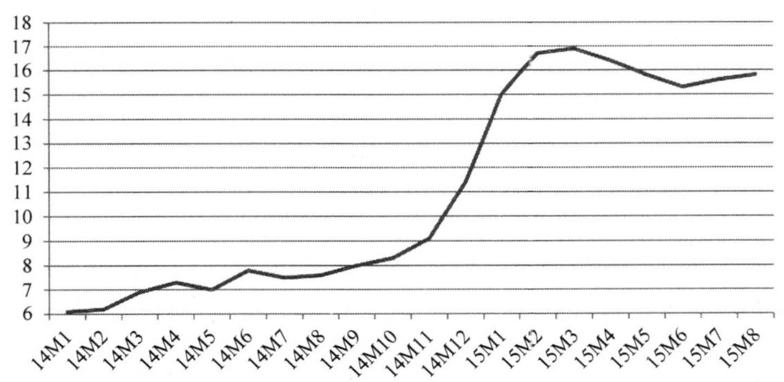

图4　俄罗斯消费者价格指数趋势

数据来源：转引自国家信息中心数据。

二是巴西经济陷入衰退。巴西地理统计局数据显示，二季度巴西GDP环比下滑1.9%，同比下滑2.6%。从结构上看，巴西经济表现为全面衰退，其中：工业下滑6.3%，农业下滑2.7%，服务业下滑0.7%，家庭消费下滑2.1%，投资下滑8.1%；8月商品出口同比下降24%、环比下降16%，进口同比下降34%、环比下降21%。与此同时，巴西通货膨胀居高不下，8月巴西广义消费价格指数环比上涨

0.22%，同比上涨9.5%，为2003年以来最高通胀水平，是巴西政府通胀管理目标4.5%的两倍多。巴西央行近日公布的报告则显示，主要金融机构对巴西经济的预测是2015年下降2.06%，2016年下降0.24%。经济衰退的原因是多方面的，包括外部的全球经济不景气和国内的需求不振、债务负担严重、政局不稳。正因如此，标准普尔把巴西信用评级由BBB－调降至BB＋“垃圾级”，并把评级展望定为“负面”，据标准普尔预测，巴西今年实际GDP将收缩2.5%，2016年实际GDP将收缩0.5%，2017年实际GDP或将出现微弱增长。

三是印度经济逆势上扬。虽然印度GDP的统计受到广泛质疑，但印度经济的确在世界经济普遍不振的背景下脱颖而出，但与其自身相比增长趋缓。印度统计部数据显示，二季度印度GDP同比增长7%，增幅较一季度回落0.5个百分点，也低于7.4%的预期。尽管如此，多项增长因素对印度经济形成强有力的支撑。印度贸易部数据显示，二季度印度外国直接投资（FDI）累计达95.1亿美元，同比增长32%。同时，消费和工业生产也保持良好的增长势头，二季度消费支出同比增长7.4%，7月工业生产指数同比增长4.2%，较6月增长0.45个百分点。国际货币基金组织和标准普尔的最新预测均显示，2015年印度的GDP增速预期为7.4%，标准普尔对印度的经济展望为稳定，并预计2015—2018年其GDP平均增速将略低于8%。当然，印度经济中也存在若干不利因素，其中包括出口萎缩，尽管本币贬值，但8月、9月印度出口分别同比下降20.7%和24.3%。印度商品批发价格指数已经持续8个月同比下滑，8月下降到4.95%，7月印度CPI降至3.78%。

此外，韩国经济面临来自外部的巨大压力，8月韩国出口下降14.9%，韩国政府预计2015年经济增长3.1%，而韩国央行发布的《2015及2016年经济展望报告》估计韩国2015年的GDP增速仅为2.7%。印度尼西亚受外需不足影响，贸易活动减弱，8月出口额同比下降12.3%，二季度GDP增速有0.05个百分点的小幅回落。南非因电力短缺、罢工和外需不足，财政部将2015年其经济增速预期下调0.5个百分点至1.5%。墨西哥因油价下跌、汇率疲软、资金外流等因素，其经济增长缓慢，国际机构纷纷下调其经济增长预期。

（二）世界经济增长脆弱和非均衡的原因分析

国别分析显示，当前世界经济增长呈现较强的非均衡和脆弱性特征。在剥离种种表象之后可以发现，三季度对世界经济产生负面影响的有两个重大事件：一是国际大宗商品价格下降，二是资本外流；有两个重要国家：一是美国，二是中国。

国际大宗商品价格下降对依赖大宗商品出口的国家影响较大，除了俄罗斯、巴西外，还影响到拉美资源型国家和海湾阿拉伯国家合作委员会（海合会）成员国等。联合国拉美和加勒比经济委员会把2015年拉美地区经济增速预期下调1.7个百分点至0.5%，是近6年来增速最慢的一年，其中一个重要原因即是能源产品价格下跌。而标准普尔调降了巴林和阿曼的主权信用评级，对巴林和沙特的评级展望为负面，国际货币基金组织估算2015年海合会国家的整体财政收入将比去年骤减至少3000亿美元，其原因均是国际原油价格暴跌。

资本外流的影响范围和深度更为严重，由于国际上对新兴和发展中国家经济增长放缓的担忧不断增加，致使这些国家的资本流出激增，为了支持本国货币汇率，他们只能减少外汇储备，结果是大量抛售发达国家的债券，从而影响到发达国家货币政策的有效性和新政策的出台，并造成更广泛的影响。资本外流还会对通货膨胀产生影响，张慧莲的研究表明：可能通过汇率渠道推升通货膨胀，也可能通过资本渠道压低通货膨胀水平，还有可能因为央行的对冲干预没有明显影响，最终的结果要看这三种力量的对比，但由于资本会通过各种隐蔽的形式流动，汇率因管制而不能相应贬值（或者贬值幅度不够），导致货币渠道的影响大于汇率渠道，货币紧缩效应明显。

事实证明了上述分析。据国际金融协会（Institute of International Finance，IIF）评估，新兴市场的资金净流出今年将达到5400亿美元。2015年年初以来，拉丁美洲市场外国资本流出总金额高达65.16亿美元①，俄罗斯资本外流930亿美元，巴西资本外流360亿美元，相应地，

① 王晓薇：《拉美：永远走不出债务“噩梦”?》，《华夏时报》2015年9月11日。

俄罗斯外汇储备减少了1424亿美元，巴西外汇储备在过去7个月中总计减少了102亿美元。[①] 而按国际收支平衡表数据计算，上半年中国实际资本净流出约2000亿美元[②]，中国的外汇储备在过去15个月缩少了4800亿美元，其中三季度外汇储备共计减少了1797.18亿元。在这种情况下，美联储决定暂不加息，使得一些外流的资本重返新兴市场。国际金融协会最新公布的数据显示，由于美联储未在今年9月启动加息，此前一些流出的资本开始重返新兴市场，例如，10月19日约4亿美元资金流入印尼、印度、韩国、泰国、南非、巴西和匈牙利七个新兴市场。2015年7月世界主要国家通货膨胀率（如表1），大多数国家小于2.5%，只有少数国家，如俄罗斯、巴西和印度尼西亚，通货膨胀压力较大。

表1　　**2015年7月世界主要国家通货膨胀率**

瑞士	英国	美国	欧盟	日本	韩国	中国	加拿大	澳大利亚
-1.3	0.1	0.2	0.2	0.4	0.7	1.6	1.28	1.5
墨西哥	沙特阿拉伯	印度	南非	土耳其	印度尼西亚	巴西	俄罗斯	
2.74	2.2	3.78	4.97	6.8	7.3	9.56	15.6	

数据来源：中国人民银行。

美国加息预期是三季度各国最关注的问题，这与所有国家均有关联。因为美联储出台紧缩性货币政策的时间和政策内容均会引发全球资本流动。具体来说，美国加息会吸引资本流入美国，各国的金融稳定均会受到冲击，尤其是新兴和发展中国家可能因此陷入困境。目前，全球经济由新兴和发展中国家领跑，一旦其经济暴跌，必然会斩断发达国家脆弱的经济复苏，全球经济甚至可能面临金融、贸易、财政、价格、投资等所有领域的崩盘。美国经济当然也不能独善其身，因此美国对加息

① 张锐：《"金砖引擎"面临大修"金砖国家"未来更有成色》，《上海证券报》2015年9月2日。

② 数据来源：中央政府门户网站（http://www.gov.cn/xinwen/2015-10/22/content_2952136.htm）。

的决策极为谨慎，一直没有实质性行动。

中国作为全球第二大经济体，是2008年国际金融危机以来对全球经济增长贡献最大的国家。其经济增长速度正缓步下降，这牵动着整个世界的神经，其经济状况和宏观经济政策容易被过度解读。例如三季度汇率政策和利率政策的变动，均在全球金融市场引发了短期动荡，这很大程度上是避险心理使然。事实上，必须准确评估中国经济增速趋缓的影响，关键是要看到其带来的积极因素。中国目前使用区间调控手段，一方面进行结构调整和经济发展方式转变；另一方面采取多项稳增长措施使经济增速保持在7%左右，即在保持经济发展速度的同时，更多地关注经济发展质量，顺利过渡到“新常态”，以顺应存在脆弱、失衡、复杂和较大不确定性的世界经济环境，并能够一如既往地成为世界经济复苏的支柱。但是在这个过程中，也难免对区域经济或世界经济产生短期的消极影响，主要体现在贸易领域。海关总署数据显示，2015年前三季度中国对巴西出口同比下降14.4%，对俄罗斯出口下降35.9%，对东盟出口增速较上年同期回落1.9个百分点。但是，作为对冲，中国政府积极推动亚洲基础设施投资银行（即“亚投行”）成立，亚投行致力于推动区域之间的互联互通，会为更多加盟国家带来利益。中国还积极推行“一带一路”战略，该战略已经在促进外贸发展方面初现成效，上半年中国对沿线国家的贸易增长较快，未来还可能带动更广阔的合作，包括和发达国家的合作。此外，中国积极推动“走出去”战略，将中国的资本、技术、劳动带向世界。上述种种行动，加之面向发展质量的结构性改革，均体现出中国对世界经济所肩负的责任，以短期的消极影响换取长期的积极影响，相信世界各国会更欢迎。正因如此，在国际货币基金组织（IMF）发布的2015年10月期《世界经济展望》，下调了2015年全球经济增长以及发达经济体、新兴市场经济体、低收入国家经济增长的预期，而对于中国，却在判断其跨境影响“看来比早先预期的更大”的前提下，维持了2015年和2016年经济增长6.8%和6.3%的预测不变，其理由是：中国政府已经推出了财政措施，且加大了基建投资，中国的增长减缓到目前为止符合预测，中国政府的目标是使经济转向更大程度上靠消费带动的增长，同时不使经济活动过度放缓，另外还要减轻金融脆弱性，并实施改革以提高市场力量在经济中的作用（见表2）。

表2　**国际货币基金组织2015年10月《世界经济展望》全球经济预测**

单位：增长率%

	2014年	2015年10月预测值		与2015年7月预测差		与2015年4月预测差	
		2015	2016	2015	2016	2015	2016
全球产出	3.4	3.1	3.6	-0.2	-0.2	-0.4	-0.2
发达经济体	1.8	2.0	2.2	-0.1	-0.2	-0.4	-0.2
美国	2.4	2.6	2.8	0.1	-0.2	-0.5	-0.3
欧元区	0.9	1.5	1.6	0.0	-0.1	0.0	0.0
德国	1.6	1.5	1.6	-0.1	-0.1	-0.1	-0.1
法国	0.2	1.2	1.5	0.0	0.0	0.0	0.0
意大利	-0.4	0.8	1.3	0.1	0.1	0.3	0.2
西班牙	1.4	3.1	2.5	0.0	0.0	0.6	0.5
日本	-0.1	0.6	1.0	-0.2	-0.2	-0.4	-0.2
英国	3.0	2.5	2.2	0.1	0.0	-0.2	-0.1
加拿大	2.4	1.0	1.7	-0.5	-0.4	-1.2	-0.3
其他发达经济体	2.8	2.3	2.7	-0.4	-0.4	-0.5	-0.4
新兴市场和发展中经济体	4.6	4.0	4.5	-0.2	-0.2	-0.3	-0.2
独联体国家	1.0	-2.7	0.5	-0.5	-0.7	-0.1	0.2
俄罗斯	0.6	-3.8	-0.6	-0.4	-0.8	0.0	0.5
俄罗斯以外独联体国家	1.9	-0.1	2.8	-0.8	-0.5	-0.5	-0.4
亚洲新兴市场和发展中经济体	6.8	6.5	6.4	-0.1	0.0	-0.1	0.0
中国	7.3	6.8	6.3	0.0	0.0	0.0	0.0
印度	7.3	7.3	7.5	-0.2	0.0	-0.2	0.0
东盟五国	4.6	4.6	4.9	-0.1	-0.2	-0.6	-0.4
欧洲新兴市场和发展中经济体	2.8	3.0	3.0	0.1	0.1	0.1	-0.2

续表

	2014 年	2015 年 10 月预测值		与 2015 年 7 月预测差		与 2015 年 4 月预测差	
		2015	2016	2015	2016	2015	2016
拉美和加勒比海地区国家	1.3	-0.3	0.8	-0.8	-0.9	-1.2	-1.2
巴西	0.1	-3.0	-1.0	-1.5	-1.7	-2.0	-2.0
墨西哥	2.1	2.3	2.8	-0.1	-0.2	-0.7	-0.5
中东、北非、阿富汗和巴基斯坦	2.7	2.5	3.9	-0.1	0.1	-0.4	0.1
沙特阿拉伯	3.5	3.4	2.2	0.6	-0.2	0.4	-0.5
撒哈拉以南非洲	5.0	3.8	4.3	-0.6	-0.8	-0.7	-0.8
尼日利亚	6.3	4.0	4.3	-0.5	-0.7	-0.8	-0.7
南非	1.5	1.4	1.3	-0.6	-0.8	-0.6	-0.8

数据来源：国际货币基金组织。

事实上，当前发达国家与新型和发展中国家的经济联系异常紧密，如果单方面采取行动，很容易让这种联系变成恶性循环，而如果充分考虑其他国家的立场和对本国的间接影响后再采取行动，往往可以扭转对各方均不利的局面。因此，各国均不能在充满不均衡和脆弱性的世界经济发展中，进行伤害其他国家利益并最终会伤害自身利益的决策，在经历过全球金融危机、欧洲主权债务危机、新兴和发展中国家经济下行之后，当前的世界经济已经不起更多的冲击。

（三）世界经济的出路：重振制造业将缺失的动力找回来

目前，世界各国都陷入了一个困境，即将扩张政策用到极致，也仍不能走出经济的低迷或者阻止经济的下滑。即便是中国，稳增长政策起到的作用，只是保障了经济增速稳步回落到合理区间，而并没有使其止降回升。因此，这个判断具有普遍性。借用英国《金融时报》的一句话："不管是美国央行，还是其他任何人，都对全球增长引擎未来会出现在哪里一无所知。"这是发现问题并提出问题的一句话，即全球增长缺乏引擎，当前的任务就是找到并发动引擎。

我们用简单的排除法尝试回答这个问题，这个引擎不可能是货币政策，也不可能是财政政策，不可能是外需，也不可能是内需，而是必须进一步落到实处、能够大规模调动资本、技术、劳动力的。继续分析，这个引擎不可能是大力投资基础设施，也不可能是大力发展服务业，虽然这两项可以大规模调动上述三要素中的两个要素，但仍不是全部。在排除了所有可能之后，只剩下唯一的选择，即“重振制造业”。重振制造业必然带动生产性服务业，进而带动整个服务业发展，最终形成制造业与服务业良性互动，共同推动经济发展。

重振制造业是世界经济增长的引擎，而不仅仅限于某个或某些国家。我们进行逐一分析：

首先，从理论上，制造业与经济增长的联动性极强。制造业采购经理指数，是国际上通用的监测宏观经济走势的先行指标之一。国际商业信息研究与咨询机构 NTC - Research 集团测算了美国制造业采购经理指数与 GDP 的关系，发现 1953 年至 1987 年两者相关系数为 0.84，1994 年至 1997 年相关系数为 0.91，均在 0.8 以上，为高度正相关。安东尼·约瑟（Anthony Josepha）等认为制造业采购经理指数是监测经济运行的先行指标，其变化会影响到央行货币政策决策以及金融市场走势。张宁、陈晴旖等（2013）建立了 GDP 增速与制造业采购经理指数综合指数的 VAR 模型，并对两者进行格兰杰因果关系检验和协整分析，发现制造业采购经理指数综合指数能较好地预测 GDP 增速[①]。在实证研究中，杨伏英、蒋兰陵（2008）的研究表明，制造业投资增加一个百分点，GDP 增加 0.836 个百分点，制造业投资对新加坡经济增长有较强的拉动作用[②]。唐晓华、李绍东（2010）的研究表明，我国装备制造业增加值每提高 1 个百分点，将使 GDP 提高 0.041208—0.102429 个百分点[③]。

---

① 转引自宋科进《我国制造业 PMI、非制造业 PMI 与经济增长关系的实证研究》，《发展研究》2014 年第 10 期。

② 杨伏英、蒋兰陵：《新加坡制造业投资与经济增长关系的实证》，《统计与决策》2008 年第 24 期。

③ 唐晓华、李绍东：《中国装备制造业与经济增长实证研究》，《中国工业经济》2010 年第 12 期。

其次，从国别看，世界主要国家经济增长都需要制造业的引擎发动。一是美国。美国宏观经济数据中不利的部分，打击了美国经济欣欣向荣的愿景，纷纷对三季度、四季度以及更长期的美国经济增长产生忧虑，甚至怀疑“美国新一轮经济衰退将至”。事实上，美国当前的就业、通胀、贸易表现以及颇为动荡的外部经济形势，不足以支撑美国进行加息决策，而保持宽松的政策也不一定能够支撑美国经济温和复苏的势头。其中影响因素包括巨额福利支出和债务负担给财政带来巨大压力，页岩气和页岩油开发的优势在逐渐减弱，美元强势升值将进一步损害外需，而最为关键的是美国经济的“再工业化”战略的动力正在弱化，尽管制造业正向美国回流，但美国制造业对经济的贡献却在减弱，这是真正令人担忧的。三季度，美国制造业主要指标都较为疲软，Markit 发布的采购经理人指数处于自 2013 年 10 月以来第二低位，美国供应管理学会的指数为 50.2%，处于 2013 年 5 月以来最低位，而芝加哥、费城、纽约、达拉斯的制造业采购经理人指数均非常不佳。事实上，美国围绕着“再工业化”战略而启动的一系列措施，包括《重振美国制造业框架》《先进制造业伙伴计划》《先进制造业国家战略计划》《制造业创新中心网络发展规划》，为美国重振制造业提供了非常好的基础，相信只要将注意力从其他方面转移回制造业，经济增长的引擎即将启动。

二是欧盟。由于贸易和经济活力表现较好，近期欧洲央行将欧元区 2015 年 GDP 增速预期从 1.4% 上调至 1.5%，但这仍然处于低速增长的水平。此外，债务问题、难民问题、希腊问题、老龄化问题、外需的不确定性、大宗商品价格走低、通缩风险、欧元自身的风险乃至欧元区解体风险仍然是压在欧元区经济上的座座大山，这使得欧元区经济增长越发脆弱，而旨在刺激经济的量化宽松货币政策（QE）计划必然受到延长和调整的压力。事实上，量化宽松货币政策计划的延长和进一步扩大均是治标不治本之策，上述种种“疑难杂症”绝非简单的量化宽松就能根治。寻求可能的出路要从两个方面突破，一是健全制度以换取欧盟成员国的一致行动，二是深入挖掘或注入经济增长动力，考虑到现有基础，加速发展制造业是较为可行的选择。欧盟委员会发布的《2014 年欧洲竞争力报告》显示，欧盟制造业仍具备竞争优势，具有高技能工人，出口产品国内附加值高，在复杂、高质产品上具有比较优势，但从国际对比来看，欧盟需要加大研发投入，解决能源问题，以此保持竞争优势。

三是日本。三季度日本的经济止升复跌，安倍政府在原来“大胆的金融政策、灵活的财政政策、经济产业增长战略”的安倍经济学“三支利箭”的基础上，又释放出“新三支箭”，即“孕育希望强大的经济、构筑梦想的育儿支援、安心的社会保障”，并将其目标定位为：GDP扩大到600万亿日元、出生率达到1.8，护理离职率达到0等。事实上，实现这些目标，最需要的是资金，而从目前日本的财政金融现状看，均无力支持。事实证明，以每年80万亿日元的速度扩大基础货币规模的超级量化宽松政策，没有如期启动日本的内需，也并未因此推动经济增长或带领日本走出通缩阴影，逼迫日本必须另谋他路。然而，扩张的财政政策看起来也只能起到短期刺激的作用，而且还会产生政府性债务过多、财政赤字过大等附带风险，可见，财政也没有力量解除日本经济根深蒂固的结构性症结。目前日本经济的结构性症结表现为：产业空心化、企业缺乏活力、生产效率低下、人口老龄化和持续减少等。对于日本来说，当前最急迫的是出台以结构改革为内容的、实打实的经济振兴战略，而日本发达的制造业足以作为这一经济振兴战略的支点。虽然，当前日本制造业不及往日辉煌，但其市场影响力仍然巨大，技术研发水平与创新能力仍然领先，日本仍然处于全球制造业的产业链中重要的位置，在良好的基础上振兴制造业，并以制造业带动整个经济发展并不是难事，关键是制定并实施一个务实的战略。

四是新兴和发展中国家。联合国工业发展组织发表的《2014年工业统计国际年鉴》显示，新兴和发展中国家在世界制造业增加值的份额在2013年增加到35.5%，其过去四年的制造业增加值的增长率仍然持续高于其国内生产总值的增长率，说明制造业仍是发展中国家和新兴发展经济体总体经济增长的主要驱动力。从2014年的情况看，中国仍是新兴市场中最受青睐的制造业投资目的地，但墨西哥、越南、印度尼西亚等其他发展中国家开始显现出潜质。从吸引制造业投资项目数量或资本投资额的新兴和发展中国家中，中国、墨西哥、印度、越南、俄罗斯、印度尼西亚这些国家也不乏制造业发展战略。例如早在2005年印度就发布了《印度制造业国家战略》，俄罗斯于2009年制定了《2020年前重型机械制造业发展战略》，越南也有明确的工业化和现代化战略以及制造业发展目标，而中国于2015年出台了《中国制造2025》，部署全面推进实施制造强国战略。总之，大部分新兴和发展中国家已将制造业列为立国之本，希望利用成本优势实现工业强国的目标。

可见，自国际金融危机以来，各国纷纷推出本国的制造业发展战略，加强对制造业的前瞻布局，力图抢占国际竞争的制高点。但是，发展到目前，这些战略大多“雷声大、雨点小”，并没有得到很好地贯彻执行。当前，排除法得到的结论是：制造业是世界经济增长引擎，只有重振制造业才能将世界各国经济缺失的动力找回来，现在正是使那些还在“睡大觉”的制造业发展战略醒来的最佳时机。

二　中国经济发展质量优先　增速稳步回落合理区间①

前三季度我国国民经济总体运行平稳，虽然一些数据表现不佳，但反映的问题并不严重，同时，结构优化体现在所有宏观经济领域，经济发展方式转变在有序地推进，经济发展质量在稳步提升。

（一）经济增速小幅回落，供给结构合理

初步核算，前三季度我国国内生产总值487774亿元，按可比价格计算，同比增长6.9%，环比增长1.8%，同比增速较前两个季度7%的增长速度小幅回落0.1个百分点，但仍处于7%左右的合理区间。分产业看，第一产业增加值39195亿元，同比增长3.8%；第二产业增加值197799亿元，增长6.0%；第三产业增加值250779亿元，增长8.4%。三次产业增加值对GDP的贡献分别为8%、40.6%、51.4%，第三产业增幅比去年同期高2.3个百分点，无论在规模还是增长速度

① 本部分数据均来源于国家统计局，或经近两年国家统计局数据计算。

上，均处于领先地位，体现了经济结构的优化。

全国夏粮总产量14107万吨，比上年增长3.3%；早稻总产量3369万吨，比上年下降0.9%。前三季度，猪牛羊禽肉产量5896万吨，同比下降1.3%，其中猪肉产量3828万吨，下降3.6%。去年同期上述指标的增长率分别为增长3.6%、下降0.4%、增长2.0%、增长3.3%，可见，我国农业增速回落。

前三季度，全国规模以上工业增加值按可比价格计算同比增长6.2%，增速比上年回落2.3个百分点，比上半年回落0.1个百分点。其中，国有控股企业和集体企业增加值分别同比增长1.3%和1.7%，增速分别比上年回落3.9个百分点和0.9个百分点，股份制企业和外商及港澳台商投资企业增加值分别同比增长7.5%和3.5%，增速分别比上年回落2.4个百分点和3.2个百分点。说明国有企业和外资企业的增速回落拉低了整体增速。此外，制造业增长7.0%，虽然低于去年9.6%的增长速度，但是前三季度增长最快的产业，且高技术产业增加值增长速度达到10.4%，比规模以上工业整体增长速度高出4.2个百分点。1—8月，全国规模以上工业企业实现利润37663亿元，同比下降1.9%，较去年同比增长10.0%的水平大幅下滑。我国工业增速回落、工业企业利润降低的原因主要是国内去库存、去产能，国际市场需求低迷。

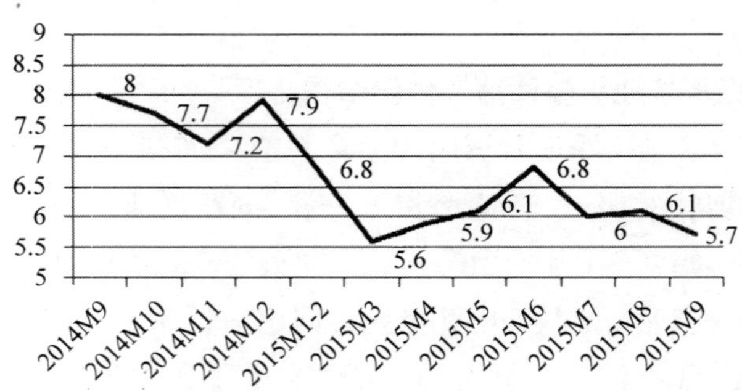

图5　规模以上工业增加值同比增长速度

资料来源：国家统计局。

（二）国内需求结构向好，国外需求不振

前三季度，全国固定资产投资（不含农户）394531亿元，同比名义增长10.3%（扣除价格因素实际增长12.0%），增速比上年同期回落5.8个百分点，比上半年回落1.1个百分点。民间投资增长10.4%，占全部投资的比重为64.8%，较去年同期提高0.1个百分点，且比固定资产投资总体增速高0.1个百分点；三次产业投资占全部投资的比重分别为9.5%、41.1%、56.1%，且增速较快，分别同比增长27.4%、8.0%、11.2%。可见，民间投资、第三产业投资的比重和增速均较高，说明投资结构有所改善。从到位资金看，预算资金增长最快为20.5%，自筹资金增长8.2%，贷款下降4.4%。说明通过盘活存量财政资金、地方政府债务置换、推动预算执行等政策，也改善了资金构成。

前三季度，社会消费品零售总额216080亿元，同比名义增长10.5%（扣除价格因素实际增长10.5%），增速比上年同期回落1.5个百分点，比上半年加快0.1个百分点，9月同比名义增长10.9%（扣除价格因素实际增长10.8%），环比增长0.87%；最终消费支出对国内生产总值增长的贡献率为58.4%，比上年同期提高9.3个百分点。说明我国市场销售和国内消费出现了企稳向好的迹象。从结构看，乡村消费品零售额增长速度继续超过城镇，说明我国乡村消费潜力正在逐渐释放；网上零售额占比为12%，较去年同期9.6%的水平提高2.4个百分点，且同比增长36.2%，说明“互联网+”的新业态保持快速增长势头。此外，在商品零售中，增速超过10%的大多是个人和家庭消费类商品（如表3），说明我国个人和家庭消费强劲。这得益于居民收入的快速增长，居民收入增速超过GDP增速。前三季度全国居民人均可支配收入16367元，同比名义增长9.2%，扣除价格因素实际增长7.7%，比上半年提高0.1个百分点。农村居民收入增速仍高于城镇居民1.3个百分点，且外出务工劳动力月均收入同比增长9.1%，城乡居民人均收入倍差2.83，比上年同期缩小0.03，收入差距进一步缩小。

表 3　　2015 年 9 月社会消费品零售总额主要数据

指标	9 月		1—9 月	
	绝对值（亿元）	同比增长（%）	绝对值（亿元）	同比增长（%）
社会消费品零售总额	25271	10.9	216080	10.5
其中：限额以上单位消费品零售额	12484	8.2	101089	7.5
其中：实物商品网上零售额	–	–	21510	34.7
按经营地分				
城镇	21468	10.7	185843	10.3
乡村	3803	12.1	30237	11.7
按消费类型分				
餐饮收入	2721	12.1	23071	11.7
其中：限额以上单位餐饮收入	764	8.1	6164	7.0
商品零售	22549	10.7	193009	10.4
其中：限额以上单位商品零售额	11720	8.2	94926	7.5
粮油、食品类	1242	19.6	9616	14.2
饮料类	183	19.4	1424	15.4
酒类	377	16.5	2837	12.1
服装鞋帽、针纺织品	1106	8.5	9364	10.2
化妆品	179	8.7	1470	9.0
金银珠宝	239	6.5	2250	7.4
日用品	413	8.8	3466	11.8
家用电器和音像器材	713	11.3	5858	10.8
中西药品	720	13.3	5686	14.7
文化办公用品	286	23.2	2082	15.3
家具	223	19.1	1698	16.7
通信器材	322	42.2	2451	35.8
石油及制品	1577	-7.2	13562	-6.9
汽车	3076	2.7	25282	4.2
建筑及装潢材料	280	23.2	2061	18.6

注：1. 此表速度均为未扣除价格因素的名义增速；2. 此表中部分数据因四舍五入的原因，存在总计与分项合计不等的情况。

前三季度，进出口总额 178698 亿元人民币，同比下降 7.9%。其中，出口 102365 亿元人民币，下降 1.8%；进口 76334 亿元人民币，下降 15.1%。进出口相抵，顺差 26031 亿元人民币。可见，外需压力较大，但要看到出口额占 GDP 的比重从去年同期的 25% 降到 20%，进口额从去年同期的增长 1.3% 到大幅下降 15.1%，且 9 月下降 17.7%，继续加速下降。这说明我国对外部市场的依赖在逐渐减弱，国际大宗商品价格下跌和进口替代因素使得进口额迅速减少，一定程度上改善了我国贸易形势。此外，受国际市场动荡、资本外流等影响，利用外资出现了 26.2% 的大幅下滑，对我国产生了一定的负面影响。

（三）货币信贷平稳增长，居民消费价格基本稳定

9 月末，广义货币（M2）余额 135.98 万亿元，同比增长 13.1%，狭义货币（M1）余额 36.44 万亿元，增长 11.4%，流通中货币（M0）余额 6.10 万亿元，增长 3.7%。前三季度，新增人民币贷款 9.90 万亿元，同比多增 2.34 万亿元，新增人民币存款 13.00 万亿元，同比多增 1.93 万亿元。三季度社会融资规模增量为 11.94 万亿元。货币信贷指标说明在我国稳增长和低利率的政策环境下，实体经济融资需求有所增加，同时银行信贷对实体经济的支持力度有所改善，在“一带一路”和“大众创业、万众创新”战略带动下，开发性、政策性金融作用突出。

前三季度，居民消费价格同比上涨 1.4%，涨幅比上半年扩大 0.1 个百分点。从结构看，城市上涨 1.5%，农村上涨 1.3%；上涨超过 2% 的只有食品和衣着，在食品中猪肉价格上涨 7.7%，鲜菜价格上涨 6.9%，粮食价格上涨 2.3%，交通和通信以及食品中的油脂价格均有所下降。9 月，居民消费价格同比上涨 1.6%，环比上涨 0.1%。居民消费价格的变动受季节和政策的影响较大，例如卷烟批发环节的税收增加、开学季、服装换季、猪肉供求调整、高温和暴雨天气以及基数因素等。

前三季度，工业生产者出厂价格同比下降 5.0%，9 月同比下降 5.9%，环比下降 0.4%。工业生产者购进价格同比下降 5.9%，9 月同

比下降 6.8%，环比下降 0.6%。从结构上看，石油加工、有色金属冶炼和压延加工、煤炭开采和洗选价格分别下降，拉低了价格总水平，而计算机、通信和其他电子设备制造价格上涨，使得价格总水平不至于下降过快。

当前我国价格指数涨跌的影响因素共存，抑制价格进一步上涨因素包括国家降低成品油价格、国家下调工商企业电价、夏粮再获丰收、工业生产增速回落、国际大宗商品价格下跌等，而价格上涨因素包括降息降准、国家铁路货物统一运价提高、旅游相关价格上涨等，两相权衡，未来价格上涨的压力较大。

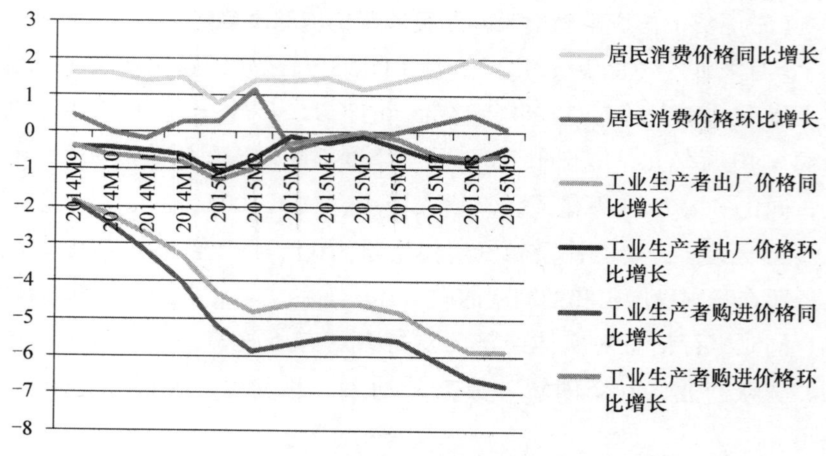

图 6　各项价格指数增长情况

（四）制造业具有下行压力，非制造业活力增加

2015 年 9 月，中国制造业采购经理指数（PMI）为 49.8%，比上月微升 0.1 个百分点，连续两个月回落后出现微幅回升，但仍处于临界点以下，并低于历史同期水平，表明内外需求依然偏弱，制造业下行压力仍然较大。从结构来看，大企业活动出现扩张迹象，采购经理指数为 51.1%，中、小型企业采购经理指数分别为 48.5% 和 46.8%，均比上月下降 1.3 个百分点，处于临界点以下，表明中小型企业生产经营仍然

较为困难。在构成制造业采购经理指数的5个分类指数中，生产指数、新订单指数和供应商配送时间指数高于临界点，且均比上月有所上升。从业人员指数和原材料库存指数仍低于临界点。表明制造业生产继续保持增长，增速有所加快，制造业市场需求有所改善，供应商交货时间持续加快，但企业用工量和生产用原材料库存量继续减少。此外，高技术制造业采购经理指数为55.6%，比上月上升3.4个百分点，为今年以来的新高，其中医药制造和计算机通信等行业采购经理指数处在较高水平，说明随着结构调整、转型升级的推进，制造业发展质量继续提高。同时，在节日消费的带动下，与消费品相关行业继续保持较好的增长态势，其采购经理指数为55.1%，比上月上升0.5个百分点。

相比之下，非制造业活动旺盛。9月，中国非制造业商务活动指数为53.4%，与上月持平，表明非制造业继续保持平稳增长，市场信心稳定。服务业商务活动指数为53.0%，比上月上升0.4个百分点，表明服务业业务总量增速有所加快。新订单指数、投入品价格指数均处于临界点之上，且环比上升，销售价格指数、从业人员指数仍处于临界点以下，但与上月相比略升或持平，说明情况有所改善。此外，业务活动预期指数为60.0%，比上月上升0.3个百分点，连续位于较高景气区间。

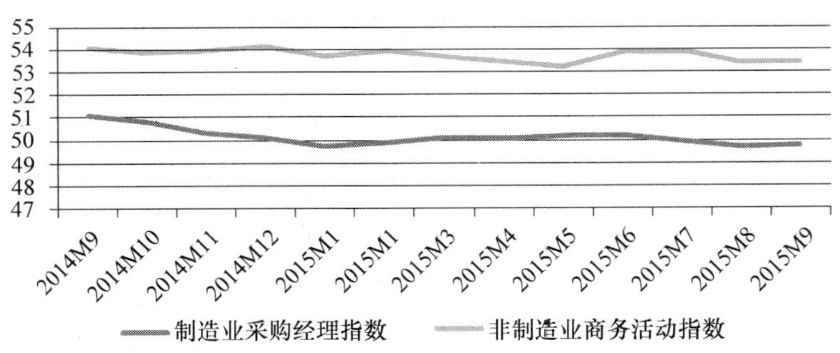

图7 制造业采购经理指数与非制造业商务活动指数趋势

建筑业情况不容乐观，9月建筑业商务活动指数为55.2%，比上月回落2.6个百分点；新订单指数为49.6%，比上月下降3.5个百分点；销售价格指数为47.4%，比上月下降3.2个百分点；从业人员指数为

48.8%，比上月下降2.8个百分点。可见，建筑业业务总量总体保持增长，但增速有所放缓，市场需求有所回落。但9月建筑业业务活动预期指数为64.7%，比上月上升0.9个百分点，表明未来预期尚好。

建筑业与房地产业的关联密切。前三季度，全国房地产开发投资70535亿元，同比名义增长2.6%（扣除价格因素实际增长4.2%），增速比上半年回落2.0个百分点，其中住宅投资增长1.7%。从结构看，房屋新开工面积同比下降，住宅新开工面积下降幅度尤大，房地产开发企业土地购置面积也同比大幅下降，而商品房销售面积快速增长，住宅销售面积增长尤快。说明房地产业去库存进度加快。

此外，前三季度，我国节能降耗继续取得新进展，单位国内生产总值能耗同比下降5.7%，说明我国经济发展质量在稳步向好。

三 财政运行基本情况及主要特点

（一）财政运行基本情况

1—9月累计，全国一般公共预算收入114412亿元，同比增长7.6%；其中，税收收入94631亿元，同比增长4.3%。全国政府性基金预算收入27166亿元，同比下降30.5%。全国一般公共预算支出120663亿元，同比增长16.4%。全国政府性基金预算支出26499亿元，同比下降20.3%。

由于2015年我国将政府性基金中用于提供基本公共服务以及主要用于人员和机构运转等方面的11项基金转列一般公共预算，为与去年同期比较，本报告选用同口径数据，以消除政府性基金转列一般公共预算的影响。上述指标的同口径增幅分别为：全国一般公共预算收入增长5.4%，全国一般公共预算支出增长15.1%，全国政府性基金预算收入下降26.4%，全国政府性基金预算支出下降17.2%。

（二）财政运行主要特点

1. 财政收入形势进一步回暖，月度增长率波动较大

前三季度，我国一般公共预算收入累计增速为5.4%，增速较上半

年累计增速提高0.7个百分点，虽然增长幅度有所下降（二季度较一季度增长2.3个百分点），但总体上呈现稳步增长态势。政府性基金预算收入仍然延续了今年以来的负增长态势，但负增长的速度总体趋缓，且三季度较上半年回升3.1个百分点，与上半年数据显示的情况相比有大幅好转。可见，三季度我国财政收入形势进一步回暖，这在总体经济增长形势趋冷的背景下，已实属不易。

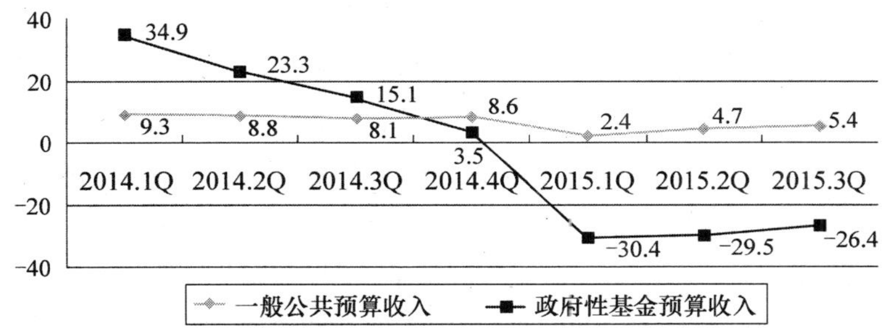

图8　财政收入季度累计同比增速

资料来源：国家统计局，财政部数据库。

从月度环比数据看，7月、8月、9月一般公共预算收入的同口径增长率分别为9.1%、3.5%、7.1%，体现出较大的波动性。

2. 地方收入形势是整体财政收入形势的主要影响力量，其规模和速度的影响各有侧重

前三季度，中央和地方一般公共预算收入的占比分别为46%和54%，中央收入和地方收入的同比增速分别为5.6%和9%。可见，虽然中央收入的规模和增速较上半年（比重45%、增速4.5%）均有小幅提升，但地方收入增速强劲，一般公共预算收入增速的稳步回升主要靠地方拉动。

前三季度，中央和地方政府性基金预算收入的占比分别为11.5%和88.4%，中央收入增长8.6%，而地方收入下降29.3%。可见，政府性基金预算不利的收入形势主要由地方造成，而地方不利的收入形势主要仍由国有土地使用权出让收入大幅下滑导致，1—9月该项收入同比

减少10853亿元，同比下降34.7%，但因9月增长3.5%，使得负增长呈现逐季回暖的趋势。

3. 税收总收入增速回落，税收收入结构继续改善

税收总收入同比增长4.3%，比上年同期增速回落4.1个百分点，比上季度增速小幅回升0.8个百分点。

分税种看，除进口货物增值税和消费税、关税的增速出现大幅下滑外，主要税种普遍实现增长。其中，进口货物增值税、消费税，同比下降14.8%，关税同比下降11.6%，主要是我国进口总额下降15.1%导致；而出口退税增长11.8%，并非源于出口增长，而是出口退税审批加快、部分产品出口退税率提高。事实上，前三季度我国出口总额同比下降1.8%，面临着较为不利的外部需求环境，对出口退税存在抵减作用。国内增值税的增长率较去年同期有较大幅度下降，工业企业所得税同比下降5.3%，主要原因在于经济下行压力加大，工业生产者出厂价格（PPI）持续下降。相比之下，国内消费税较大幅度增长，主要原因在于成品油、卷烟消费税的提高。还要看到，在税收收入增幅下滑的形势下，个人所得税同比增长18.6%，主要是得益于居民收入的快速增长。此外，金融业和建筑业营业税同比增长23%和11.6%，房地产营业税同比增长6%，房地产企业所得税同比下降3.8%，说明尽管经济下行，但部分服务业仍保持景气，经济结构得到优化，房地产销售市场活跃并没有带动房地产企业利润增长。

表4　　**一般公共预算主要收入增长情况**　　单位：%

年份	国内增值税	国内消费税	营业税	企业所得税	个人所得税	进口货物增值税、消费税	关税	出口退税	非税收入
2014年前三季度	7.5	6.3	1.4	8.1	12.4	6.9	13.3	11.3	12.1
2015年前三季度	1.1	17.3	9.6	6.2	18.6	－14.8	－11.6	11.8	10.6

资料来源：国家统计局，财政部数据库。

如图9所示，从结构看，尽管税收增幅下降，但税制结构得到进一步改善，主要表现为直接税收入形势持续向好。另外，虽然非税收入的比重仍然较高，但其增速有下降的表现，尽管幅度不大，仍是一般公共预算收入结构改善的一个方面。

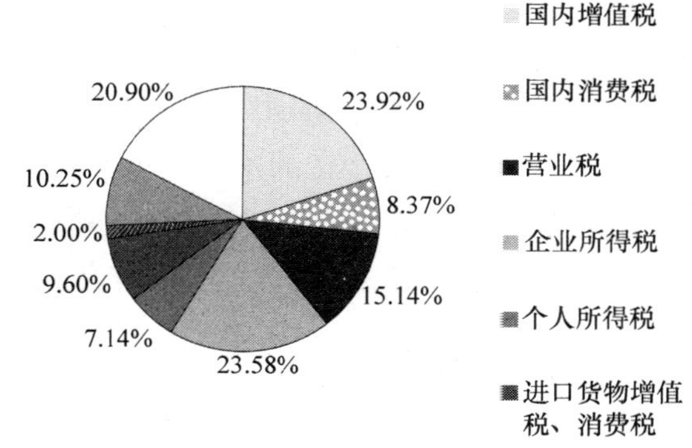

图9　前三季度一般公共预算收入构成

资料来源：财政部数据库。

4．一般公共预算支出进度明显加快且增长加速，政府性基金预算支出下滑减速

前三季度，一般公共预算支出增速得以保持上半年的增长态势，且增长幅度进一步提升，达到了自去年同期以来的最高增长水平，同比增速达15.1%。其中，中央本级一般公共预算支出18461亿元，同口径增长15.3%；地方一般公共预算支出102202亿元，同口径增长15%。可见，全国、中央、地方财政支出基本保持同速增长。

从支出进度看，前三季度一般公共预算支出为预算的70.4%，比去年同期进度加快2.7个百分点。其中，中央本级支出为预算的73.8%，比去年同期进度加快2.9个百分点；地方支出为代编预算的70%，比去年同期进度加快2.6个百分点。可见，全国、中央、地方财政支出预算执行进度均超过四分之三，进度明显加快。

分用途看，上半年，包括教育、文化、卫生、社会保障和就业、住房保障、社区、节能环保、交通运输等主要民生支出占一般公共预算支出的比例约为63%。其中，节能环保支出、城乡社区支出、社会保障和就业支出、交通运输支出、医疗卫生与计划生育支出的增长率均超过20%，尤其是节能环保支出同比增长达29.3%，说明我国在面临较大经济下行压力的同时，并未忽视经济发展质量，反而加大了对经济发展方式转变的支持力度。

自2015年开始出现负增长以来，政府性基金预算支出减速逐渐放缓，三季度较上半年放缓幅度进一步增加，尽管如此，仍未扭转负增长态势。从结构来看，约占总支出6.6%的中央支出下降了6.4%，而约占总支出93.4%的地方支出下降了17.9%，说明政府性基金预算支出同比下降的原因主要来自地方，而地方支出下降的原因主要是国有土地使用权出让收入安排的支出同比下降22.4%。

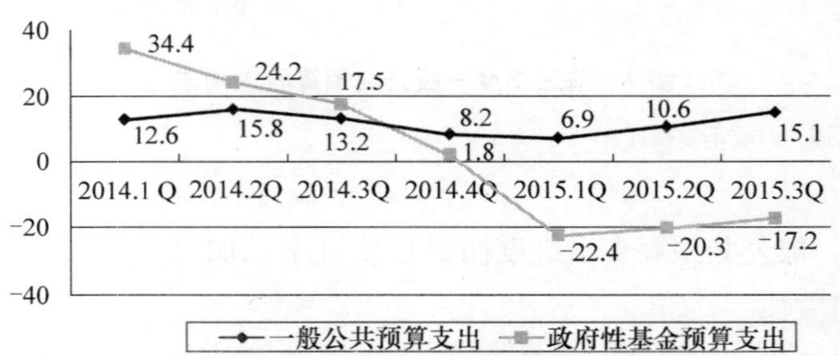

图10　财政支出季度累计同比增速

资料来源：财政部数据库。

四　为制造业发展创造有利财税环境的政策建议

目前，"世界经济陷入长期停滞"的悲观情绪开始产生并蔓延，而我国三季度经济增速下降至6.9%，好似也印证了对此局面的判断。在这样的大背景下，各国都应静下心来思考经济增长动力问题，而不是像此前一样，把大部分的精力用于无谓的经济政策如何扩张上。中国的发展目标、战略、规划一直都很明确，因此，在错综复杂的外部环境中，依然能保持清醒的头脑，沿着既定的发展道路前进。但是，仍需要有超前的思维，在发展动力已成功向服务业转化的前提下，有充足的空间和时间进一步振兴制造业，提升制造业的国际竞争力，形成双引擎驱动，以制造业发展带动更高水平的服务业发展，进而更好地实现经济发展目标。

从财税支持方面，需要做到两个方面：首先，要做好前期准备，给制造业发展打造有利的财税环境；其次，要充分了解制造业发展现状，准确把握制造业需要怎样的财税支持，为其量身打造成系统的财税支持方案。由于第二个方面是一个内容庞大且有较高技术性要求的，需要产业技术人员、财税专家和政府部门通力协作。受篇幅和能力所限，本文只对第一个方面，即为制造业发展创造有利的财税环境提出相应的建议。

第一，坚持"减税降费"，致力于"以减法换乘法"。2015 年我国实施了一系列以"减税降费"为特征的积极财政政策，通过减轻企业和个人负担支持实体经济发展，是为制造业发展创造良好财税环境的重要举措。目前来看，"减税降费"的举措主要惠及小微制造业企业，其原因是我国制造业小微企业面临发展困境，越来越多倒闭情况发生。从 10 月制造业采购经理指数数据显示，中、小型企业采购经理指数处于临界点以下，不断收缩。而制造业小微企业提供了众多的就业岗位，对国民经济有重要贡献，他们的发展需要良好的财税环境。而"减税降费"真正发挥了财政政策作用，以财政收入的减少换取其对制造业发展和经济增长的乘数效应。

但是，目前对于小微企业的优惠政策重出台、轻宣传和落实，已有的优惠政策过多过杂，不易运用，也不可能达到预期效果。需对已出台的涉及小微企业的优惠财税政策系统梳理，进行归纳合并后印刷成册，充分利用互联网优势，在财政、税务机关等相关网站上进行政策宣传，在政务大厅、自助办税终端、受托代征机构等相关地点的醒目位置张贴相关宣传材料，让小微企业在充分了解的基础上，用足各项优惠政策，让"减税降费"行动成为真正减轻制造业企业负担的有效路径。

第二，建立现代财政体制，使支持制造业发展的事权与支出责任相匹配。现代财政体制可以作为最大程度提升财政支持效能的依托。分税制及其后的一系列改革形成了中央、地方间的财政收入结构和转移支付制度，需要在此基础上，根据“制造业 2025”的内容，完成在政府间划分事权并按照“权责对等”原则配置支出责任的任务。

首先，现代财政体制支持制造业发展，要求三个层面的事权和支出责任划分。一是划定政府事权范围，必须首先要处理好制造业振兴过程中的市场与政府之间的关系问题。二是根据相关受益范围和外部性，划分各级政府的专属事权和共同事权，按照“权责对等”原则匹配相应的支出责任。三是根据信息处理的复杂性和激励相容的要求，确定委托事权及其支出责任，重点处理容易出现其中逆向选择和道德风险的事权。

其次，现代财政体制支持制造业发展，要求形成“事权与支出责任清单”。需要在权力清单的基础上，形成权责对等的事权与支出责任清单，其中要包括“制造业 2025”发展战略落实的事权与支出责任清单。清单要将共同事权、委托事权作为重点，致力于克服既得利益的阻碍，做到细致具体地反映每项事权及其背后支出责任的归属，且能够与预算支出科目相联通，以方便各级政府预算编制。

最后，现代财政体制支持制造业发展，要求规范转移支付制度。各级政府支持制造业发展的事权和支出责任主要应由本级财政收入保障，缺口由上级政府拨付一般转移支付弥补。在此基础上，建立健全地方收入体系并科学划分财权。同时，需要明确，专项转移支付只能用于委托事权而不能用于其他方面。

第三，进一步规范地方政府债券管理，为制造业打造适宜的地方财税环境。制造业的发展也需要良好的地方财税环境。今年我国发布了《地方政府一般债券发行管理暂行办法》，并出台一系列举措，对地方政府债券的发行和管理进行规范。目前，我国地方政府可以发行一般债券和专项债券，分别面向没有收益的公益性项目和有一定收益的公益性项目发行，分别列入一般公共预算和政府性基金预算管理。这不但可以增加地方政府的可支配财力，促进地方政府债务透明化，还可以提高地方政府的财政能力，为地方财政支持制造业发展拓展了空间。

虽然地方债券发行接近今年下达额度的半数，第一批1万亿元额度的地方政府债务置换也完成过半，但地方债发行和置换的进度并不理想，其原因是多方面的，而最关键的是财政部要求地方政府置换债券自发自还，债券风险被抬高，同时债券利率也被降低，收益不足以弥补风险，致使作为投资者的商业银行反应不够积极。另外，由于最高期限10年、加权平均期限6.45年的已发行的地方政府债券，仍未与资本性项目的投资回收期相匹配。为此，需要进一步理顺财政和金融的关系，加强和银行等金融机构的合作，赋予地方政府债券较高的收益，同时，进一步提高地方政府中长期债券的比重，提高债券期限的上限，满足地方政府对长期资金的融资需求。

第四，加强财政金融合作和政府购买服务，为制造业寻求充足的财源支持。三季度，财政和金融的深度合作在中央和地方层面均开始萌芽，二者合作的最大优势在于：积极财政政策将通过金融杠杆放大政策效果，这将是实施财政政策的新的有力抓手，支持制造业的财政政策也可以充分利用财政金融合作。目前可以将其广泛运用在政府与社会资本合作领域，这样，即可以获取成熟经验用于制造业发展领域，又可以通过社会资本介入来节省财政资金用于发展制造业，当然，其前提是处理好政府与市场关系。

但需要看到，虽然政府与社会资本合作可撬动更大规模的社会资金，是缓解财政资金压力和化解地方政府性债务的可选择手段，但其广泛应用还需立足于我国当前发展阶段。因为政府与社会资本合作项目必须同时保证社会资本获得长期稳定收益和实现公共利益最大化，如果收益难以保证，必然带来更大的经济社会风险，也会对社会资本失去吸引力。我国政府与社会资本合作模式正处于不断完善成熟的过程中，需进一步科学认识政府与社会资本合作的内涵和外延，分析其在我国所能发挥的具体作用和可能存在的弊端，在完善制度的基础上，出台更为谨慎和规范的政策。还要考虑：地方政府当前和未来的财政承受能力，社会资本的选择，建立健全示范项目的跟踪指导、对口联系和动态调整机制等问题。

综上所述，前三季度，围绕“稳增长”的中心任务，我国出台了多项积极财政政策，其中，吸引社会投资的政府与社会资本合作(PPP)模式、盘活存量资金、地方债券发行和债务置换、“减税降费”、支持小微企业的多项举措成为亮点，这些都可以成为制造业发展的外围财税环境。未来，还需要专门为我国制造业“量身制作”一套合适的，考虑产业配套能力、中间货物、生产性服务业、高端技术等种种因素的财税支持体系。甚至可以和“大众创业、万众创新”、“互联网+”的财税支持政策协调配合，在厘清内在联系、影响机理的基础上，出台一整套财税支持方案，形成战略合力，为助推经济发展引擎发挥最大效能。

（执笔人：闫坤　于树一）

美国“再全球化”战略和中国经济新常态下的供给侧改革

——2015年我国宏观经济与财政政策分析报告

2015年第四季度是一个极为特殊的时期。在这个时期，中国经济将冲刺“十二五”规划各项发展指标的最终值，将以“十三五”规划的创新、协调、绿色、开放和共享五大发展理念作为基准，在经济运行上、宏观政策上、体制改革上做好各项准备，供给侧结构性改革蓄势待发，全面建成小康社会关键阶段即将启幕。在这个时期，美国的科技创新和生产组织模式创新推动了一场世界范围内的成本削减型“供给冲击”，美联储在高涨的非农就业数据的支持下，终于启动了加息进程，经济政策整体回归常态化，这些举措在避免世界经济陷入“滞胀”风险的同时，为新供给体系的建立和国际分工体系的完善创造了重要条件。当前，世界经济运行态势分化，表现不一，但国际产能合作、资产风险管理和质量效益导向，是各国所共同面对的问题和挑战。中美两国的经济大格局也将基于这三个方面进行战略调整和资源整合，并在动态博弈和双赢目标下共同面对“十三五”和后奥巴马时代的2020年。

一 美国经济政策常态化和经济“再全球化”战略开启

2015年美国的经济数据仍未进行全面公布，但从现在的预期来看，预计2015年美国的经济增速可以达到2.1%，总体保持稳定，而第四季度的经济增速预计为1.25%，比市场的预期值略低。第四季度美国经济领域最大的事件就是跨太平洋伙伴关系协定（TPP）协议达成和美联储启动加息进程，这分别标志着美国经济“再全球化”战略和美国经济政策常态化的开启。

（一）美国经济运行已进入到稳定发展阶段

我们对后危机阶段美国经济形势的分析一直在国内处于前沿。包括2010年对美国经济复苏的判断，2011年对美国再工业化模式的分析，2012年对美国资产市场进入快速上升期的结论，2013年对美国的失业型增长从结构性优化的角度作出了正向判定，并给出美国经济运行即将进入就业增长、通胀降低、效率提升的最好时期的结论，2014年对美国新经济模式的框架分析和概括，无一不是在国内率先开展了针对性的研究，并给出了最合乎实际的预判和结论。而之所以能够形成这种良好的预测能力，最主要的原因是我们不拘泥于静态指标的传统含义，而是坚持从动态分析，从创新切入，以运行效率和资产价值为两条分析主线，尊重新经济模式和产业组织方式的新特点，客观分析、深入研究、综合判断而得出的。

2015年我们对美国经济运行态势的判断是已经进入到繁荣期，且已经进入到稳定发展阶段。这是因为，市场已经具备了更高效率的差异化商品的配置能力，企业已经进入到产出和资产的有序权衡阶段，生产组织已经可以在专业化的基础上满足个性化需求，而居民生活也正在从规模性消费转为功能性消费。这些都足以保障美国经济的持续稳定、动态调整和持续扩张。接下来，我们对2015年及第四季度的经济运行进行分析和判断。

第一，美国的失业率仍在下降，但就业率的增长受到新增意愿就业人口的抵消，表现为失业率降幅放缓。2015年美国失业率从年初的5.7%降至年末的5%，从表面上看，美国失业率在第四季度未能进一步下降，连续三个月都保持在5%的水平上，但实际上美国劳动力就业参与率从 62.3% 提升到 62.6%，新增就业人数达到了 77.4 万人①，比危机前的经济高涨期的数据还要好。

第二，美国经济增长的第一动力，居民（家庭）收入持续增长，消费保持稳定，居民资产负债表持续改善。2015 年，美国中等收入家庭的收入中值数据为 53650 美元，名义收入已经恢复到危机前的水平，而如果考虑到油价、资源价格和美元升值等影响，实际收入水平已经超过了危机前的最高值。根据美国经济分析局的数据，2015 年美国居民收入始终保持稳定增长，第四季度新增的居民收入规模达到 1500 亿美元左右，居民收入增速保持在 0.3% 的水平上（见表 1）。从美国的消费来看，按照密歇根大学消费者信心指数衡量，2015 年全年月度平均值达到了 2004 年以来的年度最高值，而 12 月的数据更是上升到了 92.6，是该指数在后危机时期的月度新高值。而根据美国经济分析局的统计数据，第四季度美国居民新增加的消费支出达到 850 亿美元左右，平均增速在 0.2% 左右（见表 1）。从美国家庭的财产来看，住宅售价的中位数价格达到 220300 美元，较 2009 年复苏期的 172783 美元上升了 27%，与危机前的最高点 2006 年的 222092 美元也相差无几（约 1792 美元）；而美国股市的牛市已经持续了 7 年，标准普尔 500 指数上涨了约 200%，也有效地改善了美国家庭的财产状况。目前，美国家庭净资产预计达到 88 万亿美元到 90 万亿美元之间，较 2009 年的 56.5 万亿美元约增加 32 万亿美元，增幅近 60%。

表 1 **美国第四季度家庭收入和消费情况统计表**

项　目	10 月	11 月	12 月②
新增收入：亿美元	669	444	410
新增收入增速:%	0.4	0.3	0.3
新增可支配收入：亿美元	540	345	320

① 根据美国劳工部统计局的数据，第四季度美国月度新增就业人数分别是：10 月 27.1 万人，11 月 21.1 万人，12 月 29.2 万人。

② 12 月的数据为预计数据，正式的统计数据要到 1 月 30 日才公布。

续表

项目	10月	11月	12月
新增可支配收入增速:%	0.4	0.3	0.3
家庭新增消费：亿美元	38	401	420
新增消费增速:%	0	0.2	0.2

数据来源：美国经济分析局数据库。

第三，美国经济增长的核心驱动，制造业的产出情况保持稳定，低油价给美国工业带来了双重影响。2015年总体上看是美国企业快速增长的一年，但随着加息周期的开启，美国制造业将不得不面对产出规模和资产价值的权衡问题，新一轮的制造业调整在即。由于企业数据相对于GDP数据来说还要更晚一些，我们只能对第三季度的数据进行分析，并对第四季度的情况进行展望。从总体上看，在经过对存货价值和资本消费调整的情况下，第三季度非金融类企业的美国境内利润总额下降了118亿美元，而二季度则增长了243亿美元，美国境外的利润总额下降了231亿美元，而二季度增长了114亿美元。从影响的关键因素来看是耐用消费品产业的变化影响了产出情况。在第四季度生产性指标上也反映了第三季度数据的延续：12月工业产出的月增速为-0.4%（11月为-0.9%），设备使用率为76.5%，较年初下降了0.4个百分点，制造业的总产值增速预计为-0.1%。此外，上市公司的业绩指标也不够理想，上市企业的股东权益收益率（ROE）仅为12.6%，尽管比全球其他国家要好得多，但相对于2014年的15.2%还是有明显的下滑。这些数据都说明了美国制造业规模、效率和资产均大幅度提高的黄金时期即将过去，尽管扣除石油产业、耐用消费品产业后的美国制造业仍可以保持1%左右的增长，但新一轮的制造业调整的窗口已经打开，美国制造业将在规模、效率和资产价格间的三角模型中再次作出选择。

低油价对美国经济的影响是双重的。受到美国经济对石油依赖的影响，低油价对美国企业和家庭来讲相当于减税，根据美国经济分析局的测定，美国的油价相对于2014年的高位下跌了70%，相当于每个家庭减税1300美元，按照时滞期为5—6个月计算，将在2016年转变为家庭消费能力的提高，为美国消费增长提供重要支撑。此外，汽车产业也受益于低油价，尽管汽车产业受到钢材等生产成本变化的影响，总产值增速不够理想，甚至在12月还有1.7%的负增长，但在产业增加值和产出规模上都保持了良好的增长，2015年美国国内汽车产量和销量分别达到1317万辆和1747万辆①。

第四，美国的贸易赤字开始表现出繁荣期的特征，即贸易赤字的扩大，原有的出口扩张、进口稳定的格局已经被打破，美国“再全球化”的进程加速。与以往美国经济增长将迅速带来逆差更大规模的扩张不同，受到美国国内低油价、低电价和模式创新后带来的效率提升的影响，美国一度在经济复苏的同时，贸易逆差也保持良好的控制，甚至在2014年之前形成了进口基本稳定，但出口大幅度增长，贸易逆差出现明显收敛的情况。这一情况在2015年第四季度被明显打破：2015年11月，美国贸易赤字同比增加了252亿美元，增幅为5.5%。其中，出口规模下降了990亿美元，降幅为4.6%，而进口规模下降了737亿美元，降幅为2.8%。从运行数值来看，目前并不能说是美国产业竞争力显著下滑，但是，与政策环境相叠加和综合考虑企业效率的变化，美国产业体系将进入到新一轮的调整期，突出表现为从“再工业化”逐步转向“再全球化”，形成美国经济增长的外溢通道。

第五，美国政府的财政形势进一步稳定，政府债务余额仍居高不下，但年度边际增长已不明显，跨大选期的政府债务控制机制已经通过国会批准，由财政支持的产业和项目都将保持稳定的发展环境。目前，美国联邦政府债务余额保持在18万亿美元以上的高位运行，但新发债务主要用于债务的滚动展期和部分利息的控制，整体运行平稳。2015年，来自于反危机政策中财政部所持有的部分抵押贷款支持证券（MBS）在市场化处置后产生了约600亿美元的收益，以及美联储所缴付的977亿美元投资收益，也使得美国联邦债务具备较大的

① 来自于美国汽车工业协会的数据（AUTODATA）。

风险控制能力和余额持续下降的空间。而根据刚刚达成的国会授权，财政部可持续发债到2017年3月16日，并不会受到国会的进一步限制，对大选年实现了有效的跨期，可以保持政治周期期间的基本稳定。

从上述分析看，美国经济的总体态势保持稳定，经济运行表现出一系列繁荣期的特征，在没有政策调整和强大外力的影响下，美国经济的效率、规模和资产价值的“三元框架”仍可在较长时期内保持稳定，因此，我们要以繁荣期的视角来看待与我们同处国际舞台中心的美国。更进一步看，美国所面临的最大的问题就是其宏观经济政策和外部环境已经开始改变，美联储加息和美元升值都将给这个世界上最大的经济体输入新的变数，而在此情况下，美国经济也开始启动新一轮的供给体系调整，“再全球化”战略徐徐启幕。

（二）美联储加息与美国经济政策常态化

2015年12月17日，经过美联储联邦公开市场委员会（FOMC）讨论决定，启动美元的加息进程自当日起，美国联邦基金利率上调25个基点，目标利率维持在0.25%至0.5%之间。悬了一年之久的美联储加息之争终于尘埃落定。美联储加息一方面给世界金融市场带来了新的挑战，另一方面也给美国的经济带来了重要压力，从而使得美国经济政策步入常态化的同时，经济运行却出现了新的调整的压力。

从国际金融市场和世界经济运行来看，美联储加息将导致美国货币市场的拆借利率上升，从而使得美国金融机构面临一个选择，即从海外抽回资金还是按照国内金融市场更高的利率水平进行资金拆借。这样，一部分美国金融机构就从国际金融市场上借入成本相对较低美元资金，离岸美元开始回流美国国内，开启了美元加息第一阶段的作用和影响进程。而同时，上升的利率导致美国金融机构开始提高对实体经济的资金成本，部分美国非金融企业也开始从国际金融市场和海外机构中适当借入或调回资金。于是离岸美元的汇率水平开始上升，同时美元资产的价格也开始上升，这样对于非美国金融机构而言，持有美国资产将既可以获得良好的收益和增值，还可以赚取一定的汇率盈余，非美国金融机构也开始增持美元，形成超出利率本身之外的美元资产持有动力，美元汇率水平进一步上升。在这种情况下，国外的贸易企业开始放缓结汇步伐，甚至不结汇，因为只要不结汇就有可能实现汇率盈余，或者有效避免汇率风险，这一方面产生了离岸市场的美元供给；另一方面加剧了贸易国家内部的美元汇率的升值预期。为了更清楚表明上述运行，我们将上述过程描绘为图1：

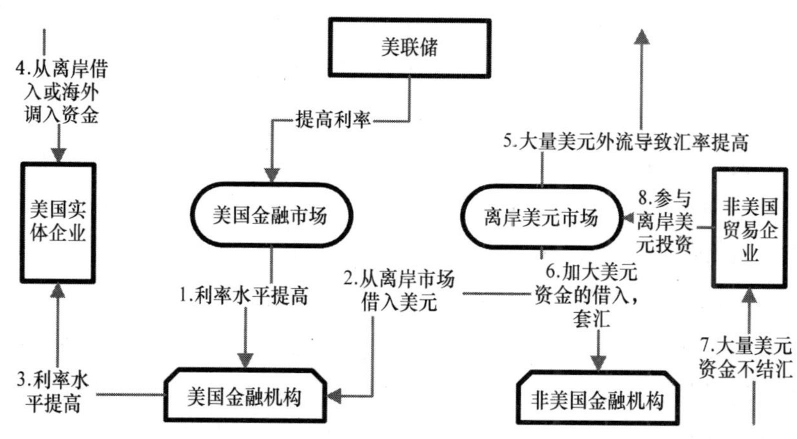

图1　美元加息政策的第一阶段的影响

第一阶段到最后所形成的离岸市场的均衡只是一个短暂的局部均衡。事情的发展很快会突破这一具有静态意义的局部均衡，从而形成美元加息政策的第二阶段发展和传导。在美元的加息进程中，随着美国非金融企业融资成本的逐渐上升，美国非金融企业必须实施资产结构的调整和资产规模的控制，具体的做法可能是：第一，适当降低现金流规模，避免现金规模过大带来的机会成本；第二，对存货和资产结构进行调整和控制，避免存货累积和资产出现急剧消耗；第三，企业对风险的关注度上升，对创新的兴趣有所减缓，创新环境受到一定程度的抑制；第四，企业对新增固定资产投资的态度变得谨慎，设备类等专用性固定资产投资增速放缓。也就是说，美国实体经济会先于金融市场在第二阶段作出反应，表现为投资放缓、存货下降、现金流减少，产能进入控制增长阶段。

在美国实体经济作出反应之后，美国的金融市场和金融企业也将作出相应的反应，主要应表现在以下几个方面：第一，美国企业的持续滚动的融资模式可能会部分中断，而转向大规模的一次性融资，以避免财务成本的上升和不断累加，因此，加大了美国金融机构的资金压力，并降低了美元的流通速度；第二，在资金成本上升和资产规模增速减缓的情况下，美国金融市场的风险暴露程度明显上升，金融机构不得不加强风险管理，启动去杠杆化的进程；第三，在风险增大和产出放缓的压力下，美国设备类专用性资产的价格承压明显上升，融资企业的资产负债表存在一定程度的恶化风险。

但美国国内的资金成本越高，对离岸美元的吸引力就越大，美元指数不断走强，汇率水平显著上升。在这一情况下，美国出口企业的优势下滑，对世界市场的影响力和占有率都将出现一定幅度的下降，导致企业的产能扩张受到进一步的抑制。而另一方面，相对于不断升值的美元，海外非美元资产的价格相对贬值，美国企业具备实施产业转移和海外并购的条件，因此大量的美元资本开始从美国的实体经济端向外输出，这样就形成了第二个阶段的平衡。具体流程见图 2。

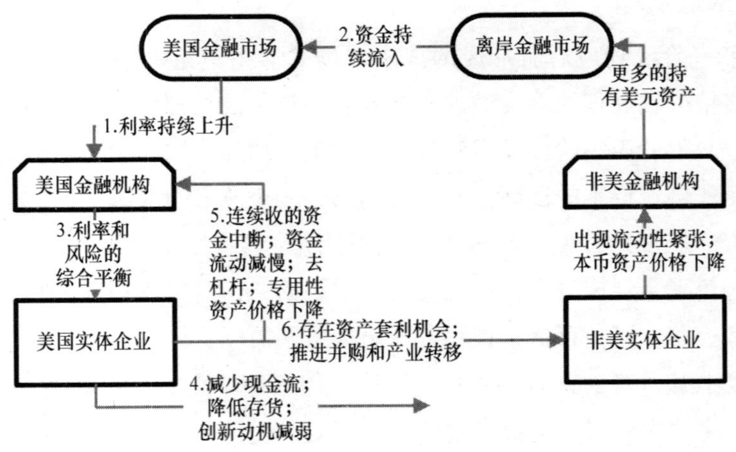

图 2　美元加息第二阶段的影响

根据图2，美元加息第二阶段的平衡实际上是美国实体经济的美元资金需求和国际市场美元资金供给的平衡。从资金的主要流动特征来看，美元加息成为离岸市场美元进入美国的重要动因，但在美元加息的压力下，美国实体企业面临着成本上升、专用性资产价值下降和现金流减少等一系列的压力，并给美国金融企业带来了风险，为保障竞争力和资产价值的水平，美国企业形成了对外资本输出的需求，这样，离岸市场的美元供给开始形成。这一平衡，具有良好的稳定性，也可以在实体经济层面得到有效的支撑。

第三阶段是非美元国家的市场的反应和压力。在美联储加息之后，首先表现出来的是非美元国家的货币相对于美元的贬值，但受到“J曲线”效应等因素的影响，并不能直接表现为出口扩张，更重要的是在本国金融市场上的美元流出和兑换规模的增加。随后，由于许多国家的货币是以外汇占款为主要投放渠道的（包括联系汇率制等盯住汇率国家），随着美元流出和兑换量的加大，本国货币规模开始下降，流动性出现紧张，需要进行经济的结构性调整或是金融市场的机制改革以提升货币流通速度和企业财务费用的下降，但受到改革艰巨性和长期性的限制，往往选择对冲性应对方式。然后，对冲性的政策要么对冲利率上升，要么对冲流动性减少，但两种对冲方式都存在重大难题：对冲美元利率上升的方法就是相应地提高本国利率，这样虽然保证了本币与美元汇率的稳定，但导致本国投资增速放缓、企业生产优势下滑、出口压力增大等一系列问题（类似美国），同时，由于经济与美国周期并不同步，利率高企则会导致本国资产相对收益率减少，资产价格下降；而对冲流动性减少的方式就是通过其他资产作为抵押加大流动性的投放力度，这种安排会导致本币贬值预期的进一步加大，从而导致汇率以更大的幅度下跌，本国资产价格也随之下滑，同时全社会的通货膨胀隐忧上升或是居民生活成本快速提高。第三阶段的影响见图3。

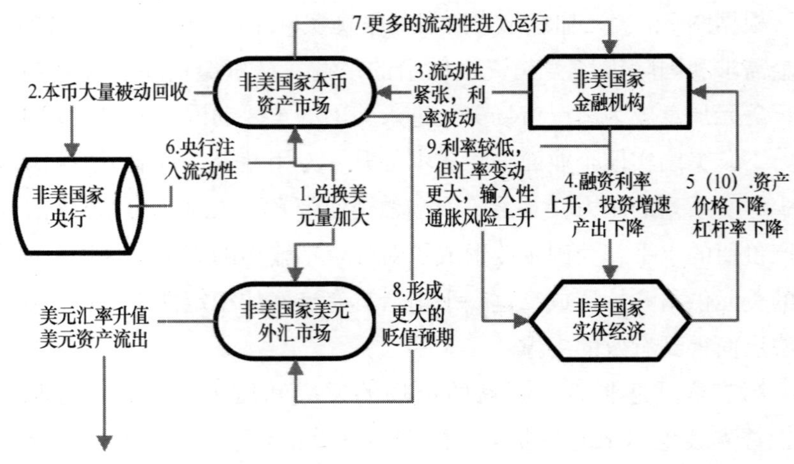

图3 美元加息第三阶段的影响

根据图3的标示，有以下三个特点需要给予重点关注：第一，在开放的外汇市场上，非美国家的央行无论采取哪种对冲方式，最后都无法避免本国资产价值的下滑，也即2016年包括我国在内的国家都将面临资产价格下降的压力；第二，目前，输入性通胀较低的环境，有利于非美国家的央行选择流动性投放的方式进行对冲，短期内不会形成“滞胀”的压力。但要抓住有利时机，坚决推进结构性改革，把国际大宗商品和能源价格的正向“供给冲击”用好，而不是采取诸如40美元的石油“地板价”等非市场化手段对结构性改革形成扭曲；第三，静态来看，第三阶段缺少美元资产的平衡机制，因此，非美国家央行要么选择对外汇市场进行干预和限制，保持静态平衡的要求，要么推进资本市场的开放和放任外资兼并，从而实现动态平衡。这三点，对我国当前的政策选择都具有突出重要的意义。

（三）美国“再全球化”战略与新供给体系的形成

根据上述三个阶段的划分，目前从美国来看，已经进入到第二阶段，而从非美国家来看，则相应表现出第三阶段的特征来。我们主要来看美国一端：

美国在这一阶段的突出特点是制造业的生产成本将有所上升，固定资产投资增速减缓，设备等专用性资产的价值下滑和国际竞争优势相应下降。在“再工业化”战略实施以来，美国从生产体系和市场组织模式上已经出现了全面创新，并对国际分工体系和产能合作都带来巨大的影响。我们认为美国“再工业化”的本质是“智能市场”（在 2013 年的分析报告中已进行了全面总结），核心是生产模式的分布式，加工制造的模块化，市场配置功能的差异化和市场运行的智能化。而再进一步的方向就是“再全球化”，即以差异化竞争、智能化市场和分布式生产的理念，按照先区域化后多边化的步骤，重构全球分工体系和市场竞争体系。目前，在第二阶段美国经济所表现出来一系列矛盾的压力下，“再全球化”的时机逐步成熟，美国的“智能市场”体系将面向“一体两翼”的重点区域开始延伸。

所谓“一体两翼”，在经济战略中即是指以美洲自由贸易区（FTAA）为体，以跨太平洋伙伴关系协定（TPP）和跨大西洋贸易与投资伙伴协定（TTIP）为两翼，这是以美国为核心，划分世界市场和利益的重要表现。美国“再全球化”的区域化就以“一体两翼”为轴全面展开的。从目前的进展情况看，跨太平洋伙伴关系协定已经于 2015 年 10 月 5 日达成，现在正在履行各国的国内法律程序，其性质为国际条约，法律效力要高于国内法。跨大西洋贸易与投资伙伴协定已经在美国和欧盟之间启动谈判达两年半之久，目前，欧盟主导国家普遍都倾向于达成跨大西洋贸易与投资伙伴协定，只是对具体规则和措施存有异议，但在进程上，欧盟委员会已经在征求成员国地方政府的意见，说明中央政府间达成一致的可能性很大，预计 2017 年至 2018 年间将可能是跨大西洋贸易与投资伙伴协定取得全面突破的时期。而美洲自由贸易区协定虽然起步很早，但进展相对缓慢，这与美国对美洲地区的贸易利益已经提前实现不无关系，受到巴西、阿根廷等“南锥体”国家的压力，美洲自由贸易区协定的谈判矛盾重重，但拉美国家纷纷按照美洲自由贸易区协定的范本与美国或北美自由贸易区（NAFTA）达成了双边自由贸易协定。因此，美国将逐步掌控一个涵盖全球 75% 以上的市场，70% 以上的 GDP，80% 以上的大型跨国公司所构成的非 WTO 的巨型区域自由贸易联盟。

从已经达成的跨太平洋伙伴关系协定来看，除了在国有企业、自由市场、环境保护、劳工标准等领域继续坚持美国所谓的“高标准”的同时，主要条款表现在两个方面：一是贸易投资自由化，新的规则主要是准入前的国民待遇和负面清单；二是知识产权保护措施的一致性，即知识产权一经确认，就在跨太平洋伙伴成员国中全面生效，知识产权从国家授权转为区域产权。从形式来看，许多人重视贸易投资自由化，但实质上，知识产权的区域产权理念才是美国的核心利益所在。前文述及了美国“再工业化”供给体系的三大特征，即分布式生产、智能化市场和差异化竞争，而一旦离开美国，分布式生产可以延伸，智能化市场可以建设，最大的风险就是差异化竞争的问题——在不同的法律和市场体系下，差异化要么容易被无序而简单模仿而失去差异，要么因为保护和维权成本过高而丧失效率。因此，跨太平洋伙伴协定把知识产权保护机制与贸易投资自由化安排相提并论也就毫不奇怪了。在知识产权区域化的保障下，差异化竞争将扩展到成员国的市场之中，尽管成员国可以援引负面清单来表示自己某些的领域和市场属于有限开放，但实际上，背后是差异化的底气——因为产品和服务的差异化，使得无须担心价格竞争的压力。但事实上我们也知道，知识产权所带来的垄断和差异化都具有明显的相对性，一旦替代品和价格差达到一定程度，成员国将会主动寻求减少该领域的负面清单安排，寻求自由贸易地位。这样，差异化机制既成为跨太平洋伙伴市场竞争中的典型特征，又形成区域贸易投资自由化的内在驱动，区域一体化的制度设计非常高。

在“再全球化”战略外部环境逐步完善的同时，美国国内的经济形势所产生的对“再全球化”战略的需求和呼应也在不断增强。前文所述，在美元加息的第二个阶段将在国内产出、新增投资和资产价值等方面形成压力，从而使得美国企业必须基于效率进行供给体系的调整，形成以“再全球化”和“再工业化”为双轮驱动的新供给体系。新供给体系的特征突出表现在四个方面：一是确保美国企业的竞争力，而不是美国产品的竞争力；二是提高美元资产收益率，而不是美国资产收益率；三是提升美国金融市场的运行效率，而不是加大杠杆率；四是强化美国创新能力和产业整合能力，而不是产出规模和投资总额。分别来看：

第一，确保美国企业的竞争力。即在技术创新、模式创新和生产组织形态创新在国内提升受到美元升值和融资成本高企的压力之下，在区域市场的环境、制度和机制得到有效改善的同时，允许和支持美国企业适度绕开美元升值和财务费用上升所带来的压力，以海外投资和国际产能合作的方式，将美国企业的新增生产能力、分布式生产体系和差异化市场竞争实现有效外迁，以美国企业竞争力延续美国产品的竞争力。

第二，提高美元资产收益率。资产收益率来自于资产在生产中所产生的红利和资产增值。受到美元加息的影响，美国资产财务费用上升，生产性资产所产生的收益回报下降，并在投资增速放缓的同时存在资产价值减记的风险。因此，应支持美国企业利用美元升值、非美资产贬值的有利时机，实现海外并购和扩张，从而巩固美元的国际地位，实现美元资产收益率的有效提高。实际上，随着美元资产的流出规模增大和海外收益率不断提高，也可以避免美元资本在美国国内沉淀到房地产等投资性资产领域，从而进一步减缓美国金融体系的流动性，并提高美国企业的成本和降低创新与效率取向。

第三，提升美国金融市场运行效率。前文所述的美元资产流动性的增强肯定是提升美国金融市场运行效率的重要支撑，除此之外，美国金融市场运行效率主要体现在三个方面：一是资金需求的满足能力；二是资产的定价能力；三是风险的分散（对冲）能力。在这些领域，美国金融市场可以在去杠杆的同时依旧保持较高的效率，但需要实现美元资产的高效而有序的循环，并能够在控制风险贴水的情况下支持金融创新和有效分散风险。因此，在美国资产收益率下降的同时，实现有效的海外布局，相机购入廉价的非美元资产以降低风险，并通过利润汇回的方式，满足国内市场美元流动性的供给和美国资产价值的有效定价水平。

第四，强化美国的创新能力。创新能力需要依靠三个方面的合力：一是研究的基础和形态，二是创新的环境和模式，三是创新的收益渠道。新供给体系强调以创新能力为核心，美国则必须在着力于以下三个方面：首先，创新模式要进一步降低准入，增强市场的自组织性，进一步推进参与式创新与产权配置的联动，既利用好参与式对创新要素最简路径和最大范围的整合能力，又有效克服参与式创新知识产权不清晰的问题。其次，保持充裕的流动性进入风险投资领域，在通过大数定律分散风险的同时，也提升创新活动融资的便利性和知识产权的有效定价。第三，建立创新收益的三条收益渠道，即资产增值收益、创新应用收益和市场拓展的延伸收益。资产增值收益是指创新活动应形成具有增值性的资产和模式，进而实现资产价值的升值，如互联网资产；创新应用收益是指因为使用创新技术而带来的市场经营收益，如智能手机；市场拓展的延伸收益是指通过拓展富有效率的统一市场，将美国创新产业和创新产品的生命周期有效延伸，以获得更多的资产溢价和经营收益。

从上述分析来看，美国的“再全球化”战略是“再工业化”战略的延伸和发展。美国政府一方面着力在“再全球化”领域中建构适应“再工业化”创新的市场机制和制度环境；另一方面也顺应美元加息所带来的国内经济环境变化，推动美国企业、美元资产和金融资本的走出去，以获得更有效的利用和更多的收益。因此，在“再全球化”战略发轫之后，我们对待美国经济评价应注意从新供给体系的角度着手：一是来自于美国国内的 GDP 增长会放缓，新增就业规模会下降，企业产出速度会下滑，但这不是说美国经济的衰落；二是美国企业的竞争能力、美元资产国际流动、美国国家的创新能力和美国金融市场的运行效率将成为对美国经济形势分析的关键指标，只要这些领域还在强化，我们就仍然要以繁荣期的视角来观察和对待美国。

当然，在美国启动“再全球化”战略，建设新供给体系的另一面，非美国家则面临着第三阶段的一系列棘手问题，并主要表现为资产价值减记、金融市场效率降低、固定资产投资下滑、企业产出规模下降等领域。对非美国家的讨论，我们将结合中国宏观经济形势的分析而同步进行。

二　中国经济新常态与“三去”框架下的平衡和效率

2015 年第四季度，中国经济保持稳定运行，GDP 增速录得 6.8%，是世界上主要经济体中增长最快的国家，在美国第四季度经济增速放缓的情况下，有效地担当了世界经济的发动机的作用[①]。2015 年全年，我国的 GDP 增速为 6.9%，基本上实现了中央和国务院所确定经济增长目标，实现新增就业 1312 万人，通货膨胀率控制在 1.4% 左右，居民可支配收入实际增速达到 7.4%，收入水平达到 21966 元（合 3500 美元以上[②]），三次产业的比例为 9:40.5:50.5，第三产业成为国民经济的第一大产业，并占据主导地位。在运行指标上，表现出经济新常态所要求的稳增长、调结构的良好局面。但经济中的结构性压力也在不断加大，高杠杆、过剩产能和非意愿库存成为不得不着力解决的系统性风险，中国经济在新常态运行和风险管理的矛盾中追求平衡与效率。

（一）2015 年中国经济运行的基本情况

从 2015 年的经济运行情况看，突出表现为增速稳、结构优、就业好、动力强、国际化等五个方面的特征。

1. 增速稳

2015 年宏观经济的平均增速为 6.9%，季度增速分别为 7.0%、7.0%、6.9% 和 6.8%，全年季度间经济增速波动仅为 0.2 个百分点，相较于美国年内波动 3.3 个百分点[③]来看，中国经济运行的平稳度要好很多。

从 GDP 的总体来看，中国 2015 年的 GDP 规模为 676708 亿元，约合 10.8 万亿美元，而美国的 GDP 总量为 16.4 万亿美元[④]，中国 GDP 总量约相应于美国的 66%。而从 GDP 的增量来看，中国 2015 年的增量约为 7500 亿美元，而美国则仅为 4300 亿美元，中国对世界经济增长的

---

① 据国家统计局的分析，我国应贡献了 25% 左右的世界经济增量。

② 2015 年的平均汇率按照 1 美元合 6.2284 元人民币计算（据中国人民银行），以下换算没有特殊说明的，均采用本汇率。

③ 根据美国经济分析局的数据，美国 2015 年第二季度的增速为 3.9%，而第一季度的增速仅为 0.6%，这样，即使在不确定第四季度经济增速的情况下，美国年内的经济波幅也达到 3.3 个百分点。

④ 据 2009 年不变价进行核算。

贡献是美国的 1.75 倍。

2. 结构优

结构优主要表现在五大结构上，即产业结构、城乡结构、动力结构、区域结构和居民收入结构。从 2015 年的情况来看，尽管结构上仍有较大的差异，但相对值已出现了较明显的好转。主要包括：

2015 年我国产业结构比例关系表现为 9∶40.5∶50.5，从比例关系来看，我国第三产业已经占据国民经济的主体地位，并较第二产业高出 10 个百分点，虽然受到重化工业、钢铁产业和资源性行业的影响，第二产业增加值规模出现了异常下降，但第三产业已经稳超第二产业，占据国民经济第一大产业的地位不可动摇。值得注意的是，第一产业的占比明显回升，与我国农业固定资产投资增速达到 31.8%，设施农业、观光农业、精细农业等现代农业快速发展直接相关。

在城乡结构上，我国常住人口的城镇化率达到了 56.1%，城镇常住人口约有 77116 万人，新增约 2200 万人；乡村常住人口 60346 万人，减少 1520 万人。从城乡收入上看，城镇居民人均可支配收入 31195 元，同比增长 8.2%，扣除价格因素实际增长 6.6%；农村居民人均可支配收入 11422 元，同比增长 8.9%，扣除价格因素实际增长 7.5%。城乡居民人均收入倍差 2.73，比 2014 年缩小 0.02。

在动力结构上，2015 年资本形成额、最终消费和净出口对 GDP 的贡献率分别为 66.4%、32.3% 和 1.3%。最终消费在 GDP 增长中发挥了支柱性的作用，同比提高 15.4 个百分点。投资贡献率则相应下降到 32.3%，居于次要地位，内需在中国经济运行中发挥绝对性的支撑。

在区域结构上，东、中、西部地区的经济差距明显缩小。2015 年，中、西部地区规模以上工业增加值比上年分别增长 7.6% 和 7.8%，分别快于东部地区 0.9 和 1.1 个百分点；中部地区固定资产投资（不含农户）增长 15.7%，快于东部地区 3.0 个百分点。

而在居民收入结构上，期望值的提高和差距的减少是最为突破的表现。2015 年，全国居民人均可支配收入中位数 19281 元，比上年名义增长 9.7%；而全国居民人均可支配收入 21966 元，比上年名义增长 8.9%。尽管中位数明显低于平均值，社会财富仍向最富裕的阶层不断集中，但收入集中的增速开始放缓，中位数与平均值之间的差距逐步缩小。按全国居民五等份收入分组，低收入组人均可支配收入 5221 元，中等偏下收入组人均可支配收入 11894 元，中等收入组人均可支配收入 19320 元，中等偏上收入组人均可支配收入 29438 元，高收入组人均可支配收入 54544 元。2015 年全国居民收入基尼系数为 0.462，较 2013 年的 0.473 和 2014 年的 0.469 明显减少，居民间收入差距明显缩小。

3. 就业好

就业好包括三层含义，一是当期就业形势好；二是未来可预期形势乐观；三是劳动者的生活质量不断提高。

2015 年城镇新增就业 1312 万人，远超年初提出的 1000 万人的目标，较 2014 年的 1322 万人也仅仅下降了 10 万人。全年农民工总量 27747 万人，比上年增加 352 万人，增长 1.3%，其中，本地农民工 10863 万人，增长 2.7%，外出农民工 16884 万人，增长 0.4%。

企业固定资产投资的规模和结构是就业形势预测的重要指标。2015 年，我国固定资产投资（不含农户）551590 亿元，比 2014 年名义增长 10.0%，扣除价格因素实际增长 12.0%，实际增速比上年回落 2.9 个百分点，但全年新开工项目计划总投资 408084 亿元，比上年增长 5.5%，为容纳新增就业提供了良好的空间。而在固定资产投资结构上，第一产业投资 15561 亿元，比上年增长 31.8%；第二产业投资 224090 亿元，增长 8.0%；第三产业投资 311939 亿元，增长 10.6%。每单位 GDP 所带动的就业，第三产业约是第二产业的 1.5 倍①左右，第三产业投资增速快，带来的产业增加值增速快、规模大，进而导致就业形势的稳中有好。

2015 年我国居民的恩格尔系数为 30.6%，较 2013 年的 31.2% 和 2014 年的 31% 持续明显下降，在居民收入达到 3500 美元进入上中等收入国家的同时，消费结构也远超中等收入国家的标准，劳动者的生活质量不断提高。此外，全年社会消费品零售总额 300931 亿元，比 2014 年名义增长 10.7%，扣除价格因素实际增长 10.6%。按消费形态分，餐

① 据 2013 年和 2014 年的新增就业行业分布数据加总平均而得。

饮收入32310亿元，同比增长11.7%，商品零售268621亿元，同比增长10.6%。

4. 动力强

经济增长动力包括要素驱动和创新驱动两个方面。当前我们要尽可能地维护要素驱动环境的基本稳定，大力支持创新驱动的接续发展。从两个方面来看：

要素驱动尽管面临一系列压力和挑战，但仍具有维护和改进的空间。从劳动要素看，我国16周岁以上至60周岁以下（不含60周岁）的劳动年龄人口91096万人，比上年末减少487万人，占总人口的比重为66.3%，在比例结构上仍保持在2/3左右黄金比例区间，潜在的人口红利消失的预期，并没有导致当前的劳动人口规模出现危机。2015年，全国就业人员77451万人，其中城镇就业人员40410万人，就业人员占劳动年龄人口的比例为85%，远高于美国63%的就业参与率。从资本要素看，2015年末广义货币（M2）余额139.23万亿元，同比增长13.3%；人民币贷款余额93.95万亿元，人民币存款余额135.70万亿元，存贷比为69.2%；全年新增人民币贷款11.72万亿元，比上年多增1.81万亿元，新增人民币存款14.97万亿元，比上年多增1.94万亿元；全年社会融资规模增量为15.41万亿元，存量累计为138.14万亿元，货币的资本转化率达到99.2%。

创新驱动正在快速累积和不断提升，在经济中发挥越来越重要的作用。2015年研究与试验发展经费（R&D）投入达到约1.5万亿元，仅次于美国居全球第二位；占GDP的比重在2.14%左右，具备了创新型国家2%以上的典型特征。此外，从事创新研究的人员数量达到近500万人，约占全球研发人员数量的27%，较美国的研究人员数量高出约100万人，占比高约9个百分点。从产出的成果来看，中国发明专利的数量自2013年起就已经超过美国居世界第一，而2015年的专利发明数量预计可超过100万件①，继续稳居世界第一。而在技术转化和产业发展层面，2015年我国新产业增长较快，高技术产业增加值比上年增长

① 中国经济网，2016年1月15日。

10.2%，比规模以上工业快4.1个百分点，占规模以上工业比重为11.8%，比2014年提高1.2个百分点。其中，航空、航天器及设备制造业增长26.2%，电子及通信设备制造业增长12.7%，信息化学品制造业增长10.6%，医药制造业增长9.9%。

5. 国际化

我国国际化的进程进一步加快，主要包括贸易发展、投资增加、"一带一路"战略推进和参与全球经济治理等多个方面。

从贸易发展来看，在世界贸易处于收缩和负增长的状态下，2015年进出口总额245849亿元，同比下降7.0%。其中，出口141357亿元，下降1.8%；进口104492亿元，下降13.2%。进出口相抵，顺差36865亿元。此外，2015年规模以上工业企业实现出口交货值118582亿元，比上年下降1.8%，与出口统计规模表现出良好的一致性，说明我国出口数据真实可靠。国内的贸易促进机制进一步完善，2015年，在上海自贸园区的基础上，进一步拓展到了天津、广东和福建自贸园区，园区的面积也大幅度提高，平均达到130平方公里，园区的工作重点也从服务贸易和技术贸易转向货币贸易、服务贸易和技术贸易的并重。

在投资领域，预计2015年引进外资直接投资的总额将达到1260亿美元，较2014年增长5.5%左右。其中，服务业的占比不断提高，预计将占引进外商直接投资的2/3左右；而投资方式中，并购模式的规模和比重提升很快，预计以并购为目标进入的外商直接投资将达到近190亿美元，所占比重将超过15%，是2014年5.6%的近三倍。而中国的对外直接投资也在快速发展，2015年，我国境内投资者共对全球155个国家/地区的6532家境外企业进行了非金融类直接投资，累计实现对外投资7350.8亿元人民币，约合1180亿美元，同比增长14.7%。

"一带一路"是我国外交和外经战略的重中之重，也是我国整合国内经济资源，实现国际与国内联动融合的重要基础。2015年，我国继续推进"一带一路"的"五通"建设和发展，在与"一带一路"沿线国家贸易总额保持平稳增长的同时，共对"一带一路"相关的49个国家进行了直接投资，投资额合计148.2亿美元，同比增长18.2%，占总额的12.6%，投资主要流向新加坡、哈萨克斯坦、老挝、印尼、俄罗斯和泰国等。而我国企业在“一带一路”相关的60个国家新签对外承包工程项目合同3987份，新签合同额926.4亿美元，占同期我国对外承包工程新签合同额的44.1%，同比增长7.4%；完成营业额692.6亿美元，占同期总额的45%，同比增长7.6%。

参与全球经济治理是我国面向“十三五”在外经战略中的重大战略突破。2015年，我国先后完成了金砖国家开发银行（新开发银行）的组建，并着手业务的开展；完成了亚洲基础设施投资银行的谈判和组建工作，与56个国家共同发起设立亚投行，并于2015年年末正式签约。此外，在人民币国际化的进程中取得了里程碑式突破，人民币被国际货币基金组织确认纳入特别提款权（SDR）的“货币篮子”，占比为10.92%，超过日元和英镑，成为潜在的全球第三大储备货币和清算货币。

（二）“三去”框架下的平衡与效率

“三去”是指去产能、去库存和去杠杆，着力的重点不同，对经济的影响也不同，但彼此呼应，形成2015年经济运行、风险管理、体制改革和调控创新的主轴和合力点。

1. 去产能

去产能的关键不仅仅是去过剩产能，还包括部分富有效率的结构性产能，供给侧产能调控的目的是与需求实现更好的结合。

受到国际贸易增速放缓，主要贸易伙伴需求下降的影响，我国新增需求甚至包括部分存量需求将由外需转为内需，而在内需的构成结构中，来自于居民家庭的购买力将逐渐成为主导，个性化、多样化需求将渐成主流。因此，不仅仅是过剩的产能需要加速淘汰，而且包括目前尚具备良好产出效率的产能，但由于生产工艺和组织模式与个性化、多样化需求存在错位的，也需要进行调整和改进。因此，2015年的去产能已加重经济结构调整阵痛期的压力，也将导致部分国内的生产性资产价值加速下降，形成我国第一层次的资产规模减记。

根据我国产能过剩的情况，以及部分因为需求调整而需要进行产能调整的企业情况，预期2015年将导致生产性资产存量在正常折旧的基础上，再增加约 2 个百分点的折旧规模，从而使年度资产折旧水平达到存量资产的 10% 左右，约合 19 万亿—21 万亿元之间，增量部分在 4 万亿元左右。这一存量和增量规模均处于我国历史上生产性资产折旧的最高水平。

2. 去库存

去库存的核心是指房地产业盘活存量，促进行业资金流动，防止引发系统性和区域性风险；但在实践中，因大宗商品价格急剧下挫而带来的非意愿原材料等库存增长也是其中的重要构成。

先分析存量房地产。根据国家统计局的数据，截至 2015 年年末，我国已建成未出售的存量房地产规模达到 71853 万平方米，其中，二线以下城市的存量房地产占 85% 以上。按现行市价合计，存量房地产的价值应在 9.5 万亿元左右，其中，二线以下城市的存量商品房的价值约在 6 万亿元，占总价值量的 65%。根据现行市场预测，我们展望一下 2016 年的情况，一线、二线城市的房地产价格可基本保持平均价格不变，而二线以下城市房地产价格平均下降 8%（约相当于 GDP 的增幅）的标准衡量，预期将导致房地产资产的名义价值下降 4800 亿元，进而导致存量房地产总价值[①]的公允价值下降约 18 万亿元，并形成第二层次的资产减记。而考虑到房地产是银行贷款的主要抵押产品，将导致贷款资产的负债率水平上升约 8.5 个百分点，净资产规模相对压缩，部分债务的风险敞口扩大。

再来看一下非意愿性原材料和中间产品的存货。由于 2013 年开始，国际大宗商品价格开始部分走低，在此之前，部分企业受到大宗商品价格持续走高的影响，已经保有较高的存货水平，根据国家工信部的统计，2013 年的大宗商品库存相较于 2010 年库存化正常年份的规模要高出约 2.7 万亿元；而 2014 年受到石油、铁矿石价格的陡降的影响，部分企业因判断失误进一步增加库存，导致大宗商品库存水平在原有的基础上又增加了 5800 亿元。目前，大宗商品和中间产品的非意愿库存预

① 根据 2015 年 7 月 29 日中国社科院公布的国家资产负债表研究报告，截至 2014 年年底，我国存量房地产规模约为 370 万亿元。

计在3.3万亿元左右。这一库存在使用中不具有经济性，平均库存价格比当期市场价格高出约50%，而财务成本和仓储成本合计相当于总价值的20%左右，库存在当期市场条件下形成了死库存，并且每年要额外承担6600亿元左右的成本损失。如果选择强制去库存，应至少额外支出1万亿元的代价方才可行，政府可考虑以增加国家储备的方式或是委托储备的方式承担部分成本。

因此，上述去库存化在2015年的当期导致新增成本（损失）约1.2万亿元，预计将在2016年导致新增成本（损失）达到1.5万亿元。同时，将带来资产价格下行、抵押风险加大和财富效应下降等一系列的问题，从而对GDP的运行带来较为明显的影响。

3. 去杠杆

去杠杆核心是降低当期财务费用对企业利润和市场利率的影响，此外，降低资产负债率和发展股权式融资也是去杠杆的重要举措。

杠杆率有两个基本表述：第一是总资产与净资产的比率，反映的是风险问题；第二是营业利润与税前利润之比，反映的是成本问题。先来看成本问题。根据国家统计局对我国规模以上工业企业的统计数据，营业利润与税前利润的比率是2.52，也即债务付息已经成为企业的沉重负担，并为企业税前利润的1.5倍左右。债务成本高达企业税前利润的1.5倍，使得资本配置行业成为比生产领域更具收益前景的行业，因此市场资金逐步形成了“投资者——投资中介——资金使用企业”的配置模式，也即通过投资中介所获得的收益回报率甚至超过了生产性企业本身。在这种情况下，除现有企业和部分高新技术企业外，其他投资者从创业型投资转为中介型投资，经济的内在扩张动力减弱，实体经济的竞争力进入下滑的“棘轮”之中。因此，去杠杆的第一步是降低资产收益率，将债务的收益率强力推入下降通道之中，干预和打破垄断性中介，并使得企业部分通过偿还债务、部分通过借新还旧的方式实现资金滚动，在保持企业竞争能力的同时，提升企业的收益水平和积累水平。

再来看风险问题。根据中国社科院公布的国家资产负债表的研究数据，中国的存量资产规模为691万亿元人民币，而存量债务的规模是340万亿元，据此测算的总资产/净资产的比率为1.97。这个比率基本属于正常区间，在与发达国家的横向比较中也属于偏低的水平，但是一旦进行结构性细分或与上述讨论的问题相贯通就会产生一系列急迫的问题。从结构性细分的情况上看，340 万亿元的负债客观上都需要还本付息，即使只计算付息规模，按照当前央行一年期贷款的基准利率 4.35% 核算，也将达到 14.79 万亿元。而在资产中，存量房地产除了出租的部分取得的租金收入外，其他都不产生收入来源，我们按照房地产租金收入的税负为 4% 计算且只征收了 25% 的税源情况进行倒推，预计一年中因房屋出租而获得的收入来源约达到 2 万亿元，也即还有约 12.8 万亿元的债务利息要靠剩余的 321 万亿元资产（存量房地产约合 370 万亿元）进行偿付，单位资产需负担的利息偿付水平达到 4%。将存量资产的收益率也按照一年期贷款基准利率的 4.35% 进行核算，两者仅相差 0.35 个百分点，资产价值的稳定性受到了明显的挤压。而从问题间相互影响的情况看，如果将资产价值减记因素考虑在内，2016 年我国存量资产的规模预计将出现边际减记 42 万亿元（包括：20 万亿元的生产性资产减记、18 万亿元的存量房地产减记和 4 万亿元的当期库存减记），这样就将导致总资产/净资产的比率达到 2.11，杠杆率明显上升，虽然仍在安全区间，但已处于偏高的水平。

去杠杆化的思路主要是大力推进股权式融资，加快推进多层次资本市场建设，并积极推进资产管理业务的发展。这些举措将为专业的资产评估、分类和标准化机构的发展提供重大的机遇；为新三板、战略性新兴板、创业板和主板市场的建设、发展和完善提供更好的条件；也为私募基金，民间资本发起设立的股权投资基金创造更好的条件。

接下来，我们对“三去”框架下的风险平衡问题作一个总结，并对提升效率的思路进行必要的分析。从“三去”框架来看，2016 年的中国经济将同时面临产出增速放缓和资产价值下降的双重压力，经济形势更加复杂，实体经济和金融市场的风险出现叠加，转型空间被进一步压缩，资源配置效率下滑，市场壁垒和经济租金需要全面消除，任务极其艰巨，风险也至为巨大。这一形势，客观上要求我们做好三个平衡以防范风险，推进三项改革提高效率。三个平衡是：风险和收益的平衡，不要寄希望于通过低成本、低风险贴水的取巧手段化解高风险问题，要坚持追求风险与收益的动态平衡，建构高效率的市场机制，才是化解矛盾的根本之道；资产和负债的平衡，资产减记带来这一平衡的压力和挑战，但对于资产来说，我国还存在明显低估的部分，一是农村的产权资产；二是社会的信用资产，特别是政府信用，我们要规范而有序地运用好这两项资产；去产能和新产业的平衡，去产能导致了产出规模增速的下滑，但巨大的市场需求经过合理的引导可以为新产业的建立和发展创造良好的外部环境，这就要求我们在去产能的同时不能去资本，转移、兼并、改造和置换并举才是当前的可行之道。

而重点要推进的三项改革是：第一，国有资产管理体制和国有企业改革。要进一步强化以管资本为主来加强国有资产监管的目标，修正当前改革中与目标不符的原则和措施，为新产业的发展提供空间，为资产的优化配置提供渠道，为中国生产性资产的净值提升提供最为坚实的支撑。第二，金融体制改革和金融市场发展。要以风险定价和风险分散作为金融体制改革的取向和市场的目标，大胆破除与风险定价不符，阻碍风险分散渠道和效率的体制机制。如股票市场的改革要坚定、要加速而不是摇摆和犹疑，股票市场的目标不是培养多少百万富翁，不是让多少股民盈利赚钱，不是为多少企业提供脱困和转型的渠道，而是在确保真实性的前提下，可以让市场主体以合理的风险贴水融入与之相对应的资金，并尽量减少交易成本和制度成本。符合这一目标的注册制改革要在做好顶层规划的前提下，坚定不移地推进。第三，财税体制改革。要为企业成本的下降和效率的提升创新良好的条件，对生产性企业要科学而大胆地实施全面减税，真正从制度上和机制上将税负所带来的不合理成本和市场扭曲予以清除。要形成政府和社会资本合作的有效渠道，尊重政府作为经济主体的平等性和市场性，以公平公正的机制和规则构建政府与社会资本合作的有效渠道和模式。要大胆推进政府债务改革，珍惜和高效运用政府信用，以政府资源和资产做好“三去”过程中的资产减记和产出下滑的平衡器。当然，这三个方面的改革仅仅是基于“三去”框架所提出的要点和重点内容，而全面的政策体系和改革框架则要以供给侧结构性改革作为统领和平台。

三 供给侧结构性改革下的宏观调控框架

根据上文的分析以及"三去"目标和三个平衡的要求，我们着手构建供给侧结构性改革的宏观调控框架，并以创新财政政策和货币金融政策协调配合作为首要环节，更好地运用改革手段，提高政策效率。

（一）供给侧结构性改革调控体系设计

1．供给侧结构性改革的基本框架

供给侧结构性改革调控的主要目标是调控产出的规模、结构、布局和效益。以此为标准，供给侧结构性改革调控框架可以由五部分构成，即：规模调控模块、结构调控模块、布局调控模块、效益调控模块和系统优化模块等。其中，规模调控模块是以提升宏观调控的产出效果为主要目标，兼具结构性特征，但以总量性效果为主，在经济下行期具有突出重要的作用。结构调控模块是以优化经济结构，使得产业、产能和市场、需求之间的统一程度大幅度提升，从而实现供给创新产生需求，而需求增长又带动和激励供给扩张与创新。布局调控模块是以优化经济要素和产业布局为主要目标的，在主体功能区体系不断完善，国内产业创新和调整路径不断清晰的条件下，布局调控模块可以将市场力量与政策运行实现有效的整合。效益调控模块是以提高经济运行效率和产业经营收益为支持目标的，进一步强化市场的决定性作用，破除一切不必要的行政性壁垒，在公平、公正的基础上，推进要素的效率配置。系统优化模块是一个内部调整模块，因为我国的政策目标往往缺少必要的分类分级，往往存在同一切面上的多个平行目标，因此，调控模块的运用也是综合性的，还需要根据调控目标进行力度、顺序和措施间的有序安排和调整，这是系统优化模块的主要作用和功能。

2．供给侧结构性改革调控框架的运行机制

供给侧结构性改革调控框架的主要运行机制包括自动稳定机制、信号反应机制和相机抉择机制等。自动稳定机制是由于财政金融政策自身的反波动属性，而产生的缓冲和折冲效果。这个政策效果不是因为政策调整而取得的，恰恰是根据政策实施的要求而取得的。信号反应机制是指根据预警指标反馈过来的信息，进入自动处置而启动工具箱中的工具和相应的调控模式。该机制具有“半自动”的特点，对于工具箱、措施体系和调控反应的有效性要求较高，在实践中还应有政策与市场协同的指标和工具安排。相机抉择机制是指根据经济运行的实际情况和政策工具资源情况，而作出的有效的反应，这一机制可以与信号反应机制相并列，也可以作为信号反应机制下的承接和补充。在信号反应机制趋于完善的情况下，该机制应倾向于对已有自动化机制的修正和优化。

3. 供给侧结构性改革调控体系的主要原则

根据前述分析，供给侧结构性改革调控的构成模块分别是规模、结构、布局和效益，而供给侧结构性改革调控的运行机制分别是自动稳定、信号反应和相机抉择，也即要将上述内容进行有效的整合，并形成供给侧结构性改革调控所需遵循的主要原则。该原则主要包括：

第一，市场发挥决定性作用原则。供给侧结构性改革调控的关键是政府的宏观调控政策能够对市场运行产生引导和促进，表面上看，政府政策处于主动地位，但实际的关键是政策对市场资源的撬动、引导和协调能力，而要实现这一目标，则须根据市场运行的规律和价格机制设计政策体系。

第二，稳中求进的原则。我国正在推进全面深化改革，但仍需处理好改革、发展、稳定的关系，在改革的进程中要坚持稳中求进，在供给侧结构性改革的转型调控之中，也要坚持稳中求进的基本策略。这个稳中求进既指供给侧结构性改革调控中的各项政策手段的施为应考虑市场的可承受力，也指供给侧结构性改革调控中的各个模块的有序调配和协调运用。

第三，结构性调控为主的原则。尽管稳中求进是重要的基础要件，但在实际调控中，仍须将当前经济运行中的结构性矛盾作为主要调控对象予以应对。化解结构性矛盾，并构建中国经济新一轮增长的重要支撑是稳中求进的根本目的，所以两者之间也并不矛盾。因此，结构性模块应成为整个供给侧结构性改革调控的核心。

第四，注重政策效益和调控质量的原则。要建立政策工具的筛选机制，工具包的设计组合机制，政策体系的优化完善机制等，从而提升政策的效益，并增强调控的质量构成，既避免政策缺位，又防止政策力度过大，引发不必要的成本和风险。

4．供给侧结构性改革调控体系的建立

根据上述的四个原则，可以看出，在基本构成中，结构调控模块处于中心地位，其他调控模块应服务于结构调控的有序开展和深化；在运行机制上，兼具主动性和自动性的信号反应机制应为着力完善的关键点，而自动稳定机制和相机抉择机制则分别做好支撑和优化作用（见图4）。

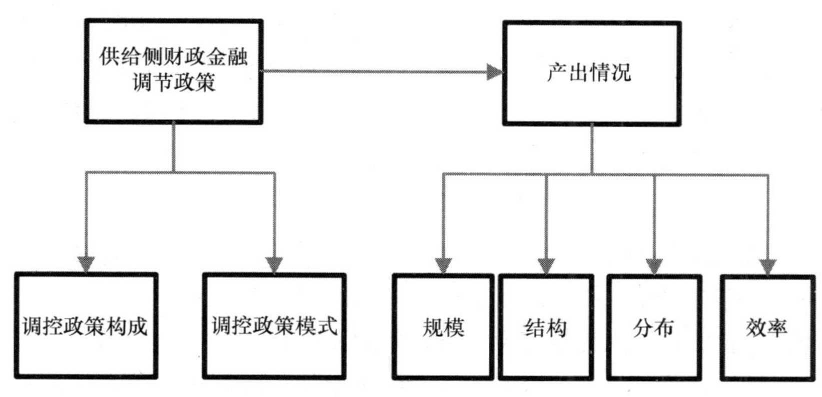

图4　供给侧结构性改革示意图

根据上图，所谓供给侧结构性改革调控即是根据产出的构成，从政策构成和政策模式两个方面予以调控和管理，运用必要的财政金融手段，根据政策的四类构成和三类调控模式，实现有效的组合和运行方式，从而作用于产出的规模、结构、分布和效率，支撑经济增长、结构优化和创新驱动的发展目标。

（二）供给侧结构性改革框架下的财政政策

供给侧结构性改革框架下的财政政策即是指以具有结构性调控功能为主的财政政策措施，通过自动稳定、信号反应和相机抉择等调控机制，实现规模、结构、布局和效益等政策调控目标的政策体系。

1. 政策手段

供给侧结构性改革财政政策手段可以按规模、结构、布局和效益等进行分类，其中，多项政策措施具有两个以上的政策效应，我们要么作进一步的细分，要么以其主要政策目标和功能作为分类标准。

第一，规模调控型政策措施。典型具有规模调控型的财政政策包括全面经济刺激计划、生产领域全面无差异的减税和大规模投资性支出等。受到环境和政策效应的限制，“十三五”期间可行的政策构成为生产领域全面无差异的减税和大规模的投资性支出等。

第二，结构调控型政策措施。财政政策的长处就在于可以实现政策操作和影响效果的可控性，因此，结构性调控的功能一直是财政政策的重要属性之一。在财政政策之中，非区域性的差异化政策安排就具有结构性调控的特征，例如，实施的是差异化的增值税，就将对不同行业间的税负产生影响，进而导致行业利益的调整和产出的变化；实施的是差异化的企业所得税，则将使企业的投资和增加值结构偏向税负较低的行业；实施的是不同类型的行业投资补贴政策，也会导致产出增量在行业间的变化等。因此，结构调控型政策措施不宜一一列举和总结，我们将非区域性的差异化政策安排称之为结构调控型政策。

第三，布局调控型政策措施。布局调控型政策要基于市场的效率结构和利益导向进行安排，单纯的政府布局调控型政策往往跟强制性迁移、全面性补偿等政策联系在一起，作为重点政策工具在特定的领域内运用问题不大，但要作为常态性可灵活使用的工具则受到了显著的限制。因此，本文所指的布局调控型政策是指具有区域性差异化的政策安排，并顺应市场机制和作用，引致资源和要素流动，支持企业布局调整优化的政策安排。如对设立在产业集聚区的企业执行较低的政府性基金安排或提供企业迁移融资的成本补贴等，都可以实现产业布局的优化和企业布局的趋势统一。

第四，效益调控型政策措施。效益调控型是指通过财政政策的运用对企业和行业的效益产生直接的影响，从而提升产业效率，提高企业收益。效益调控型财政政策包括基于公平竞争的奖励性政策、基于创新及应用的支持性政策，基于产业链延伸和价值链优化的辅助性政策等。这些政策措施在当前的实践中都有应用，可在政策工具包的设计中进一步细化。

2. 运行机制

运行机制主要是供给侧结构性改革财政政策对自动稳定、信号反应和相机抉择机制的有效分类和协同使用。

一是自动稳定机制。供给侧结构性改革的自动稳定机制立足于对产出规模的自动调控，与规模调控型政策直接衔接。也即，供给侧结构性改革自动稳定机制要在产出规模（或增加值水平）出现了较大波动的情况下，能够启动自动的调控性政策效果。典型的政策机制可包括累进性税收机制、累进性的政府性基金机制、投资抵税政策安排、产业发展专项基金（资金）安排等。

二是信号反应机制。该机制的核心要有分类分级的信号机制，并建有功能突出、构成灵活、针对性强的政策工具包，使得财政政策能够根据不同的信号作出规范的有序、有效反应。信号反应机制下的财政政策安排要有细化的功能定位清晰、构成措施明确、作用渠道稳定的工具包体系，且该体系应以结构调控型和布局调控型政策为主体，其他类型财政政策为补充。

三是相机抉择机制。该机制可独立运行，也可以根据信号反应机制的结果进行优化和完善。从政策运用来看，随机性的特征较为突出，对独立政策工具和工具箱的运用也需要根据决策临时性的使用。但在前两项机制构建完成的情况下，相机抉择机制将逐步转向以效益调控型政策作为主要的政策工具来源。

最后，需要附赘的是，由于受到研究主题限制和部分经济运行数据尚未公布（如财政数据）的影响，对于具体操作性机制和政策手段运用的讨论，我们将在2016年第一期的报告中进行更加全面而规范的设计，并将政策体系延伸至货币金融政策，同时强调对金融协同的有效运用。

（执笔人：闫坤　张鹏）

参考文献

CEIC 数据库

财政部数据库（http：//www. mof. gov. cn/zhengwuxinxi/caizhengshuju/）。

财政部：《2014 年 6 月份财政收支情况》。

国家统计局数据库（http：//data. stats. gov. cn/）。

财政部：《2014 年 12 月的财政收支情况》。

国家统计局：《中国经济景气月报》，2014 年 1—6 期。

李克强：《2015 年政府工作报告》。

王晓薇：《拉美：永远走不出债务“噩梦”?》，《华夏时报》2015 年 9 月 11 日。

美国经济分析局数据库（http：//www. bea. gov/）。

美联储数据库（http：//www. federalreserve. gov/econresdata/default. htm）。

美国财政部数据库（http：//www. treasury. gov/resource - center/data - chart - center/Pages/index. aspx）。

美国劳工统计局数据库。

欧盟统计局数据库。

欧洲央行数据库。

彭博数据库。

日本总务省统计局数据库（http：//www. stat. go. jp/data/index. htm）。

日本财务省数据库（http：//www. mof. go. jp/jgbs/）。

唐晓华、李绍东：《中国装备制造业与经济增长实证研究》，《中国工业经济》2010 年第 12 期。

WIND 网数据库

宋科进：《我国制造业 PMI、非制造业 PMI 与经济增长关系的实证研究》，《发展研究》2014 年第 10 期。

杨伏英、蒋兰陵：《新加坡制造业投资与经济增长关系的实证》，《统计与决策》2008 年第 24 期。

闫坤、于树一：《税收调节职能再思考：理论分析与税制决定》，《税务研究》2014 年第 2 期。

中国人民银行调查统计数据库。

张慧莲：《全球性通货紧缩阴霾难散》，《证券日报》2015 年 8 月 29 日。

张锐：《“金砖引擎”面临大修“金砖国家”未来更有成色》，《上海证券报》2015 年 9 月 2 日。